中国报关协会统编高等职业教育系列教材
全国职业院校报关技能大赛备赛参考书

院校主编◎章艳华　张援越
企业主编◎徐　炜　席坤伦

BAOGUAN ZONGHE SHIXUN

报关综合实训

院校企业联合编写｜报关大赛成果转化
可拆内页方便使用｜QP系统免费训练

U0921308

中国海关出版社

图书在版编目（CIP）数据

报关综合实训/章艳华，张援越，徐炜，席坤伦主编．—北京：中国海关出版社，2014.8

（中国报关协会统编高等职业教育系列教材）

ISBN 978-7-80165-977-4

Ⅰ.①报… Ⅱ.①章… ②张… ③徐… ④席… Ⅲ.①进出口贸易—海关手续—中国 Ⅳ.①F752.5

中国版本图书馆 CIP 数据核字（2013）第 193376 号

报关综合实训

BAOGUAN ZONGHE SHIXUN

策　　划：沈楚铃

责任编辑：冯　伟

出版发行：中国海关出版社

社　　址：北京市朝阳区东四环南路甲 1 号　　邮政编码：100023

网　　址：www. hgcbs. com. cn；www. hgbookvip. com

编 辑 部：01065194242 - 7538（电话）　　01065194231（传真）

发 行 部：01065194221/4238/4246（电话）　　01065194233（传真）

社办书店：01065195616（电话）　　01065195127（传真）

http://store. hgbookvip. com（网址）

印　　刷：北京工商事务印刷有限公司　　经　　销：新华书店

开　　本：787mm×1092mm　1/16

印　　张：23　　字　　数：500 千字

版　　次：2014 年 8 月第 1 版

印　　次：2017 年 1 月第 3 次印刷

书　　号：ISBN　978-7-80165-977-4

定　　价：38.00 元

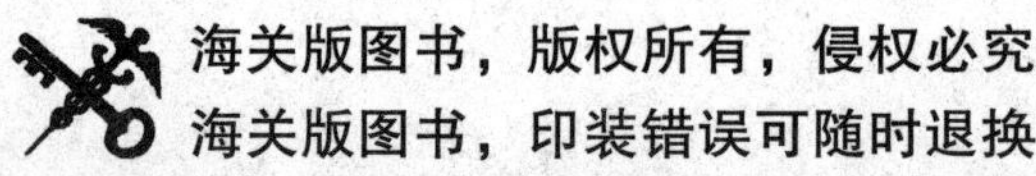

序

这套“统编高等职业教育系列教材”是由中国报关协会报关行业职业教育工作委员会组织行业管理部门、职业院校和报关企业等各方面专家，融合、吸收多年来全国职业院校报关技能大赛的成果，历经数年艰苦努力编写而成的。教材将高等职业教育特色与报关职业要求紧密结合，兼备系统性、专业性和可操作性，将在丰富报关职业技能知识、提高报关后备人才教学水平等方面发挥积极作用。

高职院校是报关后备人才的主要培养基地，设计科学的教学体系，提供与之相适应的教材，帮助、指导高职院校加强能力建设和提高教学水平，是报关行业职业教育工作委员会的重要职责。希望该委员会再接再厉，提供更好的服务，当好高职院校的“娘家人”，在高职院校和社会各方的共同努力下，培养出更多更优秀的报关后备人才。

中国报关协会会长

2013 年 11 月

中国报关协会统编高等职业教育系列教材编委会

吴艳芬　上海天海企业管理咨询有限公司
吴振国　中国报关协会
辛玉麟　北京智欣联创科技有限公司
汪贤武　安徽工商职业学院
宋　钢　广州东洋科技有限公司
张　华　山东外贸职业学院
张　强　山东经贸职业学院
陈鸣鸣　淮安信息职业技术学院
陈　辉　牡丹江大学经管学院
武　新　辽宁经济管理干部学院
苗成栋　威海职业学院
季　琼　北京劳动保障职业学院
赵国明　武汉软件工程职业学院
姚大伟　上海思博职业技术学院
夏　耘　重庆乐训教育咨询有限公司
徐　晨　对外经济贸易大学
殷　枫　中国海关管理干部学院
陶世怀　苏州建设交通高等职业技术学院
堵有进　江苏商贸职业学院
蒋慧贤　上海民远职业技术学院
蔡南珊　天津商务职业学院

《报关综合实训》编写组

主　编：

章艳华　淮安信息职业技术学院

张援越　天津商务职业学院

徐　炜　上海欣海报关有限公司

席坤伦　深圳市华商联物流报关有限公司

编　委：

庄　艳　烟台职业学院

张延伟　广州挚联报关报检有限公司

赵加平　天津商务职业学院

黄桂利　江苏亚东朗升国际物流有限公司

肖　譞　天津环渤海国际物流有限公司

张风芹　淮安信息职业技术学院

刘庆珠　天津商务职业学院

翟　超　天津环渤海国际物流有限公司

牛淑梅　伟创力电子制造（天津）有限公司

史成全　天津振华报关有限公司

陈　斯　天津商务职业学院

陈梦宁　淮安信息职业技术学院

特约审稿：

孙双进　天津海关

前言

报关综合实训是报关与国际货运专业的专业核心课程，也是国际物流、国际经济与贸易、国际商务、商务英语等专业的主要实训课程之一。本教材既可作为实训课程、报关技能大赛备赛之用，还可作为报关水平测试备考之用。

本教材围绕着通关业务中主要工作任务设计实训项目，包括一般贸易货物、保税加工货物、特定减免税货物、暂时进出境货物、其他监管货物等五大模块，选取30个真实的企业工作案例，系统地训练了主要监管方式下的通关作业流程。通过本教材的学习和训练，可以使学生系统地掌握主要监管方式下通关方案设计，报批、报核及现场作业操作，培养学生从事报关及相关工作的基本能力和素养。

特色之一：由校企“双主编”团队合作完成

现有的报关实训教材非常少，缺少校企合作的元素，案例的选取与实际工作结合不紧密，未能充分体现《报关服务作业规范》和企业实际报关作业工作流程。本教材由中国报关协会报关行业职业教育工作委员会统编，吸取了来自全国优秀报关企业的精英，选取企业真实的业务案例，体现了学校、行业、企业的深度整合。

特色之二：实现了职业等级、报关水平测试和报关技能大赛“三对接”

本教材对接《报关员国家职业标准（试行）》中助理报关师职业功能，对接全国报关水平测试重点，对接全国职业院校技能大赛报关赛项团体赛竞赛规则，实训项目的设计依据《报关服务作业规范》，突出岗位核心技能要求，加强岗位对学生职业素养要求的训练，为学生胜任职业岗位和今后的职业发展奠定基础。

特色之三：实现了课证融通、赛训融通的综合实训训练模式

本教材参照报关技能赛项团体赛模式，注重角色分工和团队配合，将企业业务案例，转化为实训项目和竞赛内容，实现赛、训融通，以赛代训，让学生在竞赛中提升实践技能和职业素养。

本教材的编写，得到了中国报关协会、天津报关协会、天津海关、上海欣海报关有限公司、深圳华商联报关物流有限公司、广州挚联报关报检有限公司的大力支持，在此表示衷心感谢。

因作者水平有限，本书不足之处，真诚地希望读者和同行专家提出宝贵意见，以期更加充实和完善。

中国海关出版社为本教材配套开发了模拟QP申报平台，免费提供给师生在线进行电子申报训练，训练网址：www. hgbookvip. com。详情请询本教材责任编辑，电话：010－65194242－7538。

编　者

2014年7月

编写说明及训练建议

一、编写说明

教材中每个实训任务均由训练目标、训练要求、作业要求、作业说明、通用表单、业务背景、随附单证等七部分组成。其中，每个模块中的所有实训项目前五部分内容都是一样的，因此，编者在每个模块的开篇编写了“综述”内容，对前五部分内容统一作说明。后两部分内容则因项目不同而各异，故按项目顺序编排。

以下对七部分内容分别作说明：

（一）训练目标

写明实训项目需要熟悉和掌握的具体海关监管货物的通关程序。本教材包括一般贸易货物、保税加工货物、特定减免税货物、暂时进出境货物及其他海关监管货物的通关方案设计与通关程序训练。

（二）训练要求

结合《报关员国家职业标准（试行）》（助理报关师部分），对实训项目内容、工作任务和对应的相关知识进行了详细的分析和介绍。

（三）作业要求

明确具体的训练任务。

每个实训项目均包含两项任务：一是通关方案设计，即根据业务背景及随附单证所提供的信息，设计出符合需求的通关方案；二是现场作业，即根据通关方案，完成相应的申报、配合查验、缴纳税费等现场作业，以及办理其他相关手续。

（四）作业说明

对参与训练的角色、训练时间要求和使用工具书作出说明。

（五）通用表单

列出项目训练过程中，需要用到的格式化空白表单目录。这些表单均可在教材的附录中查找到。

（六）业务背景

介绍实训项目的背景资料。

背景资料改编自全国职业院校报关技能大赛赛题或企业实际工作案例。

为保护企业隐私或秘密，背景资料中涉及的企业名称、商品金额等均作了修改。

（七）随附单证

列出与上述背景资料相关的所有随附单证。

二、训练建议

（一）角色分配

实训项目大体需要设置报关企业、国际物流企业、委托企业、海关、商检、相关机构等六类机构的若干岗位。

以下是机构及岗位设置建议。

1. 报关企业

可由7人组成，包括：

（1）总经理；

（2）报关员；

（3）关务师（归类师）；

（4）客户经理；

（5）制单员；

（6）货代员；

（7）会计。

2. 国际物流企业

可由4人组成，包括：

（1）监管堆场调度员（CFS）；

（2）船舶代理公司业务员；

（3）港务公司调度员（CY）；

（4）保税区物流公司业务员。

3. 委托企业

可由2人组成，包括：

（1）外销员；

（2）采购员。

4. 海关

可由9人组成，包括：

（1）值班关长；

（2）现场接单关员；

（3）查验窗口关员；

（4）查验现场关员；

（5）征税窗口关员；
（6）现场放行关员；
（7）综合业务关员；
（8）备案窗口关员；
（9）核销窗口关员。

5. 商检

可由2人组成，包括：
（1）接单官员；
（2）出证官员。

6. 其他机构

主要是银行。

实训指导教师可根据班级实际情况调整上述机构及岗位。

（二）工作场景及实训器材配置

学生根据组别和角色（岗位）进行对应的场地布置。布置完成后，各组别派代表进行交叉检查。

1. 岗位标牌

依照角色（岗位）配置。

2. 现场背景

现场背景配置可包括：
（1）监管堆场；
（2）口岸（港口或机场）；
（3）保税区；
（4）海关关徽；
（5）商检标志；
（6）写字楼。

实训指导教师可根据场地实际情况调整现场背景数量。

3. 报关实训软件

可登陆中国海关出版社提供的模拟QP申报平台进行训练。

4. 角色臂章及印章

（1）报关企业章；
（2）委托企业印章；
（3）海关查验章；
（4）海关放行章；
（5）检验检疫章；
（6）订舱专用章；

(7) 收货专用章;

(8) 货位号章;

(9) 集装箱箱号章;

(10) 集装箱封志章;

(11) 海关关封章;

(12) 提货专用章;

(13) 船名/航次章。

模拟角色章依照角色(岗位)配置。如无角色臂章或专用章,可以胸卡或签字替代。

5. 实训单证

主要包括上述通用表单及随附单证。实训指导教师可根据案例情况及训练难易程度增加或减少单证数量。

目　录

模块一　一般贸易货物

模块二　保税加工货物

模块三　特定减免税货物

模块四　暂时进出境货物

模块五　其他监管货物

模块一　一般贸易货物

MOKUAI-YI YIBAN MAOYI HUOWU

模块一综述

一般贸易货物实训模块共设计了10个实训项目，即项目一至项目十。本模块所有实训项目均按下列要求进行训练。

一、训练目标

通过实训项目的训练，熟悉和掌握一般贸易货物通关程序。

二、训练要求

项目内容	工作任务	相关知识
报关企业管理	1. 进行角色分工 2. 编制岗位职责	海关对报关单位、报关员的管理知识
报关随附单证及相关信息的获取	1. 获取与申报货物相关的成交、包装、运输、结算等单证 2. 获取与申报货物相关的进出境贸易管理许可证件 3. 获取申报货物的具体信息	1. 进出口成交、包装、运输、结算单证知识 2. 海关监管证件基本知识 3. 进出口商品常识 4. 出入境商品检验检疫知识
报关随附单证及相关信息的审核	1. 确认报关随附单证的有效性 2. 确认报关随附单证的对应关系 3. 判断申报货物商品价格的合理性 4. 根据报关随附单证确认申报货物的海关监管方式和征免性质	1. 进出口商品价格常识 2. 海关监管方式、征免性质知识
商品编码复核	根据商品信息和归类依据复核商品编码	1.《中华人民共和国进出口税则》 2.《进出口税则商品及品目注释》 3.《中华人民共和国进出口税则本国子目注释》 4. 海关总署发布的关于商品归类的行政裁定 5. 海关总署发布的商品归类决定
报关单填制	填制进出口货物报关单	1. 报关单填制规范 2. 进出口商品申报规范 3. 计量单位的换算知识 4. 海关通关信息化系统常用参数代码
单证保管	1. 对应存档的报关单证进行分类、整理、保管 2. 交接报关单证资料 3. 记录保存委托报关单位的基本资料	档案管理常识

项目内容	工作任务	相关知识
现场作业实施与管理	1. 进行电子数据报关单的录入、发送、查询与打印 2. 按规定使用企业报关印章和报关员证等报关用证、章办理报关手续 3. 按规定提交纸质报关单和随附单证 4. 根据海关查验货物的要求进行作业和确认海关查验记录 5. 办理出口货物海关审结后放行手续 6. 办理报关单证明联的申领签发手续	1. 进出口货物申报知识 2. 海关电子通关系统知识 3. 进出口货物海关查验知识 4. 货物装卸安全知识 5. 进出口货物海关放行知识 6. 国家出口收汇、进口付汇管理知识

三、作业要求

根据实训项目中的“业务背景”及相关随附单证信息，完成下列作业任务。

任务一：通关方案设计

依据《报关服务作业规范》及委托企业要求，为委托企业设计通关方案。

任务二：现场作业

根据委托企业要求，完成申报、配合查验、缴纳税费等报关服务现场作业，以及提装货物、办理商检证书等增值服务。

四、作业说明

作业时间为90分钟，总分200分。其中，方案设计40分，准备阶段20分、实施阶段120分，后续阶段20分。

各训练组以组建的“报关企业”为单位参加训练。

报关企业在录入电子数据报关单时，请按照QP（Quick Pass）系统要求进行录入。

报关企业可使用《进出口税则对照使用手册》和《中华人民共和国海关进出口商品规范申报目录》等工具书。

作业自报关企业业务经理与委托企业签订委托协议起，至提交业务总结止。

五、通用表单

一般贸易货物实训通用表单，是指在完成本模块所有10个实训项目过程中，需要用到的格式化空白表单。下列通用表单，可在本教材附录中选取。

1. 报关企业作业进程记录单
2. 报关报检资料交接单
3. 作业流程跟踪表
4. 训练总结记录单
5. 代理报关委托书

6. 海关进出口结汇联、退税联签发申请表
7. 服务业通用发票
8. 转账支票
9. 报关单据签收单
10. 代理报检委托书
11. 进口货物报关单
12. 出口货物报关单
13. 装货单
14. 现场申报作业窗口记录单
15. 海关查检通知单
16. 海关货物查验记录单
17. 进口关税缴款书
18. 出口关税缴款书
19. 进口增值税缴款书
20. 出口增值税缴款书
21. 保证函
22. 出入境检验检疫收费收据
23. 入境货物通关单
24. 出境货物通关单
25. 送货通知
26. 提货单

项目一　一般贸易进口控制柜[①]

一、业务背景

贝斯塔斯风力技术（中国）有限公司于2012年4月签约从境外购买用于“控制并调节发电机舱内温度”的控制柜。

商品信息：

申报要素项目	要素说明
用途	控制并调节发电机舱内温度
原理	及时将温度感应信号传回控制中心并对温度进行分析
电压	380伏
品牌	绿叶
型号	3652－TCP/IP－X：TCP/IP
其他	带有记录装置

贝斯塔斯风力技术（中国）有限公司为2012年2月首次向海关办理注册登记的企业。海关注册编码为1207249999。

二、随附单证

本项目的随附单证见单证1－1至单证1－12。

① 本实训项目改编自2012年全国职业院校技能大赛高职组报关技能赛项赛题。

单证 1－1

Purchase Order

NO.: P089325

DATE: APR. 15,2012

THE BUYERS: Bestas Wind Technology (China) Co., Ltd.
ADDRESS: No. 9 Xinxing Road, the west of TEDA Tianjin 300462 P.R.China

THE SELLERS: Brüel & Kjaer Vibro GmbH
ADDRESS: Leydheckerstr 10, D-64293 Darmstadt, DENMARK

This Contract is made by and between the Buyers and the Sellers, whereby the Buyers agree to buy and the Sellers agree to sell the under mentioned commodity according to the terms and conditions stipulated bellow:

COMMODITY:

NO.	Commodity Code	Description	Unit	Qty.	Unit Price	Amount
1	90309085	3652-TCP/IP-X:TCP/IP communication facility	PCS	9	FCA EUR4,909.00	EUR 44,181.00
Total Value in EUR						44,181.00

2.COUNTRY AND MANUFACTURERS: DENMARK

3.SHIPPING MARK: N/M

4.PORT OF SHIPMENT: HAMBURG

5.PORT OF DESTINAION: XINGANG

6.SHIPMENT

TO BE SHIPPED BEFORE MAY 30,2012 .

Transshipment is allowed.

7.ARBITRATION

Any dispute arising from or in connection with this Contract shall be submitted to China International Economic and Trade Arbitration Commission for arbitration which shall be conducted in accordance with the Commission arbitration rules in effect at the time of applying for arbitration. The arbitral award is final and binding upon both parties . Arbitration fee shall be borne by the losing party.

8.OTHER

This contract signed in three copies the seller holds one copy and the buyer hold one copies.

THE BUYERS
Bestas Wind Technology (China) Co., Ltd .

BESTAS WIND TECHNOLOGY (CHINA) CO.,LTD 贝斯塔斯风力技术（中国）有限公司

THE SELLERS
Brüel & Kjaer Vibro GmbH

单证 1－2

Brüel & Kjaer Vibro GmbH

Brüel & Kjaer Vibro GmbH, Leydheckerstr 10,d-64293 Darmstadt

Bestas Wind Technology
No.9th of Xinxing Road-West zone
300462 TIANJIN
CHINA

Invoice

Number	916017181
Date	20.05.2012
Delivery note/date	9190177709 23.05.2012
Order/date	9100169858 15.04.2012

1 Packing unit(s):

> Collect by customer

> Ocean Freight EUR 85.51

> Weight gross 164KG/ Net 130KG/ Volume 1.680 M^3

Item material	Qty.	Price/unit	Value(EUR)
000020	CMS6345.20 Your Material-No.:789166 9 UNIT **3652-TCP/IP-X:TCP/IP communication facility** Standard configuration, without sensors Commodity code:90309085 Country of origin: DENMARK	4,909.00 EUR	44,181.00
Item(s) Total			44,181.00
Net			44,181.00
Total price (EUR)			44,181.00

Basis for Price and Delivery/General Conditions

Incoterms (2000) FCA: Free carrier Naerum Darmstadt

Premium 3 ‰

Mode of patch Collect. by Customer

Terms of payment *****When effecting payment please indicate invoice no.****

Current month +60 days

BESTAS WIND TECHNOLOGY(CHINA)CO.,LTD 贝斯塔斯风力技术（中国）有限公司

Brüel & Kjaer Vibro GmbH

单证 1－3

Brüel & Kjaer Vibro GmbH

Brüel & Kjaer Vibro GmbH,Leydheckerstr 10, D-64293 Darmstadt

PACKING LIST

Number	919017709
Date	21.05.2012
Order/Date	9100169858
	15.04.2012

Bestas Wind Technology
No.9th of Xinxing Road-West zone
300462 TIANJIN
CHINA

Ship-to-party
Bestas Wind Technology
No.9th of xinxing Road-west zone
300462 TIANJIN
CHINA

Shipping point
Brüe & kjaer Vibro Naerun

Total weight gross	164.00 KG
Total weight net	130.00 KG
No. of Packages	1 Unit(s)
Freight data	
Delivery conditions	Incoterms 2000: FCA:Free carrier Naerum Darmstadt Collect.by Customer

We deliver according to our Standard Terms and Condition of Sale, which you will find under www.bkuo.com.

Please check the delivery immediately.

Your E-mail order no.P089325 dated 15.04.2012 by Xin Ren.

Package-Date		Weight(KG)	
Pos.	Material/Description	Qty.	
98046	**Pallet**	**164**	
	(PG:) 120×80×175 CM	130	
	Order 9100169858/15.04.2012/Item 000020		
00010	CMS6345.20		9 UNIT

Your Material-No.:789166

3652-TCP/IP-X:TCP/IP communication facility

Standard configuration, without sensors

Commodity code 9030 90 85

Country of origin: DENMARK

Senrialnr: (11123-11131)

单证 1－4

中远集装箱运输有限公司　　SEA WAYBILL

COSCO CONTAINER LINES CO.,LTD.

TLX:33057COSCOCN
FAX: +86(021) 6545 8984

NON-NEGOTIABLE SEA WAYBILL FOR COMBINED TRANSPORT OR PORT TO PORT

1.Shipper Insert Name, Address and Phone/Fax BRUEL&KJAER VIBRO GMBH, REYDHECKERSTR 10,D-64293 DARMSTAD	Booking No. 4502903890 / Sea Waybill No. COS 4502903890 Export References SHORSE11661/DKMKAS
2.Consignee Insert Name, Address and Phone/Fax BESTAS WIND TECHNOLOGY NO.9 OF XINXING ROAD - WEST ZONE 300642,TIANJIN , CHINA	Forwarding Agent and Reference Point and Country of Origin
3.Notify Party Insert Name, Address and Phone/Fax SAME AS CONSIGNEE	Also Notify Party-routing & Instructions
4.Combined Transport Pre-Carriage by TRUCK / 5.Combined Transport Place of Receipt AARHUS	
6.Ocean Vessel Voy. No. COSCO OCEANIA 022W / 7.Port of Loading HAMBURG	Service Contract No. / Commodity Code
8.Port of Discharge XINGANG / 9.Combined Transport Place of Receipt	Type of Movement LCL / LCL

Marks & Nos. Container / Seal No.	No. Of Containers or Packages	Description of Goods {If Dangerous Goods, See Clause 20}	Gross Weight	Measurement
6462304673/N	1 PACKAGES	1x20'DC CONTAINER STC: 3652-TCP/IP-X:TCP/IP COMMUNICATION FACILITY	164 KGS	

OCEAN FREIGHT PREPAID
SHIPPER'S LOAD STOW COUNT AND SEAL

CBHU6326887 /F19772 /1 PACKAGES / LCL / LCL/20GP/

TARE 2250 KG

Declared Cargo Value US$ | Description of Contents for Shipper's Use Only{Not part of This Sea Waybill Contract}

10.Total Number of containers and/or packages (in word) Subject to Clause 7 Limitation: SAY ONE CONTAINER TOTAL

11. Freight & Charges	Revenue Tons	RATE	Per	Amount	Prepaid	Collect	Freight & Charges Payable at / by
EUR 85.51					EUR 85.51		

Received in external apparent good order and condition except as otherwise noted. The total Number of the packages or units stuffed in the container, the description of the goods and the Weights shown in this Sea Waybill are furnished by the merchants, and which the carrier has no reasonable means of checking and is not a part of this Sea Waybill contract. The carrier has Issued 1 Sea Waybill. The merchants agree to be bound by the terms and conditions of this Sea Waybill as if each had personally signed this Sea Waybill.
*Applicable Only When Document Used as a Combined Transport Sea Waybill.

Date Laden on Board
Signed by:

9805 Date of Issue MAY 25 2012　Place of Issue COPENHAGEN　Signed for the Carrier, COSCO CONTAINER LINES CO,.LTD.

CNT110153348

单证 1 –5

海关查验通知单

海关编号：001

贝斯塔斯风力技术（中国）有限公司：

你单位于 2012 年 6 月 27 日所申报货物，经审核现决定实施查验，请联系港务等相关部门做好准备，于 6 月 27 日派员配合海关查验。

特此通知。

经办关员：

报关员签收：

2012 年 6 月 27 日

单证 1 –6

海关货物查验记录单

第 1（1/1）页 报关单号　　　　　　查验记录单编号

<table>
<tr><td>经营单位
贝斯塔斯风力技术（中国）有限公司</td><td>运输工具名称
******</td><td>申报日期
******</td><td colspan="3">进出口日期
******</td></tr>
<tr><td>收发货单位
******</td><td>提运单号
******</td><td>监管方式
******</td><td colspan="3">运输方式
**** **</td></tr>
<tr><td>申报单位
******</td><td>件数
******</td><td>包装种类
******</td><td>毛重（公斤）
*****</td><td colspan="2">净重（公斤）
*****</td></tr>
</table>

<table>
<tr><td rowspan="2">总署查验要求</td><td rowspan="2">1 核对品名【 】2 核对规格【 】3 核对数量【 】4 核对重量【 】
5 核对件数【 】6 核对唛头【 】7 是否侵权【 】8 核对产地【 】
9 核对归类【 】10 核对新旧【 】11 核对价格【 】12 取样送检【 】
13 检查车体【 】14 检查箱体【 】15 是否夹藏【 】</td><td>本关区查验要求</td><td rowspan="2">查验方式</td><td rowspan="2">***</td></tr>
<tr><td></td></tr>
</table>

集装箱/编号	封志号	追加查验方式	查验区域	查验结果	集装箱备注

<table>
<tr><td colspan="7">序号　商品编码　品名/规格　数量单位　原产国/最终目的国　总价/币制　商品特殊查验要求</td></tr>
<tr><td colspan="7">******</td></tr>
<tr><td colspan="7">备注：</td></tr>
<tr><td colspan="7">安全提示：
其他特殊要求：</td></tr>
</table>

<table>
<tr><td>查验结果处理意见</td><td>查验时间</td><td></td><td>查验地点</td><td></td><td>查验关员签名或代号</td><td>①</td><td colspan="2">②</td></tr>
<tr><td colspan="6">机器查验过程记录：
******</td><td colspan="3">审批意见：</td></tr>
<tr><td>查验结果处理意见</td><td>查验时间</td><td></td><td>查验地点</td><td></td><td>查验关员签名或代号</td><td>①</td><td>②</td><td>③</td></tr>
<tr><td colspan="6">人工查验过程记录：</td><td colspan="3">审批意见：</td></tr>
</table>

<table>
<tr><td>处理结果</td><td>科（处）长审批意见
签名：　　日期：</td><td>关（处）长审批意见
签名：　　日期：</td></tr>
<tr><td>收发货人或其代理人签字</td><td colspan="2">在查验过程中，本人一直在场，海关未使货物造成任何损坏或破损，本人对海关查验结果无异议。
收发货人（代理人）签字　　电话　　地址　　邮编
年　月　日</td></tr>
</table>

单证 1 –7

天津海关进口关税专用缴款书

收入系统：　　　　税务系统　　　填发日期：2012 年 6 月 27 日　　　　　号码 No:

收款单位	收入机关	中央金库			缴款单位（人）	名　称	贝斯塔斯风力技术（中国）有限公司
	科　目	进口关税	预算级次	中央		账　号	
	收款国库					开户银行	

税号	货物名称	数量	单位	完税价格（¥）	税率（%）	税款金额（¥）
	控制柜	9	个	358,258.03	8.4000	30,093.67
金额人民币（大写）		叁万零玖拾叁元陆角柒分			合计（¥）	30,093.67

申请单位编号	1207249999	报关单编号		填制单位 制单人____ 复核人____	收款国库（银行）
合同（批文）号	P089325	运输工具（号）	COSCO OCEANIA		
缴款期限	年　月　日	提/装货单号	0016664		
备注	一般贸易　照章征税				

第一联：（收据）国库收款签章后交缴款单位或缴纳人

从填发缴款书之日起限 15 日内缴纳（期末遇法定节假日顺延），逾期按日征收税款总额万分之五的滞纳金。

单证 1－8

天津海关进口关税专用缴款书

收入系统：　　　　税务系统　　　填发日期：2012 年 6 月 27 日　　　　　号码 No：

<table>
<tr><td rowspan="3">收款单位</td><td>收入机关</td><td colspan="3">中央金库</td><td rowspan="3">缴款单位（人）</td><td>名　　称</td><td colspan="2">贝斯塔斯风力技术（中国）有限公司</td></tr>
<tr><td>科　　目</td><td>进口关税</td><td>预算级次</td><td>中央</td><td>账　　号</td><td colspan="2"></td></tr>
<tr><td>收款国库</td><td colspan="3"></td><td>开户银行</td><td colspan="2"></td></tr>
<tr><td>税号</td><td>货物名称</td><td>数量</td><td>单位</td><td colspan="2">完税价格（¥）</td><td>税率（%）</td><td colspan="2">税款金额（¥）</td></tr>
<tr><td></td><td>控制柜</td><td>9</td><td>个</td><td colspan="2">358,258.03</td><td>8.4000</td><td colspan="2">30,093.67</td></tr>
<tr><td></td><td></td><td></td><td></td><td colspan="2"></td><td></td><td colspan="2"></td></tr>
<tr><td></td><td></td><td></td><td></td><td colspan="2"></td><td></td><td colspan="2"></td></tr>
<tr><td></td><td></td><td></td><td></td><td colspan="2"></td><td></td><td colspan="2"></td></tr>
<tr><td></td><td></td><td></td><td></td><td colspan="2"></td><td></td><td colspan="2"></td></tr>
<tr><td colspan="2">金额人民币（大写）</td><td colspan="4">叁万零玖拾叁元陆角柒分</td><td>合计（¥）</td><td colspan="2">30,093.67</td></tr>
<tr><td colspan="2">申请单位编号</td><td>1207249999</td><td>报关单编号</td><td></td><td colspan="2" rowspan="4">填制单位
制单人____
复核人____</td><td colspan="2" rowspan="4">收款国库（银行）</td></tr>
<tr><td colspan="2">合同（批文）号</td><td>P089325</td><td>运输工具（号）</td><td>COSCO OCEANIA</td></tr>
<tr><td colspan="2">缴款期限</td><td>年　月　日</td><td>提/装货单号</td><td>0016664</td></tr>
<tr><td>备注</td><td colspan="4">一般贸易　照章征税</td></tr>
</table>

第六联：（存根）由填发单位存查

从填发缴款书之日起限 15 日内缴纳（期末遇法定节假日顺延），逾期按日征收税款总额万分之五的滞纳金。

单证 1－9

天津海关进口增值税专用缴款书

收入系统：　　　　税务系统　　　填发日期：2012 年 6 月 27 日　　　　　号码 No：

收款单位	收入机关	中央金库			缴款单位（人）	名　　称	贝斯塔斯风力技术（中国）有限公司
	科　　目	进口增值税	预算级次	中央		账　　号	
	收款国库					开户银行	

税号	货物名称	数量	单位	完税价格（¥）	税率（%）	税款金额（¥）
	控制柜	9	个	358,258.03	17.0000	66,019.79
金额人民币(大写)	陆万陆仟零壹拾玖元柒角玖分				合计(¥)	66,019.79

申请单位编号	1207249999	报关单编号		填制单位	收款国库（银行）
合同（批文）号	P089325	运输工具（号）	COSCO OCEANIA	制单人____ 复核人____	
缴款期限	年　月　日	提/装货单号	0016664		
备注	一般贸易　照章征税				

第一联：（收据）国库收款签章后交缴款单位或缴纳人

从填发缴款书之日起限 15 日内缴纳（期末遇法定节假日顺延），逾期按日征收税款总额万分之五的滞纳金。

单证 1-10

天津海关进口增值税专用缴款书

收入系统： 税务系统 填发日期：2012 年 6 月 27 日 号码 No：

<table>
<tr><td rowspan="3">收款单位</td><td>收入机关</td><td colspan="3">中央金库</td><td rowspan="3">缴款单位（人）</td><td>名 称</td><td colspan="2">贝斯塔斯风力技术（中国）有限公司</td></tr>
<tr><td>科 目</td><td>进口增值税</td><td>预算级次</td><td>中央</td><td>账 号</td><td colspan="2"></td></tr>
<tr><td>收款国库</td><td></td><td></td><td></td><td>开户银行</td><td colspan="2"></td></tr>
<tr><td>税号</td><td colspan="2">货物名称</td><td>数量</td><td>单位</td><td>完税价格（￥）</td><td>税率（%）</td><td colspan="2">税款金额（￥）</td></tr>
<tr><td></td><td colspan="2">控制柜</td><td>9</td><td>个</td><td>358,258.03</td><td>17.0000</td><td colspan="2">66,019.79</td></tr>
<tr><td colspan="3">金额人民币（大写）</td><td colspan="3">陆万陆仟零壹拾玖元柒角玖分</td><td>合计（￥）</td><td colspan="2">66,019.79</td></tr>
<tr><td colspan="2">申请单位编号</td><td>1207249999</td><td>报关单编号</td><td></td><td rowspan="4" colspan="2">填制单位
制单人____
复核人____</td><td rowspan="4" colspan="2">收款国库（银行）</td></tr>
<tr><td colspan="2">合同（批文）号</td><td>P089325</td><td>运输工具（号）</td><td>COSCO OCEANIA</td></tr>
<tr><td colspan="2">缴款期限</td><td>年 月 日</td><td>提/装货单号</td><td>0016664</td></tr>
<tr><td>备注</td><td colspan="4">一般贸易 照章征税</td></tr>
</table>

第六联：（存根）由填发单位存查

从填发缴款书之日起限 15 日内缴纳（期末遇法定节假日顺延），逾期按日征收税款总额万分之五的滞纳金。

单证 1－11

中华人民共和国出入境检验检疫
入境货物通关单

编号：120020112029243000

<table>
<tr><td colspan="3">1. 收货人
贝斯塔斯风力技术（中国）有限公司</td><td rowspan="3">5. 标记及号码
N/M</td></tr>
<tr><td colspan="3">2. 发货人
＊＊＊
＊＊＊</td></tr>
<tr><td>3. 合同/提（运）单号
P089325/＊＊＊</td><td colspan="2">4. 输出国家或地区
丹麦</td></tr>
<tr><td>6. 运输工具名称及号码
＊＊＊　＊＊＊</td><td colspan="2">7. 目的地
天津市塘沽区</td><td>8. 集装箱规格及数量
＊＊＊</td></tr>
<tr><td>9. 货物名称及规格
控制柜
＊＊＊
＊＊＊
（以下空白）</td><td>10. H.S. 编码
＊＊＊
＊＊＊
（以下空白）</td><td>11. 申报总值
＊44181 欧元
＊＊＊
＊＊＊
（以下空白）</td><td>12. 数/重量、包装数量及种类
＊9 个
＊130 千克
＊1 天然木托
（以下空白）</td></tr>
<tr><td colspan="4">13. 证明
上述货物业已报检/申报，请海关予以放行。
本通关单有效期至二〇一三年五月二十三日
签字：　　　　日期：2013 年 04 月 24 日</td></tr>
<tr><td colspan="4">14. 备注</td></tr>
</table>

［2－2（2000. 1. 1）］　　　　①货物通关

单证 1－12

天津中远集装箱船务代理有限公司
COSCO TIANJIN CONTAINER SHIPPING AGENCY CO.，LTD.

提货单
DELIVERY ORDER

NO. 0016664

天津新港地区、场、站 收货人/通知方：	BESTAS WIND TECHNOLOGY	货位编号：	
船名　COSCO OCEANIA	航次　022W	起运港　汉堡	目的港　天津新港
提单号　COS4502903890	交付条款　CFS－CFS	到付海运费	合同号　P089325
卸货地点	到达日期	进库场日期	第一程运输
货名	控制柜	集装箱号/铅封号	
集装箱数	1×20′	CBHU6326887	F19772
件数	1 PACKAGE		
重量	164.00KG		
体积	1.68m^3		
标志			

请核对放货。

天津中远集装箱船务代理有限公司

凡属法定检验、检疫的进口商品，必须向有关监督机构申报。

收货人章 1	海关章 2	3	4
5	6	7	8

项目二　一般贸易出口胡萝卜

一、业务背景

天津喜宝食品有限公司（1207249999），于 2013 年 6 月向天津新港海关申报出口脱水胡萝卜。

该商品经过改性空气包装（MAP）加工方法包装。

注：在采用 MAP 方法进行加工时，产品周围的气体已被改变或受到控制（例如，通过抽去或减少氧气的含量，并将其置换成氮气或二氧化碳，或增加氮气或二氧化碳的含量）。

天津喜宝食品有限公司为海关 A 类管理企业。

商品信息：

申报要素项目	要素说明
制作或保存方法（干制，包括脱水、蒸干或冻干）	脱水
其他	无

二、随附单证

本项目的随附单证见单证 2 －1 至单证 2 －6。

单证 2 –1

天津喜宝食品有限公司

No. 12 XINGANG ROAD, TIANJIN ECONOMIC-TECHNOLOGICAL DEVELOPMENT AREA, TIANJIN, CHINA

TEL:0086-022-59818888 FAX:0086-022-59818886

SALES CONTRACT

CONTRACT NO.: XH16008
DATE: 2013.05.28

THE BUYERS : SHINE WOO INDUSTRIES

168-18,YONGSU-RI,CHOWOL-MYEON,KWANGJU-SI,KYONGKI-DO, KOREA TEL : 031 731- 4008

THE CONTRACT IS MADE BY BETWEEN THE BUYERS AND SELLERS , WHEREBY THE BUYERS AGREE TO BUY AND THE SELLERS AGREE TO SELL THE UNDER-MENTIONED COMMODITY ACCORDING TO THE TERMS AND CONDITIONS STIPULATED BELOW :

1.DESCRIPTION OF GOODS

MARKS	DESCRIPTION	QUANTITY	UNIT PRICE	AMOUNT
N/M	DEHYDRATED CARROTS	5000KGS	CFR BUSAN USD5.60/KG	USD28000.00

TOTAL AMOUNT: USD28000.00 CFR BUSAN KOREA

2. DATE OF SHIPMENT: 2013.03.17

3. TERMS OF PAYMENT: L/C

4. LOADING PORT AND DESTINATION: FROM CHINESE PORT TO BUSAN

5. DOCUMENTS: THE SELLERS SHALL PRESENT THE FOLLOWING DOCUMENTS:

1) SIGNED COMMERCIAL INVOICE IN THREE FOLD.

2) FULL SET OF OCEAN ON BOARD OCEAN BILLS OF LADING MARKED “FREIGHT PREPAID” AND MADE OUT TO ORDER, BLANK ENDORSED AND NOTIFYING THE BUYERS

3) PACKING LIST IN THREE FOLD.

6. THIS CONTRACT IS MADE BY FAX

THE SELLERS

THE BUYERS

SHINE WOO INDUSTRIES

单证 2－2

天津喜宝食品有限公司

TIANJIN XIBAO FOODS CO.,LTD.

No. 12 XINGANG ROAD, TIANJIN ECONOMIC-TECHNOLOGICAL DEVELOPMENT AREA，TIANJIN, CHINA

TEL:0086-022-59818888　FAX:0086-022-59818886

COMMERCIAL　INVOICE

TO: SHINE WOO　INDUSTRIES

168-18,YONGSU-RI,CHOWOL-MYEON,KWANGJU-SI,KYONGKI-DO,KOREA　031731-4008

CONTRACT NO: XH16008

DATE: 2013.06.20

INVOICE NO: XH16008

MARKS	DESCRIPTION	QUANTITY	UNIT PRICE	AMOUNT
N/M	DEHYDRATED CARROTS	5000KGS	CFR BUSAN USD5.60/KG	USD28000.00

SAY US DOLLARS TWENTY EIGHT THOUSAND HUNDRED ONLY

TOTALAMOUNT: USD 28000.00

TERMS OF PRICE: CFR BUSAN

LESS OCEAN FREIGHT: USD500.00

COUNTRY OF ORIGIN:　CHINA

天津喜宝食品有限公司

TIANJIN XIBAO FOODS CO.,LTD.

....

Authorized Signature(s)

单证 2－3

天津喜宝食品有限公司

TIANJIN XIBAO FOODS CO.,LTD.

No. 12 XINGANG ROAD, TIANJIN ECONOMIC-TECHNOLOGICAL DEVELOPMENT AREA， TIANJIN, CHINA

TEL:0086-022-59818888 FAX:0086-022-59818886

PACKING LIST

TO: SHINE WOO INDUSTRIES

168-18,YONGSU-RI,CHOWOL-MYEON,KWANGJU-SI,KYONGKI-DO,KOREA 031731-4008

CONTRACT NO: XH16008

DATE: 2013.06.21

INVOICE NO: XH16008

MARKS	DESCRIPTION	PACKAGE	G/N. WEIGHT	MEASUREMENT
N/M	DEHYDRATED CARROTS	500CTNS	5500KGS/5000KGS	66CBM
TOTAL		500CTNS		66CBM

SAY TOTAL: FIVE HUNDRED CARTONS ONLY

天津喜宝食品有限公司

TIANJIN XIBAO FOODS CO.,LTD.

....

Authorized Signature(s)

单证 2-4

出境货物换证凭条

转单号	＊＊＊＊＊＊＊＊＊＊			报检号	＊＊＊＊＊＊＊＊＊＊
报检单位	天津喜宝食品有限公司				
合 同 号	XH16008			HS 编码	＊＊＊＊＊＊＊＊. ＊＊
数（重）量	5000 千克	包装件数	500 纸箱	金额	28000.00 美元
评定意见： 贵单位报检的该批货物，经我局检验检疫，已合格。请执此单至××部办理出境验证业务。本单有效期截止于 2013 年 06 月 30 日。 ××局本部 2013 年 06 月 15 日					

单证 2-5

出入境检验检疫收费收据
Receipt of Entry-Exit Inspection and Quarantine

国财 01701　　No. 0848533577

缴费单位：天津喜宝食品有限公司　　收款日期 2013 年 6 月 23 日

Payer　　Date

申请单号 Application No.	项目 Items	摘要 Additional Declaration	金额（Amount）							
			十	万	千	百	十	元	角	分
120400110010992	出境货物通关单	出证					8	0	0	0
合计（Total）							8	0	0	0
总计人民币 Total（R. M. B）		零拾零万零仟零佰捌拾零元零角零分								

第二联 收据

收款单位（章）：天津出入境检验检疫局　　复核　　收款人：陈鑫

Payee（Seal）　　Checked by　　Payee

单证 2－6

中华人民共和国出入境检验检疫
出境货物通关单

编号：321200212014163000

<table>
<tr><td colspan="3">1. 收货人
天津喜宝食品有限公司
***</td><td rowspan="3">5. 标记及号码
N/M</td></tr>
<tr><td colspan="3">2. 发货人
SHINE WOO INDUSTRIES
168－18，YONGSU-RI，CHOWOL-MYEON，KWANGJU-SI，KYONGKI-DO，KOREA 031731－4008</td></tr>
<tr><td>3. 合同/提（运）单号
XH16008/*****</td><td colspan="2">4. 输出国家或地区
韩国</td></tr>
<tr><td>6. 运输工具名称及号码
船舶　****</td><td colspan="2">7. 发货日期
***</td><td>8. 集装箱规格及数量
海运 40 尺普通 1 个</td></tr>
<tr><td>9. 货物名称及规格
脱水胡萝卜/脱水
* * *
（以下空白）</td><td>10. H. S. 编码
* * *
（以下空白）</td><td>11. 申报总值
28000 美元
* * *
（以下空白）</td><td>12. 数/重量、包装数量及种类
5000 千克
500 纸箱
（以下空白）</td></tr>
<tr><td colspan="4">13. 证明
上述货物业已报检/申报，请海关予以放行。

本通关单有效期至二〇一三年五月二十三日

签字：　　　　日期：2013 年 04 月 24 日</td></tr>
<tr><td colspan="4">14. 备注</td></tr>
</table>

［2－2（2000. 1. 1）］　　　　①货物通关

项目三　一般贸易出口面粉

一、业务背景

深圳南顺面粉有限公司（4403140461）出口面粉一批。

深圳南顺面粉有限公司为海关 A 类管理企业。

商品信息：

申报要素项目	要素说明
状态（细粉）	细粉
其他	美国玫瑰牌

二、随附单证

本项目的随附单证见单证 3 - 1 至单证 3 - 6。

单证 3-1

Shenzhen Lam Soon Flour Co. , Ltd.
深圳南顺面粉有限公司

SALES CONTRACT
销售合同

<table>
<tr><td colspan="2">MESSRS:
客户:
STARWAY INC.</td><td colspan="2">CONTRACT NO
合同编号 S7234042
DATE:
日期: 2013 年 1 月 8 日</td></tr>
<tr><td>ITEM DESCRIPTION
项目</td><td>QUANTITY
数量</td><td>UNIT PRICE
单价</td><td>AMOUNT
金额</td></tr>
<tr><td>面粉</td><td>19958KG</td><td>USD0. 948</td><td>FOB 深圳
USD18,920. 00</td></tr>
</table>

TOTAL: USD18920. 00

PAYMENT TERM 付款方式: D/P AT SIGHT
DATE OF DELIVERY 交货日期: 2013 年 1 月开始交货
PACKING 包装: 袋装
TRANSPORTATION 运输方式: 船舶
INSURANCE 保险: 由买方负责

BUYER 买方	SELLER 卖方
STARWAY INC	Shenzhen Lam Soon Flour Co. , Ltd
Authorized Signature (s) 签署或盖章	Authorized Signature (s) 签署或盖章

单证 3－2

深圳南顺面粉有限公司
Shenzhen Lam Soon Flour Co., Ltd.

INVOICE
发　票

Invoice No. : SL00199
Date：2013－5－6
B/L NO.

BUYER 买方： STARWAY INC.	BUYER'S ORDER NO. 客户订货单号：	OUR CONTRACT NO. 合同号： S7234042
L/C NO. : 信用证号：	PAYMENT TERMS 付款方式： D/P AT SIGHT	
FROM 从 蛇口	TO 到 美国	
VESSEL/TRUCK NO. 运输工具： 船舶	SAILING ON/ABOUT 发货日期： 2013－5－6	

DESCRIPTION 货名	QUANTITY 数量	UNIT PRICE 单价	AMOUNT 金额
面粉	19958KG	USD 0.948	USD 18920.00
TOTAL：	19958 KG		USD 18920.00

For & On Behalf
Shenzhen Lam Soon Flour Co., Ltd.

单证 3－3

Shenzhen Lam Soon Flour Co. , Ltd.
深圳南顺面粉有限公司

装箱单
PACKING LIST

发票编号
Invoice No. : SL00199
合同编号
Contract No. : S7234042
付款条件
Terms of Payment : D/P AT SIGHT

客户
To Messrs STARWAY INC.
运输工具 由 至
VESSEL/TRUCK NO. 船舶 FORM 深圳 To 美国

箱号	货物名称及规格	总箱数	每件的重量	总毛重	总净重
1－880	面粉	880 件	毛重：22.9KG/件 净重：22.68KG/件	20152	19958
合计 Total		880		20152	19958

单证 3 – 4

中华人民共和国出口许可证
EXPORT LICENCE OF THE PEOLE'S REPUBLIC OF CHINA

NO. 3302942

1. 出口商: 4403618836889 Exporter 深圳南顺面粉有限公司	3. 出口许可证号: Export Licence No. 13 – AF – 101520
2. 发货人: 4403618836889 Consignor 深圳南顺面粉有限公司	4. 出口许可证有效截止日期: Export Licence Expiry Date 2013 年 9 月 28 日
5. 贸易方式: Terms of Trade 一般贸易	8. 进口国（地区）: Country/Region of purchase 美国
6. 外汇来源: Contract NO. S7234042	9. 付款方式: Payment 汇付
7. 报关口岸: Place of Clearance 深圳海关	10. 运输方式: Mode of Transport 海运、陆运
11. 商品名称: Description of Goods 小麦或混合麦的细粉	商品编码: 1101000001 Code of Goods

12. 规格、型号 Specification	13. 单位 Unit	14. 数量 Quantity	15. 单价 (USD) Unit price	16. 总值 (USD) Amount	17. 总值折美元 Amount in USD
	千克	*19958.0	*0.9480	*18920	$ 18920
18. 总计	千克	*19958.0		*18920	$ 18920

19. 备注: Supplementary Details 非一批一证（限于出口于香港、澳门以外市场）	20. 发证机关签章: Issuing Authority's Stamp & Signature 21. 发证日期: Licence date　2013 年 03 月 29 日

单证 3 –5

海关验放签注栏

报关日期	运输工具名称	装船单号	输往国家（地区）	出运数量或金额	许可证结余数	海关签章
20130508	UN9289087/FG319A	B430508114	美国	19958KG	完	045291458

单证 3－6

中华人民共和国出入境检验检疫
出境货物通关单

编号：470100213034534000

<table>
<tr><td colspan="3">1. 收货人
深圳南顺面粉有限公司
***</td><td rowspan="3">5. 标记及号码
美国玫瑰牌</td></tr>
<tr><td colspan="3">2. 发货人
***
STARWAY INC.</td></tr>
<tr><td>3. 合同/提（运）单号
S7234042/*****</td><td colspan="2">4. 输往国家或地区
美国</td></tr>
<tr><td>6. 运输工具名称及号码
船舶　****</td><td colspan="2">7. 发货日期
2013. 05. 06</td><td>8. 集装箱规格及数量
***</td></tr>
<tr><td>9. 货物名称及规格
面粉
* * *
（以下空白）</td><td>10. H. S. 编码
1101000001
* * *
（以下空白）</td><td>11. 申报总值
*18920 美元
* * *
（以下空白）</td><td>12. 数/重量、包装数量及种类
*19958 千克
*880 布袋
（以下空白）</td></tr>
<tr><td colspan="4">13. 证明
上述货物业已报检/申报，请海关予以放行。

本通关单有效期至二〇一三年五月二十三日

签字：　　　　日期：2013 年 04 月 24 日</td></tr>
<tr><td colspan="4">14. 备注</td></tr>
</table>

［2－2（2000. 1. 1)］　　　　①货物通关

项目四　一般贸易出口无线路由器

一、业务背景

深圳市联线技术有限公司（4403061874）向深圳机场海关申报出口 ADSL 无线路由器 300 台。

深圳市联线技术有限公司为海关 A 类管理企业。

商品信息：

申报要素项目	要素说明
用途	ADSL 接入网络连接
通讯方式	多用户共享网络
品牌	华为
型号	TD - W8961ND
其他	无

二、随附单证

本项目的随附单证见单证 4 - 1 至单证 4 - 4。

单证 4－1

807-03967202

Shipper's Name and Address | Shipper's Account Number | Not negotiable

PACIFIC INTEGRATED LOGISTICS(SHENZHEN) CO.，LTD.
SHENZHEN,CHINA

Air Waybill **AIR ASIA BERHAD**

Issued by

Consignee's Name and Address | **Consignee's Account Number**

CFM LOGISTICS(KL) SDN BHD
MALAYSLA

Copies 1,2 and 3 of this Air Waybill are originals and have the same validity

It is agreed that the goods described herein are accepted in apparent good order and condition (except as noted) for carriage subject to the conditions OFCONTRACT ON THE REVERSE HEREOF ALL GOODS MAY BE CARRIED BY ANY OTHER MEANS INCLUDING ROAD OR ANY OTHER CARRIER UNLESS SPECIFIC CONTRARY INSTRUCTIONS ARE GIVEN HEREON BY THE SHIPPER AND SHIPPER AGREES THAT THE SHIPMENT MAY BE CARRIED VIA INTERMEDIATE STOPPING PLACES WHICH THE CARRIER DEEMS APPROPPIATE THE SHIPPER 'S ATTENTION IS DRAWN TO THE NOTICE CONCERNIONG CARRIER'S LIMITATION OF LIABILITY. Shipper may increase such imitation of liability by declaring a higher value for carriage and paying a supplemental charge if required.

Issuing Carrier's Name and City
SHENZHEN AIRPORT ATEINTL FREIGHT CO.LTD.

Accounting Information
JOB NO.: 2013040445

Agent's IATA Code | Account No.

Airport of Departure (Addr. Of First Carrier) and Requested Routing
SHENZHEN, CHINA

To	By First Carrier / Routing and Destination	to	by	to	by	Currency	CHGS Code	WT VAL PPD	WT VAL COLL	Other PPD	Other COLL	Declared Value for Carriage	Declared Value for Customs
KUL	AK					CNY			PP		PP	N.V.D	AS PER INV

Airport of Destination	For Carrier Use Only	Amount of Insurance	INSURANCE - If carrier offers insurance, and such insurance is requested in accordance with the conditions thereof, indicate amount to be insured in figures in box marked "Amount of Insurance".
KUALA LUMPUR	AK1089/22 APR	NIL	

Handling Information

(For USA only) These commodities technology or software were exported from the United States in accordance with the Export Administration Regulations Diversion contrary to USA law prohibited

SCI

No. of Pieces RCP	Gross Weight	kg lb	Rate Class / Commodity Item No.	Chargeable Weight	Rate / Charge	Total	Nature and Quantity of Goods (incl. Dimensions or Volume)
15	249.00	K	Q	249.000	25.2300	6282.27	CONSOL SHPT DIMS: 54*48*37/15 VOL:1.44CBM

Prepaid	Weight Charge	Collect	Other Charges
6282.27			AWC:50.00
	Valuation Charge		
	Tax		
	Total Other Charges Due Agent		
	Total Other Charges Due Carrier		
50.00			

Shipper certifies that the particulars on the face hereof are correct and that insofar as any part of the consignment contains dangerous goods, such part is properly described by name and is in proper condition for carriage by air according to the applicable Dangerous Goods Regulations.

Signature of Shipper or his Agent

Total Prepaid	Total Collect
6332.27	
Currency Conversion Rates	CC Charges in Dest. Currency

22-Apr-13 SZX CIARA

Executed on (date) at (place) Signature of Issuing Carrier or its Agent

For Carriers Use only at Destination	Charges at Destination	Total Collect Charges

807-03967202

单证 4－2

ICCS

CARGO ACCEPTANCE DOCUMENT
收货单

Vehicle：45646

2013. 04. 21 09：48：47 AMDriver：ate 45645

Acceptance Date and Time：2013. 04. 21 09：48：47 AM

<table>
<tr><td>MAWB
主单号</td><td colspan="3">807－03967202</td></tr>
<tr><td>HAWB
分单号</td><td colspan="3"></td></tr>
<tr><td>Total Number of Pieces Actual
累计收货件数</td><td>15</td><td>Num. of PCS by Part
当次收货件数</td><td>15</td></tr>
<tr><td>Total Weight Actual
累计收货重量</td><td>249. 0</td><td>Weight by Part
当次收货重量</td><td>249. 0</td></tr>
<tr><td>Dimensions
货物体积</td><td></td><td></td><td></td></tr>
<tr><td>Customs Status
海关状态</td><td></td><td></td><td></td></tr>
<tr><td>Agent Name
代理名称</td><td colspan="3">ATE SHENZHEN AIRPORT ATE INTL FREIGHT CO.，LTD</td></tr>
<tr><td>Destination
目的站</td><td colspan="3">KUL</td></tr>
<tr><td>Irregularities
不正常货物</td><td>Damage Pieces
破损/ 件数</td><td colspan="2">Wet Pieces
受潮/件数</td></tr>
<tr><td></td><td></td><td colspan="2"></td></tr>
<tr><td>Remarks
备注</td><td colspan="3"></td></tr>
<tr><td></td><td colspan="3"></td></tr>
<tr><td colspan="2">We hereby confirm all the above data to be true and correct.
我公司确认上述货物信息真实准确
Agent signature：
代理签字处</td><td colspan="2">Accepted By：
收货单位</td></tr>
</table>

单证 4 -3

CONTRACT
合 同

合同号 Contract No.：TVJX131347　　　　签字日期 Signing Date：20 - Mar - 13

This contract is made by and between the Buyer and the Seller，whereby the Buyer agree to buy and the Seller agree to sell the under-mentioned commodity according to stipulated below.（According to the practical price of invoice）

本合同由买方和卖方签订，根据下面规定的条款，买方同意购买并且卖方同意销售如下商品（根据发票实际金额）

ITEM	COMMODITY& SPECIFICATIONS	UNIT	QUANTITY	UNIT PRICE（USD）	AMOUNT（USD）
序号	商品 & 规格	单位	数量	单价（美元）	总金额（美元）
1	ADSL 无线路由器 TD - W8961ND	台	300	22.00	6600.00
总价 TOTAL VALUE（USD）					6,600.00

TOTAL VALUE：F. O. B SHEN ZHEN，CHINA

SAYS SIX THOUSAND AND SIX HUNDRED US DOLLARS ONLY

1. TIME OF SHIPMENT：Before 19 - May - 2013　　2. PORT OF DESCRIPTION：Malaysia

装运时间：2013 - 5 - 19 之前　　目的港：马来西亚

3. SPECIAL PROVISIONS：

This contract is made out in English and Chinese. English being only legally of the effect. The original Contracts are in two copies；each part keeps one of two original copies after signature.

本合同采用中文、英文书写，英文具有法律效力。合同正本两份，签字后双方各持一份。

For the Buyer：
ADVANCED TECHNOLOGY SDN BH

For the seller：
SHENZHEN LIANXIAN TECHNOLOGIES CO.，LTD
深圳市联线技术有限公司

单证 4－4

SHENZHEN LIANXIAN TECHNOLOGIES CO. , LTD

深圳市联线技术有限公司

PACKING LIST/ WEIGHT MEMO

TO：Advanced Technology Sdn Bhd

Invoice No：TVJX131347
Date：19－Apr－13

Case No.	Description		UNIT	CTNS	W. T/CTN 单箱的重量		T. W 总重（KG）		Measurement （CM）	
					NET 净重	GROSS 毛重	NET 净重	GROSS 毛重	Length	Width
AVN－AVN 15	ADSL 无线路由器	TD－W8961ND	300	15	15. 60	16. 60	234. 00	249. 00	55. 50	49. 00

Total： 15 CTNS 300 PCS 234. 00 249. 00 KGS 1. 59

深圳市出口商品发票

出口专用

Shenzhen City Export Goods Invoice

For Export
发票代码 144031325150
发票号码：002013309
开票日期：2013 年 4 月 19 日
Issue Date：Year Month Date

购货单位 ADVANCED TECHNOLOGY SDN BHD
Purchaser

合同号码 Contract No.	TVJX131347	贸易方式 Trade Method		一般贸易	收汇方式 Foreign Exchange Collection Form	T/T
信用证号 L/C No.	无	当期汇率 Exchange Rate		6. 210000		
定单号码 P. O. No.	商品名称 Description and Specification of Goods	单位 Unit	数量 Quantity	销售单价 Unit Price	销售总额 Total Sales Amount	离岸价 FOB
TVJX131347	ADSL 无线路由器 TD－W8961ND	台	300	22. 00	6,600. 00	6,600. 00

销售额				
销售额	外币（USD） Currency 合计大写 Total Amount（In Capital）	陆仟陆佰元整	（小写） USD6,600. 00	（小写） USD6,600. 00
销售额	人民币 RMB 合计大写 Total Amount（In Capital）	肆万零玖佰捌拾陆元整	（小写） ¥40,986. 00	（小写） ¥40,986. 00
备注 Notes				

销货单位（盖章）：深圳市联线技术有限公司 电话： 开票人：
Seller： Tel： Issued by：

项目五　一般贸易进口印刷电路

一、业务背景

杜鹏特中国集团有限公司（44031401109）向深圳机场海关申报进口印刷电路用材料。杜鹏特中国集团有限公司为海关 A 类管理企业。

商品信息：

【商品一】

申报要素项目	要素说明
形状（箔）	片状
材质（精炼铜、黄铜、青铜、白铜等）	精炼铜
状态（有无衬背）	有衬背
成分含量（铜及合金元素的各自含量）	含铜量 80.86%
规格（整体厚度、铜箔厚度、长度、宽度）	FR0100（250mm × 100m）（9.843″ × 328.1′）
厚度（衬背除外）	≤15mm
用途	印刷电路用
品牌	Pyralux
牌号	*①
种类（压延铜箔、电解铜箔，刚性覆铜板、柔性覆铜板	柔性覆铜板
覆铜板的铜箔层数	无

【商品二】

申报要素项目	要素说明
用途	制作柔性电路的基础材料用
外观	卷状、乳白色、不透明
是否与其他材料合制	未与其他材料合制
成分	*
规格尺寸	AP9222R（610mm × 914mm）（24″ × 36″）
是否非泡沫	否
品牌	Pyralux®
型号	AP9222R
其他	无

二、随附单证

本项目的随附单证见单证 5－1 至单证 5－5。

---

① 因从随附单据中无法获知“牌号”这一申报要素的信息，故此处用“*”号替代，实际申报时应向委托企业索取相应要素信息，并据实填报。下同。

单证 5－1

Shipper's Name and Address	Shipper's Account Number	NOT NEGOTIABLE 888-8310291[6]
DHL Global Forwarding (Hong Kong) Ltd		**Air Waybill**
		Copies 1,2 and 3 of this Air Waybill are originals and have the same validity

Consignee's Name and Address	Consignee's Account Number	
DHL Global Forwarding (China)Co., Ltd		It is agreed that the goods described herein are accepted in apparent good order and condition (excep as noted) for carriage SUBJECT TO THE CONDITIONS OF CONTACT ON THEREVERES HEREOF ALL GOOGS MAY BE CARRIED BY ANY OTHER MEANS INCLUDING ROAD OR ANY OTHER CARRIER UNLESS SPECIFIC CONTRARY INSTRUCTIONS ARE GIVEN HEREON BY THE SHIPPER AND SHIPPER AGREES THAT THE SHIPMENT MAY BE CARRIED VIA INTERMEDIATE STOPPING PLACES WHICH THE CARRIER DEEMS APPROPRIATE.LIMITATION OF LIABILITY .Shipper may increase such limitation of liability by declaring a higher value for carriage and paying a supplemen charge if required.

Issuing Carrier's Name and City		Accounting Information
Agent's IATA Code: HONGKONG	Account No.	
Airport of Departure (Addr. Of First Carrier) and Requested Routing		

To	By First Carrier	Routing and Destination	to	by	to	by	Currency	CHGS Code	WT VAL PPD	WT VAL COLL	Other PPD	Other COLL	Declared Value for Carriage	Declared Value for Customs
	CA103						CNY							NCV

SZXAirport of Destination	Flight/Date		Amount of Insurance	INSURANCE - If carrier offers insurance, and such insurance is requested in accordance with the conditions thereof, indicate amount to be insured in figures in box marked "Amount of Insurance".

Handling Information

DHL Air Waybill :695-4089 4195; 4ZD4681-ROC

scl

No. of Pieces RCP	Gross Weight	kg lb	Rate Class / Commodity Item No.	Chargeable Weight	Rate / Charge	Total	Nature and Quantity of Goods (incl. Dimensions or Volume)
1	140		KG				印刷电路用粘结片 印刷电路用覆铜板
1	140		KG				

Prepaid	Weight Charge	Collect	Other Charges
	Valuation Charge		
	Tax		
	Total Other Charges Due Agent		Shipper certifies that the particulars on the face hereof are correct and that insofar as any part of the consignment contains dangerous goods, such part is property described by name and is in proper condition for carriage by air according to the applicable Dangerous Goods Regulations.
	Total Other Charges Due Carrier		
876.00			DGF SZX
			Signature of Shipper or his Agent
Total Prepaid 5913.42		Total Collect	
Currency Conversion Rates		CC Charges in Dest. Currency	5/2/2013 SZX Lisa
			Executed on (date) at (place) Signature of Issuing Carrier or its Agent
For Carriers Use only at Destination		Charges at Destination	Total Collect Charges

单证 5－2

E.I. Du Pont de Nemours and Company

ORIGINAL

Invoice

Date 23-Apr-2013

Invoice Number 7611975759

Delivery Note No. See detail section

Shipment No. 11183461

Customer Order Reference

Our Order Reference 4501944763

Country of Destination China

Customer No. **PLTVF80**

Contact Person

Contact Telephone

Contact Fax

Invoice To:
DU PONT CHINA HOLDING CO., LTD.
CHE GONG MIAO INDUSTRIAL AREA CHINA

Ship-to/Consignee:
Du Pont China Holding Co., Ltd.
Che Gong Miao Industrial Area,
SHENZHEN CITY,GUANGDONG PROVINCE 518040
CHINA

Terms of Payment Net 60 days from date of invoice
Payment Due 22-Jun-2013

Shipping Date 23-Apr-2013

Shipping Point Towanda Plant Pennsylvania USA

Terms of Sale CPT SHENZHENG AIRPORT,CHINA

Item Product & Description	Quantity	Unit Price	Unit	USD Amount
D11626760 Pyralux®FR Adhesives FR0100(250mm × 100m)(9.843″ × 328.1′) **Delivered Qty.:**6.000RL **FRB Code:**R329800 **Country of origin:** USA **Delivery Note No:**7565605825	150.174	7.6100	SM	1，142.82
M53840A Pyralux® AP Clads AP9222R(610mm × 914mm)(24″ × 36″) **Delivered Qty.:**66SH **FRB Code:** R331200 **Country of origin:** USA **Delivery Note No:**7565608307	36.828	146.7000	SM	5,402.67

These commodities, technology or software were exported from the United States in accordance with the Export Administration Regulations. Diversion contrary to U.S law is prohibited.

SHIPPING MARK
DuPont China Holding Co. Ltd
P.O. NO.4501944763
COUNTRY OF ORIGIN: USA

Citibank NY
SWIFT: CITIUS33
ABA: 021000089ACT 30639825
New York NY 10043

AMOUNT DUE USD 6,545.49

Payment Reference | Customer Code **962535830** | Invoice No **7611975759**

Buyer's acceptance of the goods covered by this invoice shall constitute acceptance by the buyer of all terms and conditions of stated above and on the reverse side there of.

Registered Trademark of E.I.du Pont de Nemours and Company.

单证 5－3

合约编号 4501944763

买卖合同
SALES CONTRACT

日期
DATE：01－Apr－13

卖方：E. L. DUPONT DE NEMOURS AND COMPANY　买方：杜鹏特中国集团有限公司
SELLER：E. I. DUPONT DE NEMOURS AND COMPANY　BUYER：DUPONT CHINA HOLDING CO，LTD

买方同意按照下列条款和条件向卖方购买下文所列其所需的全部产品，卖方同意按照下列条款和条件向买方出售该等产品：

BUYER agrees to purchase all of its requirements for the Product listed below form SELLER，and SELLER agrees to sell to BUYER according to the following terms and conditions：

序号	产品名称	型号	产地	数量	单价	总额
Item	Product Description	Specification	C/O	Quantity	U/P	Amount
				[sm]	[USD/sm]	[USD]
1	印刷电路用粘结片	FR0100（250MM×100M）（9.843″×328.1′）	USA	150.174	7.610	1142.8202
2	刷电路用覆铜板	AP9222R（610MM ×914MM）（24″×36″）	USA	36.828	146.700	5402.670
			TOTAL			6,545.49

卖方课随时更改本合同所列的价格和交付条款，但必须在上述更改生效日期之前至少三十（30）日书面通知买方。买方如不愿意接受有关任何产品的条款的更改，可在上述更改生效日期之前书面通知卖方就该产品解除本合同，除非在该日之前卖方书面通知买方已撤销上述条款的更改。本合同就所有其他产品而应继续有效。

SELLER may change the price and delivery terms stated herein any time by written notice to BUYER at least thirty（30）days before the effective date of such change. If BUYER is unwilling to accept such change in terms with respect to any product，BUYER may cancel this contract insofar as it relates to such product but notifying SELLER in writing prior to the effective date of such change，unless prior to such date SELLER notifies BUYER in writing that such change in terms has been rescinded. The contract shall remain in effect with respect to all other products.

原产地和制造：COUNTRY OF ORIGIN AND MANUFACTURER：USA
保险 INSURANCE
包装 PACKING：　STANDARD
装运标志 SHIPPING MARKS：　AS USUAL
销售条款 TERMS OF SALES　CPT SHENZHEN Airport
支付条款 TERMS OF PAYMENT：　NET 60 DAYS FROM DATE OF INVOICE
装运时间 TIME OF SHIPMENT：　Apr. 20. 2013
装运方式 MODE OF SHIPMENT：　BY air
装运港 PORT OF SHIPMENT：　USA

（单证5－3 续）

目的地 DESTINATION：	SHENZHEN AIR PORT
单据：	卖方应提供下列单据：
DOCUMENTS：	SELLER shall provide the following documents：
1. 发票列明合同号	Invoice indicates contract。

2. 装箱单一式一份，列明合同号、每卷产品详情、尺寸和净/毛重。

Packing list in one copy indicating contract number, details of contents, measurement and gross/net weight of each roll.

条件：下文规定的买卖条件构成合同一部分。如果本合同其他条款与下列买卖条件有抵触。以买卖条件为准。

CONDITIONS：The Conditions of Sale set forth on the reverse side of this sheet shall be specifically made a part of this contact and shall control in the event of any with any terms herein, or with any attachments hereto.

REMARKS

卖方	买方： 杜鹏特中国集团有限公司
FOR THE SELLER	FOR THE BUYER DU Pont China Holding Co. , Ltd

单证 5－4

PACKING LIST

Page 1 of 2

E.I.du Pont de Nemours and Company
Wilmington
USA

Shipment Number: 11183461

Shipping Point:
Towanda Plant
Pennsylvania
USA

Delivery Number: See Detail Section

TOTAL SHIPPING UNITS: 1
TOTAL NET WEIGHT: 148.82LB
67.57 KG

Ship To:
Du Pont China Holding Co , Ltd.
Che Gong Miao Industrial Area,
SHENZHEN CITY,GUANGDONG PROVINCE 518040
CHINA

TOTAL GROSS WEIGHT: 308.37LB
140.00KG

Order: 4501944763

Sold To:
Du Pont China Holding Co, Ltd.
Che Gong Miao Industrial Area,
SHENGZHEN CITY-GUANGDONG PROVINCE 518040
CHINA

Customer Order:
Customer Article: See Detail Section
Shipping Marks:
SHIPPING MARK:
DuPont China Holding Co. Ltd
P.O. NO.4501944763
COUNTRY OF ORIGIN: USA

9014824754-1 PALLET

Shipping Unit ID/Desc	Shipping Unit ID/Desc	Material Description	Shipping Unit ID	No. Of Packages	Quantity	Net Weight
9014824754		D11626760	1200239243	6 BX	6RL	18.924KG
Each		Pyralux ®FR Adhesives FR0100(250mm×100mm)(9.843″ ×328.1′)				41.683LB
		Export Commodity Code: 6075				
		Batch: 2371-1421				
		Delivery Number : 7565605825 **Item Number :** 10				
		M53840A	1211943023	3 BX	66 SH	48.642KG
		Pyralux® Ap Clads AP9222R(610mm×914mm)(24″ ×36″)				107.141LB
		Export Commodity Code :6076				
		Batch: 8834069				
		Delivery Number : 7565608307 **Item Number :** 10				

（单证 5－4 续）

PACKING LIST

Page 2 of 2

E.I.du Pont de Nemours and Company
Wilmington
USA

Shipment Number: 11183461
Delivery Number: See Detail Section

Shipping Unit ID/Desc.	Shipping Unit ID/Desc.	Material Description	Shipping Unit ID	No.of Packages	Quantity	Net Weight

Dimension/ Weights for Shipping unit 9014824754(Each)

IN: LG: 28.50 WD: 45.00 HT: 29.00
CM: LG: 72.39 WD: 114.30 HT: 73.66
Net Weight: 148.824LB **Gross Weight:** 308.370 LB
67.566KG 140.00KG
Volume: 21.52 Cu.Ft. 0.61 Cu.Mt.

Number of packages on Shipping unit 9014824754(Each): 2

SUMMARY BY COMMODITY CODE

Commodity Code	Net Weight Kg	Gross Weight Kg	Invoice Value	SED	Volume M^3
6075	18.92	39.34	1,143	150.17	0.17
6076	48.64	100.66	5,403	36.83	0.44
Total	67.56	140.00	6,545		0.61

Commodity Code	Net Weight Lb	Gross Weight Lb	Invoice Value	SED	Volume FT3
6075	41.68	86.66	1,143	150.17	6.04
6076	107.14	221.71	5,403	36.83	1 5.47
Total	148.82	308.37	6,545.49		21.52

TOTAL SHIPPING UNITS	TOTAL PACKAGES	TOTAL NET WEIGHT	TOTAL GROSS WEIGHT	TOTAL VOLUME
1	9	148.824LB 67.566KG	308.370 LB 140.000 KG	21.52Cn.Ft. 0.61Cu.Mt.

单证 5－5

中华人民共和国自动进口许可证
AUTOMATIC IMPORT LICENCE OF THE PEOPLE'S REPUBLIC OF CHINA

NO. 3299011

1. 进口商： 4403618880855 Importer 杜鹏特中国集团有限公司	3. 自动进口许可证号： Automatic Import License No. 13－41－M20423
2. 进口用户： 4403618880855 Consignee 杜鹏特中国集团有限公司	4. 自动进口许可证有效截止日期： Automatic Import License Expiry Date 2013 年 10 月 28 日
5. 贸易方式： Terms of Trade 一般贸易	8. 贸易国（地区）： Country/Region of Exportation 美国
6. 外汇来源： Terms of Foreign Exchange 银行购汇	9. 原产地（地区）： Country/Region of Origin 美国
7. 报关口岸： Place of Clearance 深圳海关	10. 商品用途： Use of Goods 生产用

11. 商品名称： Description of Goods　商品编码：7410211000 Code of Goods　商品状态： Status of Goods

有衬背的精炼铜制印刷电路用覆铜板（厚度（衬背除外）≦0.15mm）

12. 规格、型号 Specification	13. 单位 Unit	14. 数量 Quantity	15. 单价（USD） Unit price	16. 总值（USD） Amount	17. 总值折美元 Amount in USD
	千克	＊48.642	＊111.0701	＊5,403	$ 5,403
18. 总计	千克	＊48.642		＊5,403	$ 5,403

19. 备注： Supplementary Details 非一批一证	20. 发证机关签章： Issuing Authority's Stamp 21. 发证日期： License date　2013 年 04 月 28 日

项目六　一般贸易进口废杂纸

一、业务背景

江苏汉唐贸易有限公司（3202961624）代理江苏强盛纸业有限公司进口美国废纸一批。为保证准确申报，客户要求在申报前取样。

江苏汉唐贸易有限公司为海关 A 类管理企业。

商品信息：

申报要素项目	要素说明
种类（未漂白废牛皮纸、废报纸等）	废杂纸
产地标准及标号（美废、欧废、港废等）	美废 3 号
其他	状态：废碎，打包

二、随附单证

本项目的随附单证见单证 6－1 至单证 6－9。

单证 6－1

COMMERCIAL INVOICE

TO：JIANGSU HANTANG TRADING CORP.

DATE：4/2/2012
INVOICE NO：858302
REF NO. 93583－12

B/L NO. ：	556696084
CONTRACT NO. ：	KYXNP1284
NAME OF VESSEL：	CMA CGM BIANCA 412W
PORT OF LOADING：	LONG BEACH
PLACE OF DELIVERY：	LIANYUNGANG，CHINA
QUANTITY：	7×40′CONTAINERS/231 BALES
COMMODITY：	RECOVERED MIXED PAPER
WEIGHT：	144.499MT
ORIGIN：	USA
PACKING：	IN STANDARD EXPORT PACKING
THE UNIT PRICE：	US ＄ 238/MT CIF LIANYUNGANG (INCLUDING DTHC)
PAYMENT TERM：	D/P AT SIGHT
TOTAL AMOUNT：	US ＄ 34,390.76

CERTIFIED，TRUE AND CORRECT.
NEWPORT CH INTERNATIONAL，LLC.

______________________________ **ORIGINAL**

AUTHORIZED SIGNATURE

单证 6－2

CONTRACT

SELLER：NEWPORT CH INTERNATIONAL，LLC.　　　　Contract No.：KYXNP 1284

BUYER：JIANGSU HANTANG TRADING CORP. LTD

This contract is made by and between the buyers and sellers，where by the buyers agree to buy and sellers agree to sell the under mentioned commodity according to the terms and conditions stipulated below：

1. Commodity：RECOVERED MIXED PAPER
2. Quantity：1000MT +/－10%
3. Unit Price：USD238. 00/MT CIF Lianyungang（including DTHC）
4. Total Value：USD238，000. 00 +/－10%
5. Packing：In Standard Export Packing，Shipped in 40F Containers
6. Payment：D/P at sight
7. Transshipment：Allowed
8. Partial shipment：Allowed
9. Date of shipment：Mar. 31，2012
10. Port of loading：North American Port
11. Detention：14 free days time in destination port
12. Documents Provided：
    a）Signed Commercial Invoice in 3 originals
    b）Full set of bill of lading make out the applicant as the consignee and notify the applicant
    c）Packing list in 3 copies showing weight of each container
    d）Certificate of Pre－shipment Inspection issued by CCIC NA
    e）Certificate of non－wood packing issued by seller
    f）Certified copies of fax notifying applicant of shipment with 2 working days after shipment has effected
    g）Presentation of documents within 15 days after B/L date
13. The above goods must be accorded to control principles of the Chinese Standard GB16487－2005（Environmental Protection Control Standard for Imported Solid Wastes as Raw Materials）.
14. Claim Conditions：
    Seller is to be notified of any quality and/or weight claims within 10 days of opening and/or unloading the goods. Any claimed material shall be identified by the container number in which it was shipped，and evidenced with photographs，samples（if appropriate）and a details claim report. All claimed material is to be held by the buyer，unused，until the claim is thoroughly evidenced to the seller and a prompt settlement has been finalized.

Buyers：　　　　　　　　　　Sellers：

____________________　　　　____________________

单证 6－3

PACKING LIST

TO：JIANGSU HANTANG TRADING CORP.，

DATE：4/2/2012
INVOICE NO：858302
REF NO. 93583－12

B/L NO.：556696084
CONTRACT NO.：KYXNP1284

NAME OF VESSEL：CMA CGM BINCA 412W
PORT OF LOADING：LONG BEACH
PLACE OF DELIVERY：LIANYUNGANG，CHINA

QUANTITY：7×40′CONTAINERS/231 BALES
COMMODITY：RECOVERED MIXED PAPER
WEIGHT：144.499MT
ORIGIN：USA
PACKING：IN STANDARD EXPORT PACKING

CONTAINER NO.	NO. OF BALES	GROSS/NET WEIGHT（MT）
MSKU1288690	32	21.355
FRLU8505845	32	22.272
MSKU8003207	39	19.333
MSKU1079108	32	20.956
CAIU8280430	32	19.632
MSKU1749724	32	20.285
MRKU2553781	32	20.666
TOTAL AMOUNT：	231	144.499

CERTIFIED，TRUE AND CORRECT.

NEWPORT CH INTERNATIONAL，LLC

____

AUTHORIZED SIGNATURE　　ORIGINAL

单证 6－4

申报前看货/取样申请表

编号：（ 通 ）关（　　　）年　　号

<table>
<tr><td>收货人</td><td colspan="3"></td></tr>
<tr><td>进口日期</td><td></td><td></td><td></td></tr>
<tr><td>运输工具名称</td><td></td><td></td><td></td></tr>
<tr><td>收货人申请理由
及要求</td><td colspan="3">收货人（公章）
申请日期</td></tr>
<tr><td>海关审批意见</td><td colspan="3">经办关员：　　　　主管科长：
日期：　年　月　日</td></tr>
<tr><td>收货人查看货物/
取样记录</td><td colspan="3">本人在海关监管下查看货物/取样情况如下：
箱号/箱包号：
品名、规格、型号：
取样品名、规格、型号、数量：
检疫证明编号：
其他：
收货人（或代理人）签名：　　　日期：</td></tr>
<tr><td>查验关员
监督情况</td><td colspan="3">原施封锁号（　）现施封锁号（　）是否取样（　）是否重封（　）
其他情况及建议：
查验关员签名：　　　日期：</td></tr>
<tr><td>主管科长
复核意见</td><td colspan="3">复核人签名：　　　日期：</td></tr>
<tr><td>备注</td><td colspan="3"></td></tr>
</table>

注：本申请单一式两份，一份随报关单流转，一份由海关选查部门留存。

单证 6 – 5

<table>
<tr><td colspan="2">MAERSK LINE</td><td colspan="2">BILL OF LADING FOR OCEAN TRANSPORT OR MULTIMODAL TRANSPORT</td><td>SERVICE:MAEU
B/L NO.: 556696084</td></tr>
<tr><td colspan="2" rowspan="3">SHIPPER
NEWPORT CH INTERNATIONAL LLC
US</td><td colspan="3">Reference No.:
556696084</td></tr>
<tr><td colspan="3">Export Reference
93563-12 57700</td></tr>
<tr><td colspan="3">FORWARDING AGENT REF.(COMPLETE NAME & ADDRESS)</td></tr>
<tr><td colspan="2">CONSINGEE NOT NEGOTIATIABLE UNLESS CONSIGNED TO ORDER</td><td colspan="3">NOTIFY PARTY
TEL:
FAX:</td></tr>
<tr><td>VESSEL AND VOYAGE NUMBER
CMA CGM BIANCA</td><td>VESSEL NO.
412W</td><td colspan="3">PLACE OF RECEIPT(Mandatory in case of inland transport under carriers responsibilities)
Chicago</td></tr>
<tr><td>PORT OF LOADING
LONG BEACH</td><td>PORT OF DISCHARGE
Lianyungang</td><td colspan="3">PLACE OF DELIVERY(Mandatory in case of inland transport under carriers responsibilities)</td></tr>
<tr><td colspan="5">PARTICULARS FURNISHED BY SHIPPER</td></tr>
<tr><td colspan="3">No. of Pkgs. Or Shipping Units /Description of goods and pkgs.
7 containers said to contain 231 BALES
144.499 MT
IN:X20120327031077
MSKU1288690 40 DRY 9'6 32 BALES
Shipper Seal:07042099
FRLU9605045 40 DRY 9'6 32 BALES
Shipper Seal:03042099
MSKU8003207 40 DRY 9'6 32 BALES
Shipper Seal:009842
MSKU1079208 40 DRY 9'6 32 BALES 20956KGS 40 CBM
Shipper Seal:03042099
CAJU8280430 40 DRY 9'6 32 BALES 19632 KGS 40 CBM
Shipper Seal:03042097
MSKU1749724 40 DRY 9'6 32 BALES 20285 KGS 40 CBM
Shipper Seal:03842098
MRKU12553701 40 DRY 9'6 32 BALES 20666 KGS 40 CBM
Shipper Seal:07193901
SHIPPER'S LOAD,STOW,WEIGHT AND COUNT</td><td>Gross Weight
1444499 KGS</td><td>Measurement
280 CBM</td></tr>
<tr><td>Freight & Charges</td><td>Revenue Tons</td><td>Rate / Per</td><td>prepaid</td><td>Collect</td></tr>
<tr><td>Carrier's Receipt
7 containers</td><td>Place of Issue
The Woodlands</td><td colspan="3" rowspan="3">Received by the Carrier the Goods as specified above in apparent good order and condition unless otherwise stated, to be transported to such place as agreed, authorized or permitted herein and subject to all the terms and conditions appearing on the front and reverse of this Bill of Lading, any local privileges and customs notwithstanding.
The particulars give above as stated by the shipper and the weight, measures, quality, condition, contents and value of the Goods are unknown to the Carrier. IN WITNESS where of THREE(3)original Bills of Lading have been signed, one of which being accomplished, the other(s) to be void.</td></tr>
<tr><td>No. of Original B(s)/L
1/THREE</td><td>Date of Issue
2012-04-20</td></tr>
<tr><td>Declared Value Charge</td><td>Shipped on Board Date(Local time)
2010-04-02</td></tr>
<tr><td colspan="5">Carrier
COAST FORWARDING LLC
WTOWN AND COUNTRV RD STE 1365
Orange CA
92B6B
FMC 010754
Maersk Agency U.S.A, the Woodlands
This transport document has one or more numbered pages</td></tr>
</table>

单证 6－6

委托进口代理协议

供方：甲方　江苏汉唐贸易有限公司　　　签订地点：连云港

需方：乙方　江苏强盛纸业有限公司　　　签订时间：2011－08－09

乙方委托甲方对外进口合同，代理进口 WASTE PAPER（下称“进口货物”甲方接受委托，经友好协商 甲乙双方达成委托进口代理协议，下称“协议”如下：

一、进口货物详细说明：

产品名称	计量吨位	数量（吨）	金额（元）	交（提）货期
不同规格的废纸原料	吨	25000	按每月市场行情定价	2011 年 8 月～2012 年 8 月

二、交货地点：甲方交货

三、合理损耗及计算方法：按国外集装箱码单计重，按国际惯例允许 2% 的合理损耗。

四、包装：进口包装。

五、支付与结算

1. 货到 10 个工作日内付款，在乙方未按约定支付货款前，甲方对进口货物有所有权，有权不予交单、放货直没收保障金，由此产生的一切费用及造成的一切损失由乙方承担。

2. 报关费用由乙方承担，并在提货前与货物一同支付给甲方。

3. 对于合同货款，甲方提供全额增值税发票，包括报关费用、运输发票。

六、货物质量：乙方若对货物的质量、品质有异议；应该在货物到港后二十一天内由甲方向外商提出索赔，并与之协商处理，乙方提供必要的协助和协调；该索赔结果不影响甲方向乙方全额支付应付货款和代理费用等义务。乙方保证进口货物是符合中华人民共和国有关法律、法规规定的合法货物，必须符合进口国固体废弃物环境保护控制标准，否则承担由此产生的一切责任和后果，如若货物不符合环境控制标准需要退运，甲乙双方应共同配合海关及质监部门办理退运手续。

七、甲方不得将进口的货物放弃，也不得将固体废弃物进口许可证转让给第三方，乙方也不得将进口的货物转卖给他人。因违约而造成的损失和费用由责任方承担，包括债权人为实现债权而支付的一切费用。

八、保密协定：各方应采取有效措施对在履行本协议过程中获知的有关商业机密予以保密。

九、鉴于甲乙双方系委托代理关系，甲方依乙方授权而与外商签订的进口合同将直接约束乙方，若遇甲方与外商签订的进口合同最终被认定为仅约束甲方与外商时，甲方因此而承担的责任、损失及应诉而产生的费用，甲方应根据实际产生的数额在 10 个工作日内退还乙方，否则，乙方有权诉讼。

十、争议的解决和管辖的确认：在执行本合同过程中发生的一切争议及协议未尽事宜，甲乙双方应友好协商：协商不成，应向甲方所在法院提起诉讼。

十一、如在本协议履行过程中因双方无法预料的重大事项发生变更（如国家法律、法规或政策发生变化的）或因不可抗力事件而致合同目的难以实现或无法继续旅行本协议的，双方应及时进行协商解决，合理调整本协议有关内容，或另行签订补充协议加以规定，该补充协议应视为本协议的组成部分。

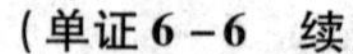
（单证 6-6 续）

十二、本协议一式两份，甲乙双方各持一份，经双方盖章签字生效，合同期限为一年。

甲方：江苏汉唐贸易有限公司 单位地址： 法定代表： 电话：	乙方：江苏强盛纸业有限公司 单位地址： 法定代表： 电话：

单证 6－7

中华人民共和国限制进口类可作原料的废物进口进口许可证

IMPORT LICENCE OF THE PEOPLE'S REPUBLIC OF CHINA FOR RESTRICTED SOLID WASTES THAT CAN BE USED AS RAW MATERIALS

1. 进口商： Importer 江苏汉唐贸易有限公司	2. 进口许可证号 Import licence No. SEPAX2012035322
3. 利用商： Recycler 赣榆县强盛纸业有限公司	4. 进口许可证有效截止日期： Import licence expiry date 2012 年 12 月 31 日
5. 商品名称： Description of goods 其他废纸	6. 商品编码： Code of goods 4707900090
7. 数量： Quantity 2500000	8. 计量单位： Unit 千克
9. 报关口岸： Place of clearance 连云港	10. 贸易方式： Terms of trade 一般贸易
11. 备注： Supplementary details	12. 发证机关盖章： Issuing authority's stamp 中华人民共和国环境保护部 Ministry of Environmental Protection of the People's Republic of China 13. 发证日期：　2012 年 1 月 10 日 Licence date

中华人民共和国环境保护部监制（2008）

单证 6－8

中华人民共和国自动进口许可证
AUTOMATIC IMPORT LICENCE OF THE PEOPLE'S REPUBLIC OF CHINA

NO. 1521317

1. 进口商 Importer　320073440096X 江苏汉唐贸易有限公司	3. 自动进口许可证号： Automatic import licence No. 12－10－W42214
2. 进口用户： Consignee 江苏强盛纸业有限公司	4. 自动进口许可证有效截止日期： Automatic import licence expiry date 2012 年 10 月 23 日
5. 贸易方式： Terms of trade 一般贸易	8. 贸易国(地区)： Country/Region of exportation 美国
9. 外汇来源： Terms of foreign exchange 银行汇购	9. 原产地国(地区)： Country/Region of origin 美国
10. 报关口岸： Place of clearance 连云港关	10. 商品归类： Use of goods 生产用

11. 商品归类：Description of goods　其他回收纸或纸板(包括未分选的费碎品)　商品编码：Code of goods　4707900090　商品状态：Status of goods

12. 规格、型号 Specification	13. 单位 Unit	14. 数量 Quantity	15. 单价 (USD) Unit price	16. 总值 (USD) Amount	17. 总值折美元 Amount in USD
	千克	＊144,499.0	＊2380	＊34,391	$ 34,391
18. 总计 Total	千克	＊144,499.0		＊34,391	$ 34,391

19. 备注： Supplementary details	20. 发证机关签章： Issuing authority's stump 21. 发证日期： Licence data　2012 年 04 月 24 日

单证 6－9

中华人民共和国出入境检验检疫
入境货物通关单

编号:230120121012011837

<table>
<tr><td colspan="2">1. 收货人
江苏汉唐贸易有限公司</td><td colspan="2" rowspan="3">5. 标记及号码
N/M</td></tr>
<tr><td colspan="2">2. 发货人
NEWPORT CH INTERNATIONAL ,LLC.</td></tr>
<tr><td>3. 合同/提(运)单号
KYXNP1284/ EASOA1219BL520</td><td>4. 输出国家或地区
美国</td></tr>
<tr><td>6. 运输工具名称及号码
OSC ALPHA/1219W</td><td colspan="2">7. 目的地
连云港</td><td>8. 集装箱规格及数量
海运 40 尺 普通 7 个</td></tr>
<tr><td>9. 货物名称及规格
废杂纸
美废 3 号
(以下空白)</td><td>10. H. S. 编码

47079000. 90
(以下空白)</td><td>11. 申报总值

34390. 76 美元
(以下空白)</td><td>12. 数/重量、包装数量及种类
144499 千克
231　其他
(以下空白)</td></tr>
<tr><td colspan="4">13. 证明
上述货物业已报检/申报,请海关予以放行。

签字:　　　　　　　　日期:2013 年 5 月 13 日</td></tr>
<tr><td colspan="4">14. 备注</td></tr>
</table>

项目七　一般贸易进口柚木单板

一、业务背景

上海坤铭木业有限公司委托云南进出口集团股份有限公司（5301911658）代理进口缅甸木材一批。

云南进出口集团股份有限公司为海关 A 类管理企业。

商品信息：

申报要素项目	要素说明
用途（饰面用等）	胶合板用
种类（树种名称）	柚木
外观（单板）	单板
规格（厚度×宽度×长度）	0.22～0.42mm×100～300mm×900～3100mm
加工工艺（纵锯、刨切、旋切等）	刨切
请注明立方米数或平方米数	38894.41m^2
其他	无

二、随附单证

本项目的随附单证见单证 7－1 至单证 7－9。

单证 7－1

成交确认书
SALES CONFIRMATION

No：YNWJSC1303
Date：JAN 25，2013

Sellers：MYANMAR TECHNOLOGIES INDUSTRY CO.，LTD.
Buyers：YUNNAN IMP & EXP. GROUP CO.，LTD.

兹经卖买双方同意成交下列商品订立条款如下：

The undersigned Seller and Buyers have agreed close the following transaction according to the terms and conditions stipulated below：

1. Name of Commodity（商品）　TEAK VENEER
2. Specification（规格）　MM 0.22～0.42 × 100～300 × 900～3100
3. Quantity（数量）　5873.55KGS

数量及总值均得有10%的增减，由卖方决定。

4. Unit Price（单价）　FOB YANGON PORT USD 1.7/KG
5. Total Value（总值）　USD9985.04
6. Packing：（包装）　IN 142553 SHEETS
7. Time of Shipment（装运期）　BEFORE MAR 31.，2013，SHIPMENT ALLOWED
8. Loading port & Destination：（装运口岸和目的地）
   YANGON PORT TO SHANGHAI PORT
9. Insureance：（保险）　BUYERS
10. Terms of payment：（付款条件）T/T

买方于须于2013年 月 日前保兑的；不可撤销的；可转让可分割的即期信用证开到卖方，信用证议付有效期延长至上列装运期后 ××天在×× 到期。

By Confirmed，Irrevocable，Transferable and Divisible of Credit to be available by sight draft，to reach the sellers before ××，××，2013 and to remain valid for negotiation unit the day after the aforesaid Time of Shipment.

11. Shipping Mark：（装船标记）N/M

THE SELLER　　　　THE BUYERS
（卖方）　　　　（买方）

单证 7－2

代理进口协议

编号：YNJ1206　　　　　　　　　　　　　　　　　　日期：2012－6－28

甲方：云南进出口集团股份有限公司

乙方：上海坤铭木业有限公司

双方经友好协商，就乙方委托甲方代理进口木材，达成如下协议：

一、甲方权利和义务

1. 甲方以进口代理名义受乙方委托对外签署进口合同。
2. 甲方负责有关进口手续，如租船订舱、保险、报关、运输、仓储、通知送货等工作
3. 甲方收取乙方进口代理费，以进口合同总价的百分比计算。（结算方式另列）
4. 甲方应协助乙方办理有关的进口手续，汇率按同期中国银行汇率为准。
5. 甲方负责办理进口付汇手续。

二、乙方权利和义务

1. 乙方负责进口商品技术上的谈判和验收。
2. 乙方应向甲方准确提供所进口货物的中英文品名、产品资料及产品有关描述，并向海 关、检疫等有关部门如实正确申报，否则，对所产生的补税、罚款、保证金及其他责任均由乙方负责。
3. 乙方承担代理进口中发生的有关税收、银行、报关、商检、保险、银行、港杂、货运等费用。
4. 按协议规定与甲方进行货款结算和支付进口代理费。
5. 按海关报关单外币金额支付相应人民币货款，以便甲方汇付。

三、其他

1. 进口货物如发生品种、质量、数量和规格等与合同不符，乙方应在对外合同中规定的索赔期内提供商检及有关证明，如超过期限责任由乙方自负。
2. 甲方不对外所代理进口货物的质量差异承担任何责任，甲方有义务协助乙方办理因质量原因而导致的货物退港及向供应商所赔等相关事务。
3. 如因人力不可抗拒的原因造成本合同全部或部分不能履约，甲方不承担责任，但甲方应将上述发生的情况及时通知乙方。
4. 本协议未尽事宜，双方协商解决。协议有效期一年。

甲方：云南进出口集团股份有限公司	乙方：上海坤铭木业有限公司
地址：	地址：
电话：	电话：
传真：	传真：
代表（签章）：	代表（签章）：

单证 7－3

MYANMAR TECHNOLOGIES INRUSTRY CO., LTD.

COMMERCIAL INNVOICE

Date: FEB 25, 2013
Invoice No.: MTI-SKMW 13012501

Sold to Messrs YUNNAN IMP. & EXP. GROUP CO,.LTD.
Address
TEL: FAX :
Shipped per MV.EVER ABLE V.18335S From YANGON,MYANMR To SHANGHAI,CHINA
Shipped on board FEBRUARY 25, 2013
Ref .

(FOB YGN)

Marks	Unit	Description	Unit price	Amount
(1×20′FCL)	KGS	THICKNESS*WIDTH*LENGTH SHEETS TEAK VENEER	USD/KGS	(USD)
KKTU7202500	5,873.55	MM 0.22~0.42×100~300×900~3100 142,553 SHEETS	1.70	9,985.04
Total: 142553 SHEETS / 38894.41 M^2 / 8.6416H.TONS / 5873.55KGS (US DULARS: NINE THOUSAND EIGHT HUNDRED AND EIGHTY-FIVE POINT ZERO FOUR ONLY)				
Total	**5,873.55**	**142,553**		**9,985.04**

单证 7 –4

Shipper Insert Name, Address and Phone		B/L Number. WS-YGNSHV 01302527
MYANMAR TECHNOLGIES INDUSTRY CI,LTD DAGON GEIKKAN TOWNSHIP YANGON,MYANMAR		**Worth** Services Co., Ltd. **Ocean-bill of Loading** **NOT NEGOTIABLE UNLESS CONSIGNED TO ORDER** RECEIVED by the Carrier in external apparent good order and condition otherwise stated to be transported to such place as agent authorized or permitted herein and subject to all terms and conditions appearing or on the front reverse of this Bill of lading to which merchant agreed by accepting any local privileges and customer notwithstanding. The particulars given below as stated by the shipper and the weight, measure, quality, conditional contents and the value of Goods are unknown for the Carrier. In witness whereof one (1) original Bill of lading has been signed if not otherwise stated here the same being accomplished the other(s) , if any, to be voided. If required by the carrier one(1) origin Bill of lading must be surrendered duly endorsed in exchange for the goods or delivery order.
Consignee Insert Name, Address and Phone		
YUNNAN IMP.&EXP. GROUP CO.,LTD KUNMING,CHINA		
Notify Party Insert Name, Address and Phone		
SAME AS CONSIGNEE		
Ocean Vessel Voyage. No.	Port of Loading	
EVER ABLE V:18-335S	YANGON,MYANMAR	FOR Delivery please contact ACON LOGIS SERVICES CO,LTD RM1201,NO.1 NINGBO RD.,SHNAGHAI,CHINA TEL:86-21-63521281(DIRECT LINE) FAX:86-21-63519349-52
Port of Discharge	Place of delivery	
SHANGHAI,CHINA	SHANGHAI,CHINA	

Marks & Nos. Container / Seal No.	No. of Containers or Packages	Description of Goods	Gross Weight (KGS)	Measurement
CONTAINER NO. : KKTU7202500*20 SEAL NO.:CAP15563	142553 SHEETS	1*20′ CNTAINER S. T. C TEAK VENEER TOTAL:142553 SHEETS, 38894. 41 M^2, 86416 H. TONS (ONE HUNDRED FORTY TWO THOUSAND AND FIVE HUDRED AND FIFY THREE SHEETS ONLY) CY/CY. FCL/FCL SHIPPED ON BOARD DATE:26/02/2013 SHIPPERS LOAD STOWE COUNT & SEAL	5873.55KGS	38894.41 m^3
		Description of Contents for Shipper's Use Only (Not part of This B/L Contract)		

Total Number of containers and/or packages (in words)			
Ex. Rate:	Prepaid at	Payable at	Place and date of issue
			YANGOU,MYANMAR 28/02/2013
	Total Prepaid	No. of Original B(s)/L	Signed for the Carrier
		THREE	Worth Service Co., LTD.

LADEN ON BOARD THE VESSEL

DATE: BY:

单证 7－5

MYANMARTECHNOLOGIES INRUSTRY CO. , LTD.

PACKING LIST

page	THICK (MM)	WIDTH (MM)	LENGTH (MM)	SHEET	m^3	H-TONS	REMARK
1 to 4	0.22	100 ~110	2200 ~3000	11040	2835. 10	0. 4405	
5 to 14		120 ~260	2200 ~3100	47185	17114. 66	2. 6594	
15 to 17	0.42	100 ~110	2200 ~3000	3035	775. 66	0. 2301	
		120 ~300	2200 ~3000	33143	12622. 11	3. 7444	
18 to 31 32	0.40	128	900	48150	5546. 88	1. 5671	
TOTAL				142553	38894. 41	8. 6416	

Total：142553Sheets/ 38894. 41 M2 /8. 6416 H. TONS /5873. 55KGS

Shipment：1 ×20′CONTAINER

Container #：KKTU－7202500

Shipped per：MV. EVER ABLE V. 18－335 S

Port of Loading：YANGON ，MYANMAR

Port of Discharge：SHANGHAI，CHINA

单证 7－6

中华人民共和国出入境检验检疫
入境货物通关单

编号：120000112033057002

<table>
<tr><td colspan="3">1. 收货人
云南进出口集团股份有限公司</td><td colspan="2" rowspan="3">5. 标记及号码</td></tr>
<tr><td colspan="3">2. 发货人
MYANMAR TECHNOLOGIES INDUSTRY CO. , LTD.</td></tr>
<tr><td>3. 合同/提（运）单号
KKLURGN004123</td><td colspan="2">4. 输出国家或地区
缅甸</td></tr>
<tr><td>6. 运输工具名称及号码
WAN HAI 601/008E</td><td colspan="2">7. 目的地
上海宝山</td><td colspan="2">8. 集装箱规格及数量
1×20′</td></tr>
<tr><td>9. 货物名称及规格
柚木单板
胶合板用｜柚木｜单板｜</td><td>10. H. S. 编码
4408392090</td><td colspan="2">11. 申报总值
9985.04 美元</td><td>12. 数/重量、包装数量及种类
142553 张，
5873.55000 千克</td></tr>
<tr><td colspan="5">13. 证明
上述货物业已报检/申报，请海关予以放行。
本通关单有效期到 ×××× 年 ×× 月 ×× 日。
签字：　　　　日期：×××× 年 ×× 月 ×× 日</td></tr>
<tr><td colspan="5">14. 备注</td></tr>
</table>

单证 7－7

MYANMA PEST CONTROL SERVICE

No. 46, First Bogalaryzay st. Botahfaung Tsp, Yangon, Myanmar.
Tel: 299670, 398598, 09 732 43126, 09 510 3017
E-mail: mpcs@ coolpets. net, mpcs. mm@ gmail. com

FUMIGATION CERTIFICATE

NO. PQ/FC: 122205

<table>
<tr><td colspan="4">This is to certify that commodity, the particulars of which are a mentioned below has been fumigated by Myanma Pest Control Service at the corresponding conditions.</td></tr>
<tr><td colspan="2">Name of Exporter</td><td colspan="2">Name and Address of Consignee</td></tr>
<tr><td colspan="2">MYANMAR TECHNOLOGIES INDUSTRY CO., LTD.</td><td colspan="2">YUNNAN IMP. & EXP. GROUP CO., LTD</td></tr>
<tr><td colspan="2">Commodity</td><td colspan="2">Distinguishing marks</td></tr>
<tr><td colspan="2">TEAK VENEER</td><td colspan="2">N/M</td></tr>
<tr><td colspan="2">Quantity</td><td colspan="2">Number and Description of Packing</td></tr>
<tr><td colspan="2">Gross Weight: 8. 6416H. TONS
Net Weight: 5873. 55KGS
38894. 41m²</td><td colspan="2">(142553) SHEETS, (0. 22～0. 42×100～300×900～3100) MM.</td></tr>
<tr><td>Place of Fumigation</td><td>Carrier</td><td colspan="2">Destination</td></tr>
<tr><td>YANGON, MYANMAR</td><td>BY SEA</td><td colspan="2">SHANGHAI, CHINA.</td></tr>
<tr><td colspan="2">Date of Fumigation: 23－February－2013</td><td colspan="2">Temperature: NAP AT 28℃&ABOVE</td></tr>
<tr><td colspan="2">Name of Chemical: METHYL BROMIDE</td><td colspan="2">Exposure Period: 36 HOURS</td></tr>
<tr><td colspan="2">Dosage Rate: 48 GM/CU. M</td><td colspan="2">Additional Information: NONE</td></tr>
<tr><td colspan="4">Additional Declaration</td></tr>
<tr><td colspan="4">NIL</td></tr>
<tr><td colspan="2">Fumigation Record No: 13309</td><td rowspan="2"></td><td>Name and Signature of Authorized Officer</td></tr>
<tr><td colspan="2">Date Issued: 25－February－2013</td><td>KHAING ZAW WIN MANAGER</td></tr>
</table>

单证 7 – 8

THE REPUBLIC OF THE UNION OF MAYANMAR FEDERATION
OF CHAMBERS OF COMMERCE & INDUSTRY
(ESTABLISHED. 1919)

REF. NO.
DATE

CERTIFICATE OF MYANMAR ORIGIN

1. Goods consigned from(exporter′s business name, address, country)
MYANMAR TECHNOLOGIES INDUSTRY CO.,LTD
YANGON, MYANMAR.

2. Goods consigned to (Consignee′s name, address, country)
YUNNAN IMP & EXP GROUP　CO., LTD.
KUNMING,CHINA

3. Means of transport and route(as far as known)
Shipped per MV.EVER ABLE V.18335S　from YANGON,MYANMAR　To SHANGHAI,CHINA

4.Item number	**5.Marks & numbers of packages**	**6.Nmber and kind of packages, description of goods**	**7.Gross weight or other quantity**	**8.Number & date of invoices**
1	142553 SHEETS KKTU-7202500	TEAK VENEER	TOTAL:8.6416 H.TONS 38894. 41　M2 5873.55 KGS	MIT-SKMW 13012501 25.2.2013

9. The undersigned hereby declares that the above details and statements are correct and that all the goods

Shipped per　V.EVER ABLE V.18335S　from YANGON ,MYANMAR　to　SHANGHAI,CHINA
Are products of MYANMAR
YANGON,MYANMAR

Sandar kyaw
General Manager
Myanmar Technologies Industry Co., Ltd

Place and date, signature of authorized signatory

10. CERTIFICATION
It is hereby certified that the declaration by the exporter is correct.

Place and date signature and stamp of certifying authority

单证 7－9

THE GOVERNMENT OF THE REPUBLIC OF THE UNION OF MYANMAR
MINISTRY OF AGRICUL TURE AND IRRIGATION
DEPARTMENT OF AGRICULTURE
PLANT PROTECTION DIVISION

PHYTOSANITARY CERTIFICATE

NO.310507

<table>
<tr><td colspan="2">From: Plant Protection Organization of
THE REPUBLIC OF THE UNION OF MYANMAR</td><td colspan="2">To: Plant Protection Organization (s) of
PEOPLE REPUBLIC OF CHINA</td></tr>
<tr><td colspan="4">**Ⅰ.DESCRIPTION OF CONSIGANMENT**</td></tr>
<tr><td colspan="2">Name and address of exporter</td><td colspan="2">Declared name and address of consignee</td></tr>
<tr><td colspan="2">**MYANMAR TECHNOLOGIES INDUSTRY CO.,LTD
YANGON,MYANMAR**</td><td colspan="2">YUNNAN IMP.& EXP.GROUP CO.,LTD.
KUNMING,CHINA</td></tr>
<tr><td colspan="2">Number and description of packages</td><td colspan="2">Distinguishing marks</td></tr>
<tr><td colspan="2">**142553 SHEETS,0.22-0.42×100-300×900-3100 MM**</td><td colspan="2">**N/M**</td></tr>
<tr><td>Production Region</td><td>Declared means of conveyance</td><td colspan="2">Declared point of entry</td></tr>
<tr><td>**MYANMAR**</td><td>**BY SEA**</td><td colspan="2">**SHANGHAI**</td></tr>
<tr><td colspan="2">Name of produce and quantity</td><td colspan="2">Botanical name of plants</td></tr>
<tr><td colspan="2">**TEAK VENEER, 38894.41 M2,5873.55 KGS,8.6416 H.TONS**</td><td colspan="2">Tectona grandis</td></tr>
<tr><td colspan="4">This is to certify that and plant and plant products or other regulated articles described herein have been inspected and / or tested according to appropriate official procedures and are considered to be free from the quarantine pests specified by the importing contracting party and to conform with the current Phytosanitary requirements of the importing contracting party, including those for regulated non-quarantine pests.</td></tr>
<tr><td colspan="4">**Ⅱ. ADDITIONAL DECLARATION**</td></tr>
<tr><td colspan="4"></td></tr>
<tr><td colspan="4">**Ⅲ. DISINFESTATION AND/OR DISINFECTION TREATMENT**</td></tr>
<tr><td colspan="2">Treatment Date: **23 FEB 2013**</td><td colspan="2">Treatment: **FUMIGATION**</td></tr>
<tr><td colspan="2">Chemical(Active ingredients):
METHYL BROMIDE</td><td colspan="2">Duration & temperature:
36 HRS AT NAP AT 28℃&ABOVE</td></tr>
<tr><td colspan="2">Concentration:**48GM/CU.M**</td><td colspan="2">Additional Information: **NIL**</td></tr>
<tr><td>Date Inspected: 25 FEB 2013
Date Issued: 26 FEB 2013
Place of Issue: **YANGON**</td><td></td><td colspan="2">Name and Signature of Authorized Officer
MYO NYUNT</td></tr>
</table>

项目八　一般贸易进口鱼子酱

一、业务背景

上海都利贸易有限公司（3101965146）向上海浦东机场海关申报进口一批德国大马哈鱼子酱在国内销售。

上海都利贸易有限公司为海关 A 类管理企业。

商品信息：

申报要素项目	要素说明
包装规格	50 克×12 瓶
品牌	福瑞德
其他	大马哈鱼子营养成分为：能量 744 千焦，蛋白质 31.8 克，脂肪 5.5 克，钠 1.6 克

二、随附单证

本项目的随附单证见单证 8－1 至单证 8－8。

单证 8－1

进口食品货物清单

<table>
<tr><td>进口企业注册号</td><td>3101965146</td><td>进口企业名称</td><td colspan="2">上海都利贸易有限公司</td><td rowspan="2">大包装中单位规格数量</td><td rowspan="2">大包装数量</td><td rowspan="2">大包装数量单位</td><td rowspan="2">生产日期</td><td rowspan="2">保质日期</td><td rowspan="2">备注</td></tr>
<tr><td>品名</td><td>原产地</td><td>唛头/批号</td><td>规格量</td><td>规格单位</td></tr>
<tr><td>福瑞德野生大马哈鱼酱</td><td>德国</td><td></td><td>50</td><td>克/瓶</td><td>12</td><td>150</td><td>箱</td><td>2013－2－25</td><td>2014－2－25</td><td></td></tr>
<tr><td></td><td></td><td></td><td></td><td></td><td></td><td></td><td></td><td></td><td></td><td></td></tr>
<tr><td></td><td></td><td></td><td></td><td></td><td></td><td></td><td></td><td></td><td></td><td></td></tr>
</table>

单证 8－2

代理报检委托书

__________ 出入境检验检疫局：　　　　　　　　　　　　　　　　　　编号：

本委托人（备案号/组织机构代码 __________ 保证遵守国家有关检验检疫法律法规的规定，保证所提供的委托报检事项真实、单货相符。否则，愿承担相关法律责任。具体情况如下：

本委托人将于 __________ 年 __________ 月间进口/出口如下货物：

品名	大马哈鱼子酱	HS 编码	1604320000
数（重）量	1/277 件	包装情况	木箱
信用证/合同号	13KFS01006	许可证件号	
进口货物收货单位及地址	上海都利贸易有限公司	进口货物提/运单号	20040628
其他特殊要求			

特委托 ＊＊ （代理报检注册登记号 3200910053 ）

代表本委托人办理上述货物的下列出入境检验检疫事宜：

1. 办理报检手续；
2. 代缴纳检验检疫费；
3. 联系和配合检验检疫机构实施检验检疫；
4. 领取检验检疫单证；
5. 其他与报检有关的事宜：__________

联系人：＊＊＊

联系电话：＊＊＊

本委托书有效期至 13 年 22 月 37 日　　　　委托人（加盖公章）

2013 年 3 月 29 日

受托人确认声明

本企业完全接受本委托书。保证履行以下职责：

1. 对委托人提供的货物情况和单证的真实性、完整性进行了核实。
2. 根据检验检疫有关法律法规规定办理上述货物的检验检疫事宜。
3. 及时办结检验检疫手续的有关委托内容的单证、文件移交委托人或指定人员
4. 如实告知委托人检验检疫部门对货物的后续检验检疫及监管要求。

如在委托事项中发现违法违规行为，愿承担相关法律和行政责任。

联系人：

联系电话：　　　　　　　受委托人（加盖公章）

2013 年 3 月 19 日

单证 8－3

INVOICE- NO.	91433719
Date of invoice:	28.02.2013
Order-no-/date:	13kfs01006
Date of service:	27.02.2013
Reference-no./Date	2023432/26.02.2013
Client-no:	32514
Delivery weight gross	260kg, net 90kg
Terms of Delivery:	CIP Insured freight free Shanghai Airport
Terms of payment:	Up to 28.02.2013 without deduction

SHANGHAI DULI TRADING CO. LTD,
8TH FLOOR, S-LOTUS BUILDING
SHANGHAI
CHINA

Delivery-Note: 3631940
loading-date :28.02.2013

EAN 40 63600				
Pos Art.-No.	product	Quantity	Price	Total in EUR
010 132 7	Kodiak Wild Salmon Caviar 50 g	1,800 JAR	3.17/pc	5,706.00
Total positions				5,706.00
Output tax		5,706.00	0.00	
Total				5,706.00

********NEW BANK ACCOUNT********
Commerzbank Hamburg
Bank Code:200 800 00
Account No.:9 122 333 00
SWIFT BIC : dresdeff200
IBAN: DE89 200 80000 0912233300

MSC Reg. No:SGS-NL-MSC-C-0372 MSC certificate valid until 05.11.2014

单证 8 - 4

JASHAM2004 0628　　724-1413 6441　　JS-2004 0628

Shipper's Name and Address	Shipper's Account Number	Not negotiable **Air Waybill**	JAS FORWARDING GMBH BUILDING225/J, 5001-5008 D-22335 HAMBURG/ GERMANY
GOTTFRIED FRIEDRICHS KG(GMBH& CO.,) HAMBURG		Issued by	
Consignee's Name and Address	Consignee's Account Number	Copies 1,2 and 3 of this Air Waybill are originals and have the same validity	
SHANGHAI DULI TRADING CO .,LTD. SHANGHAI,P.R.CHINA			
Issuing Carrier's Name and City		Accounting Information	TEL: FAX: CELL: CATHERINE/FLYER ***SWISS CELSIUS PASSIVE***COL*** KEEP COOL BETWEEN +2 ℃-+8℃
Agent's IATA Code	Account No.		
Airport of Departure HAMBURG			

To	By First Carrier	Routing and Destination	to	by	to	by	Currency	CHGS Code	WT VAL	Other	Declared Value for Carriage	Declared Value for Customs
ZRH	SWISS WORLDCARGO		PVG	LX			EUR	PP	P	P	NVD	NCV

Airport of Destination	Flight/Date	For Carrier Use Only	Flight/Date	Amount of Insurance	INSURANCE - If carrier offers insurance, and such insurance is requested in accordance with the conditions thereof, indicate amount to be insured in figures in box marked "Amount of Insurance".
PUDONG	LX1055/28		LX0188/01	N I L	

Handling Information　DE/RA/0018-10/0213　JAS FORWARDING GMBH HAM　　NOT SECURED

1 PACKAGE MARKED BY LABEL AND ADDRESS
KEEP COOL BETWEEN +2℃ - +7℃ DEGREES

No. of Pieces RCP	Gross Weight	kg lb	Rate Class	Commodity Item No.	Chargeable Weight	Rate / Charge	Total	Nature and Quantity of Goods (incl. Dimensions or Volume)
1	277.00	Kg	Q		277.00		AS AGREED	CAVIAR SUBSTITUTE -NOT RESTRICTED-
PERISHABLE GOODS!!!! KEEPCOOLBETWEEN +2 ℃-+7℃ DEGREE SWISS CELSIUS PASSIVE SERVICE!!!! 1*120*80*80CMS								0,768 CBM ECD:
1	277.00	Kg					AS AGREED	

Prepaid	Weight Charge	Collect	Other Charges
	Valuation Charge		
	TXX		
	Total Other Charges Due Agent		Shipper certifies that the particulars on the face hereof are correct and that insofar as any part of the consignment contains dangerous goods, such part is propriety described by name and is in proper condition for carriage by air according to the applicable Dangerous Goods Regulations.
	Total Other Charges Due Carrier		JAS FORWARDING GMBH Signature of Shipper or his Agent
Total Prepaid AS AGREED		Total Collect	
Currency Conversion Rates		CC Charges in Dest. Currency	JAS FORWARDING GMBH 27.02.2013 10:45; 23 HAMBURG Executed on (date) at (place) Signature of Issuing Carrier or its Agent
For Carriers Use only at Destination		Charges at Destination	Total Collect Charges　JAS-2004 0628

单证8－5

合 同
CONTRACT

编号 NO：13KfS01006
日期 Date：2013－02－026 Shanghai

买方（The Buyers）：
SHANGHAI DULI TRADING CO.，LTD.
SHANGHAI，CHINA

卖方（The Sellers）：
GOTTFRIED FRIEDRICHS KG GmbH & CO
Germany

本合同的买方是上海都利贸易有限公司于卖方按下列条款本合同的：

The Sellers have been acquainted beforehand with the Buyers of SHANGHAI DUOLI TRADING CO LTD to sign this Contract of the under－mentioned goods on the terms conditions stated below：

产品信息(Items Information)：			
(1) 货名、规格及品牌 COMMODITY AND SPECIFICATIONS	(2)数量/箱 Quantity/Case	(3)箱价 Unit Price/case	(4)总价 (5)Total amount(Euro)
Kodiak Wild Salmon Caviar 50×12 福瑞德野生大马哈鱼子酱	150	38.04	€5,706.00
Total:150 cases	Total Amount：CIP Shanghai €5,706.00 In words：Euro Five Thousand Seven Hundred and Six Only 5% more or less in quantity and is accepted		

备注:以上鱼子酱做食品用。

(5)生产国别和制造厂商 COUNTRY OF ORIGIN AND MANUFACTURERS：Germany and GOTTERIED FRIEDRICHS KG GmbH & Co,LTD.

(6A)装运期限 Time of Shipment	(6B) 运输方式 shipped by	(7)装运口岸 Port of loading	(8)目的口岸 (8) Port of destination
Before 最迟装运日期：	BY Air	Any Port，Germany	Shanghai，China

(9) 包装 Packing：Be suitable for export.

(10) 唛头 Shipping Mark：

每件货物上表明毛重、净重、目的口岸，并刷明唛头。

The document show gross and net weights，name of destination and Shipping Mark.

(11) 付款条件：Terms of Payment：100% T/Tin advance. 100%预付。

(12) 单据：Documents：各项单据均需使用与本合同一致的数字，以便买方审查核对。

To facilitate the Buyers to check up，all documents should be made in a version identical to that used in this contract.

A. 填写通知上海多立贸易有限公司抠门空白抬头、空白背书的全套已装船的清洁提单。Complete set of Seaway Bill made out TO ORDER BLANK ENDORSED，and notifying SHANGAHI DULI TRADING CO，LTD.

（单证8-5 续）

B. 发票及装箱单：注明合同号、唛头、载货船名。如果分批装运，须注明分批号。

Invoice &Packing List：In triplicate，indicating contract number，shipping marks，name of Flight and Flight Scheduled.

C. 健康证书 Health Certificate issued by local authority.

D. 原产地证 Certificate of Origin issued by local authority.

E. 无木包装证明 Non-wooden packing certificate.（OR pallet with heat treated and stamped fumigation Logo）

F. 无转基因证书 Non-GMO Certificate.

（13）装运通知 Advice of shipment：

卖方在货物装船后，立即将合同、品名、件数、毛重、净重、发票金额、载货船名及装船日期通知买方。

Advice of shipment：The Sellers shall，upon completion of loading，advise immediately the Buyers the contract number，name of commodity，number of packages，gross and weight，invoice value，name of vessel and loading date.

（14）生产日期 Date of Production：Within two month before shipment.（whole date 12months）

买方 Shanghai Duli Trading Co.，LTD.
THE BUYERS

卖方 GOTTFRIED FRIEDRICHS KG GmbH & CO
THE SELLERS

单证 8－6

CERTIFICATE OF HEALTH

No. 2093

Consigned to：
Shanghai Duli Trading Co.，Ltd.
Shanghai
China

The consignment containing 150 cartons as follows：

Barcode	Product	Cartons	Contents per carton
40636207	Kodiak Wildlachs Caviar-Kodiak Wild Salmon Caviar 50g	150	12 jars

Net weight：90.00 kgs
Distribution by：
Gottfried Friedrichs KG (GmbH & Co)
Hermann—Wusthof-ring 7
D-21035 Hamburg
Licensed Establishment No.：
De-HH-EFU 109
Hamburg，14.01.2013

单证 8 –7

中华人民共和国出入境检验检疫

入境货物通关单

编号：310300113120637000

<table>
<tr><td colspan="3">1. 收货人
上海都利贸易有限公司</td><td rowspan="3">5. 标记及号码</td></tr>
<tr><td colspan="3">2. 发货人
××××××××</td></tr>
<tr><td>3. 合同/提（运）单号
72414136441</td><td colspan="2">4. 输出国家或地区
德国</td></tr>
<tr><td>6. 运输工具名称及号码
飞机，20040628</td><td colspan="2">7. 目的地
上海黄埔</td><td>8. 集装箱规格及数量
* * *</td></tr>
<tr><td>9. 货物名称及规格
大马哈鱼子酱
（以下空白）</td><td>10. H. S. 编码
1604320000
（以下空白）</td><td>11. 申报总值
5706 欧元
（以下空白）</td><td>12. 数/重量、包装数量及种类
90 千克　1 木托
（以下空白）</td></tr>
<tr><td colspan="4">13. 证明
上述货物业已报检/申报，请海关予以放行。
本通关单有效期到 ×××× 年 ×× 月 ×× 日。
签字：　　日期：×××× 年 ×× 月 ×× 日</td></tr>
<tr><td colspan="4">14. 备注</td></tr>
</table>

单证 8－8

上海佳达航空国际货运代理有限公司
Bestway International Airfreight Co.，Ltd

到货通知书

航号：

收货单位：SHANGHAI DULI TRADING CO.，LTD.　　　　工作号：＿＿＿＿＿＿

兹有贵公司空运进口货物已于 03 月 02 日到达我公司在上海浦东国际机场的海关监管仓库，请务必盖有贵公司公章的委托书，到本公司浦东机场办公室换取正本到货通知书，以便办理海关/检验检疫和提货手续。

订单号：SHAf13030391

严禁携带其他货物进入海关监管仓库

总运单号	72414136441	件 数	1	重 量	277
分运单号	20040628	运费预付	Y	运费到付	
货物性质	冷冻冷藏品	货 位 号	冷冻冷藏品	银行背书	
包装种类	冷冻冷藏品			破损情况	

1. 进口货物及包装，必须持有关单证向出入境检验检疫机构申报/报检。根据国家海关及检验检疫局规定，任何进口货物必须办妥海关和验放手续，并具有海关和检验检疫电子放行信息，方可进行结算提货。

2. 本公司设有代客报关和送货上门服务，欢迎来电咨询。

3. 收货人为银行，则需提供盖有正本银行公章的运单方可提货。正本银行公章必须盖在正本运单的正面或背面，以及副本运单的正面。

4. 抽单、结算地址：抽单电话：　结算电话 L：传真：

办理时间：上午 08:30～12:00　下午 12:30～17:00

5. 提货地址：　　　　　电话：　　　　　传真：

注：特殊货物提货时请先与我公司联系

6. 提货时必须出示此正本到货通知书及所有应附的海关放行单证，请加盖公章。复印件、传真件无效。

注意：根据海关规定，进口货物收货人应当于运输工具申报进境之日起十四天内，向海关申报，逾期海关征收滞报金；货到后超过三个月未申报的货物我公司将依法上交海关。

收货单位（盖章）		收费确认	

交付收据

兹收到以上货物，外包装完好无损，已提取。　　　　查询号：＿＿＿＿＿＿

收货单位		提货人	
联系电话		提货日期	

项目九　一般贸易进口奶粉

一、业务背景

上海丰鹏国际贸易有限公司委托上海海格进出口有限公司（3122211321）代理进口产自澳大利亚的配方奶粉一批。

上海海格进出口有限公司是海关 A 类管理企业。

商品信息：

【澳睿金装婴儿配方奶粉 1 段】

申报要素项目	要素说明
成分含量	碳水化合物 57.1%，蛋白质 12%，脂肪 28.5%，矿物质 1.8%，维生素 0.2%
用途（供婴幼儿食用）	供婴儿食用
包装规格	900 克/罐
品牌	澳睿牌
其他	无

【澳睿金装较大婴儿配方奶粉 2 段】

申报要素项目	要素说明
成分含量	碳水化合物 56.4%，蛋白质 17.6%，脂肪 23.4%，矿物质 2.3%，维生素 0.3%
用途（供婴幼儿食用）	供婴儿食用
包装规格	900 克/罐
品牌	澳睿牌
其他	无

【澳睿金装幼儿婴儿配方奶粉 3 段】

申报要素项目	要素说明
成分含量	碳水化合物 52.9%，蛋白质 19.1%，脂肪 25%，矿物质 2.8%，维生素 0.2%
用途（供婴幼儿食用）	供婴儿食用
包装规格	900 克/罐
品牌	澳睿牌
其他	无

二、随附单证

本项目的随附单证见单证 9－1 至单证 9－7。

单证 9－1

Australia Resources Limited

Issued：13FEB 2013 Inv #：ARL－00045

Commercial Invoice
Australia Resources Ltd
Hong Kong

Consignee Name and Address
SHANGHAI HAIGE GLOBAL SUPPLY CO．, LTD

SHANGHAI，CHINA

Notify Party：

SHANGHAI FENGPENG
INTERNATIONAL TRADE CO．, LTD
8A JIAFA MANSION A，NO．1 OF
LANE129，DATIAN ROAD，
SHANGHAI，CHINA
NOTES：6 Tins Per Carton

Transportation Method：
Sea Vessel Name：ANL WANGARATTA
Voyage No：V．045N
Port of Discharge：SHANGHAI

Notes：
ETD：13/02/2013，ETA：05/03/2013

NO.	PRODUCT DESCRIPTION	QUANTITY TINS	UNIT PRICE (USD) CIF	TOTAL PRICE (USD)
1	My Baby Formula Premium Infant Formula Step 1 702 Cartons	4212	12.50	52,650.00
2	My Baby Formula Premium Follow-on Formula Step 2 1419 Cartons	8514	12.50	106,425.00
3	My Baby Formula Premium Toddler Formula Step 3 1292 Cartons	7752	12.50	96,900.00
	BRAND TOTAL			255,975.00

Conditions of Sale and Terms of Payment：T/T

AUTHORIZED SIGNATURE

FOR AND ON BEHALF OF

AUSTRALIA RESOURCES CO．, LTD

单证 9 - 2

AUSTRALIA RESOURCES LIMITED

Packing List

Date:	11/02/2013
Consignee:	SHANGHAI HAIGE GLOBAL SUPPLY CO. , LTD
Notify Party:	SHANGHAI FENGPENG INTRENATIONAL TRADE CO LTD
Quantity:	4212 tins
Product description:	MY BABY FORMULA PREMIUM INFANT FORMULA STEP1
Quantity:	8514tins
Product description:	MY BABY FORMULA PREMIUM FOLLOW - ON FORMULA STEP2
Quantity:	7752tins
Product description:	MY BABY FORMULA PREMIUM TODDLER FORMULA STEP3
Brand:	MY BABY FORMULA
Country of Origin:	Australia
Shipping Line:	OOCL
Container Number/Seal No:	OOLU8850440/CDY8462
Vessel:	ANL WANGARATTA
Voyage No:	V. 045N
Mode of Transport:	SEA
Port of Loading:	Melbourne, VIC Australia
Port of Discharge:	SHANGHAI, CHINA
Production Date:	16 - 01 - 2013
EXP. Date:	16 - 01 - 2015
Batch Code:	20130116
No of Packages:	3413 cartons (6 tins × 900g)
Net Weight:	18430. 20KG
Gross Weight:	24232. 30KG
Packing:	6 Tins per carton

For and on behalf of
AUSTRALIA RESOURCES CO. ,LTD

____
Authorized Signature(s)

Australia Resources Co. , Ltd.

Unit 12/13, 15th Floor, Wellborne Commercial Center, 8 Java Road, North Point Hong Kong

单证 9－3

SALES CONTRACT

Contract No：AICI136146
Date：2013－2－5

The SELLER：AUSTRALIA RESOURCES CO.，LTD.
The BUYER：SHANGHAI HAIGE GLOBAL SUPPLY CO.，LTD.

（1）COMMODITY，SPECIFICATIONS，QUANTITY AND UNIT PRICE

Commodity & Specification	Quantity	Unit Price	Amount
BABY FORMULA PREMIUM INFANT FORMULA STEP 1	4212.00TIN	USD12.50	USD 52650.00
BABY FORMULA PREMIUM INFANT FORMULA STEP 2	8514.00TIN	USD12.50	USD 106425.00
BABY FORMULA PREMIUM INFANT FORMULA STEP 3	7752.00TIN	USD12.50	USD 96900.00
		TOTAL	USD255975.00

（2）COUNTYR OF ORIGIN & MANUFACTURER：AUSTRALIA
（3）TIME OF DELIVERY：2013－2－13
（4）PACKING
（5）TERMS OF PAYMENT：CIF SHANGHAI

THE SELLER：	THE BUYER：
AUSTRALIA RESOURCES CO.，LTD	SHANGHAI HAIGE GLOBAL SUPPLY CO.，LTD

单证 9－4

OCEAN OR COMBINED TANSPORT WAYBILL　　NON-NEGOTIABLE

SHIPPER	BOOKING No.	BILL OF LADING No.
MILK POWDER SOLUTIONS PTY LTD. 10 PHOENIX COURT BRAESIDE 3195	37038660	OOLU37038660
	EXPORT REFERENCES	
CONSIGNEE	FORWARDING AGENT REFERENCES	
SHANGHAI HAIGE GLOBAL SUPPLY CO , LTD RM 402, NO . 8 PINGWO ROAD	FMC NO.	
NOTIFY PARTY	POINT AND COUNTRY OF ORIGIN	
SHANGHAI FENGPENG INTERNATIONAL TRADE CO LTD 8A JIAFA MANSION A, NO.1 OF LANE 129, DATIAN ROAD,**	ALSO NOTIFY/DOMESTIC ROUTING *ATTN: JOYLAND XU **SHANGHAI CHINA	

PIER OR PLACE OF RECEIPT	PRE-CARRIAGE BY		
	MELBOURNE		
VESSEL VOY (FLAG).	PORT OF LOADING	TYPE OF MOVE	CONTAINERIZED (VESSEL ONLY)
ANL WANGARATTA 045N	MELBOURNE		MELBOURNE
PORT OF DISCHARGE	PLACE OF DELIVERY	FINAL DESTINATION (FOR THE MERCHANT'S REFERENCE ONLY)	
SHANGHAI	SHANGHAI	FCL/FCL	CY-CY

PARTICULARSDECLARED BY SHIPPER BUT NOT ACKNOWLEDGED BY THE CARRIER

CONTAINER NO. MARKS & NOS.	NO.OF PKGS. OR CONTAINERS	DESCMPTION OF GOODS	GROSS WEIGHT	MEASUREMENT
OOLU8850440 /	CDY 8462	/ 3413 CARTONS /FCL/FCL /40HQ/	/40HQ/24,232.30kG	
	3413 CARTONS	1×40 FOOT CONTAINER SAID TO CONTAIN: 24232.300KGS 3413 CARTONS MY BABY FORMULA PREMIUM INFANT FORMULA STEP 1 (702 CARTONS) MY BABY FORMULA PREMIUM' FOLLOW-ON FORMULA STEP 2 (1419 CARTONS) MY BABY FORMULA PREMIUM' TODDLER FORMULA STEP 3 (1292 CARTONS) **FREIGHT PREPAID**	24,232.30KG	

OCEAN PREIGHT PREPAID

TOTAL NO. OF CONTAINERS/PACKAGES RECEIVED & ACKNOWLEDGED BY CARRIER FOR THE PURPOSE OF

** TO BE CONTINUED ON ATTACHED LIST **

CODE	TARIFF ITEM	FREIGHTED AS	RATE	PREPAID	COLLECT

Received by the Carrier the Goods as specified above in apparent good order and condition unless otherwise stated, to be transported to such place as agreed, authorized or permitted herein and subject to all the terms and conditions appearing on the front and reverse of this Bill of Lading, any local privileges and customs notwithstanding.
The particulars give above as stated by the shipper and the weight, measures, quality, condition, contents and value of the Goods are unknown to the Carrier. IN WITNESS where of **THREE(3)** original Bills of Lading have been signed, one of which being accomplished, the other(s) to be void.

DATE LADEN ON BOARD: 14 FEB 2013

DATED:14 FEB 2013

单证 9－5

进口食品货物清单

企业注册号	3100612323	进口企业名称	上海海格进出口有限公司			报检号			
商品名称	原产国	唛头	重量	单位	罐/箱	件数	单位	生产日期	有效期
奥睿金装婴儿配方奶粉 1	澳大利亚	N/M	900	克/罐	6	702	箱	2013－1－16	2015－1－16
奥睿金装较大婴儿配方奶粉 2	澳大利亚	N/M	900	克/罐	6	1419	箱	2013－1－16	2015－1－16
奥睿金装幼儿配方奶粉 3	澳大利亚	N/M	900	克/罐	6	1292	箱	2013－1－16	2015－1－16

单证 9－6

Exporter MILK POWDER SOLUTIONS PTY. LTD. Australia	**Certificate NO.** EW00095017	**Page** 1	**Pages** 1 of 1
	Exporter's reference MBF	**Letter of Credit No.**	
Consignee SHANGHAI HAIGE GLOBAL SUPPLY CO.,LTD. SHANGHAI CHINA	**Buyer**(if not Consignee) SHANGHAI FENGPENG INTERNATIONAL TRADE CO., LTD. 8A JIAFA MANSION A No.1 OF LANE 129,DATIAN ROAD SHANGHAI CHINA		

CERTIFICATE OF AUSTRALIAN ORIGIN

AUSTRALIAN CHAMBER OF COMMERCE AND INDUSTRY

ACCI

Level 3, Commerce House
24 Brisbane Avenue, BARTON
A.C.T. AUSTRALIA 2600
TELEPHONE:
International (61) (2) 6273 2311
Local (02) 6273 2311

Agent for the Australian Chamber of Commerce and Industry

Victorian Employers' Chamber of Commerce and Industry

486 Albert Street
East Melbourne
VIC 3002 AUSTRALIA
Telephone: 61 3 8662 5333
Facsimile: 61 3 8662 5201
internationaltrade@vecci.org.au

Authorised to issue Certificates of Origin by the Government of the Commonwealth of Australia

Port of Loading MELBOURNE	
Vessel ANY WANGARATTA Voyage No V.045N	**Departure Date** 13 Feb 2013
Port of Discharge: SHANGHAI	**Final Destination** SHANGHAI

Mark and Numbers	Numbers and kind of Packages	Description of Goods	Export Statistical Code	Gross Weight KG
1	702 CARTONS	My Baby Formula Premium Infant Formula Step 1	19011000	4984.2
2	1419 CARTONS	My Baby Formula Premium Follow-On Formula Step 2	19019095	10074.9
3	1292 CARTONS	My Baby Formula Premium Toddler Formula Step 3	04022120	9173.2

I, the undersigned, being duly authorized by the above exporter, and having made the necessary enquiries HEREBY CERTIFY based on the rules of origin, all the good listed above originate in AUSTRALIA. I further declare that I will furnish to the Customs authorities of the importing country or their nominee, for inspection at any time such evidence as may be requested for the purpose of verifying this certificate.
The goods were produced/manufactured at
10 PHOENIX CRT, BRAESIDE,VIC
Insert place of production/manufacture

Signature of Authorized Officer

Victorian Employers' Chamber of Commerce and Industry

I, the undersigned, being duly authorized by the Australian Chamber of Commerce and industry to sign documentary evidence of origin ,hereby certify that on the base of my knowledge and belief the country of origin of the above mentioned goods based an the rules of origin claimed by the exporter is AUSTRALIA.

Signature of Authorized Officer

Date
15 FEB 2013

单证 9－7

中华人民共和国出入境检验检疫
入境货物通关单

编号:3107001130608000

1. 收货人 上海海格进出口公司			5. 标记及号码
2. 发货人 AUSTRALIA RESOURCES CO. , LTD.			
3. 合同/提(运)单号 OOLU37038660	4. 输出国家或地区 澳大利亚		
6. 运输工具名称及号码 ANL WANGARATTA/045N	7. 目的地 上海浦东新区		8. 集装箱规格及数量 1×40′高柜
9. 货物名称及规格	10. H. S. 编码	11. 申报总值	12. 数/重量、包装数量及种类
澳睿金装较大婴儿配方奶粉 2 碳水化合物 56.4 蛋白质 17.6 脂肪 23.4 矿物质 2.3 维生素 0.3|供婴儿食用|900 克/罐	19011000.10	106425.00 美元	1419 箱,6/罐/箱
澳睿金装幼儿婴儿配方奶粉 3 碳水化合物 52.9 蛋白质 19.1 脂肪 25 矿物质 2.8 维生素 0.2|供婴儿食用|900 克/罐	19011000.10	96900.00 美元	1292 箱,6/罐/箱
澳睿金装婴儿配方奶粉 1 碳水化合物 57.1 蛋白质 12 脂肪 28.5 矿物质 1.8 维生素 0.2|供婴幼儿食用|900 克/罐	19011000.10	52650.00	702 箱,6/罐/箱
13. 证明 上述货物业已报检/申报,请海关予以放行。 本通关单有效期到 ×××× 年 ×× 月 ×× 日。 签字:　　　　日期:×××× 年 ×× 月 ×× 日			
14. 备注			

项目十　一般贸易出口木制品[①]

一、业务背景

佳木斯市东俊贸易有限公司（2308961234）于2011年7月11日向天津新港海关申报出口一个20英尺货物到芬兰，箱体自重2300千克。

商品信息：

【桦木制一次性冰果棒】

申报要素项目	要素说明
材质（木制）	桦木制
种类（单一材质申报中文及拉丁学名，圆签、圆棒、冰果棒、压舌片等）	冰果棒
是否是一次性产品	一次性
尺寸（长、宽、厚、直径等）	*[②]
其他	无

【桦木制牙签】

申报要素项目	要素说明
材质（木制）	桦木制
种类（单一材质申报中文及拉丁学名，圆签、圆棒、冰果棒、压舌片等）	牙签
是否是一次性产品	一次性
尺寸（长、宽、厚、直径等）	*
其他	无

设定汇率为：1美元=6.5294元人民币。

二、随附单证

本项目的随附单证见单证10－1至单证10－5。

---

① 本实训项目改编自2011年全国职业院校报关技能大赛赛题。

② 因从随附单据中无法获知“尺寸”这一申报要素的信息，故此处用“*”号替代，实际申报时应向委托企业索取相应要素信息，并据实填报。下同。

单证 10－1

出境货物换证凭条

<table>
<tr><td>转单号</td><td colspan="3">＊＊＊＊＊＊＊＊＊＊＊</td><td>报检号</td><td>＊＊＊＊＊＊＊＊＊＊</td></tr>
<tr><td>报检单位</td><td colspan="5">佳木斯市东俊贸易有限公司</td></tr>
<tr><td>合同号</td><td colspan="3">DZC11031200</td><td>HS 编码</td><td>4421902190</td></tr>
<tr><td>数（重）量</td><td>1189 千克</td><td>包装件数</td><td>55 纸箱</td><td>金额</td><td>1664. 6 美元</td></tr>
<tr><td colspan="6">评定意见：
贵单位报检的该批货物，经我局检验检疫，已合格。请执此单至××部办理出境验证业务。本单有效期截止于 2010 年 07 月 14 日。
××局本部 2011 年 06 月 15 日</td></tr>
</table>

出境货物换证凭条

<table>
<tr><td>转单号</td><td colspan="3">＊＊＊＊＊＊＊＊＊＊＊</td><td>报检号</td><td>＊＊＊＊＊＊＊＊＊＊＊</td></tr>
<tr><td>报检单位</td><td colspan="5">佳木斯市东俊贸易有限公司</td></tr>
<tr><td>合同号</td><td colspan="3">DZC11031200</td><td>HS 编码</td><td>4421902190</td></tr>
<tr><td>数（重）量</td><td>1160 千克</td><td>包装件数</td><td>80 纸箱</td><td>金额</td><td>1624 美元</td></tr>
<tr><td colspan="6">评定意见：
贵单位报检的该批货物，经我局检验检疫，已合格。请执此单至××部办理出境验证业务。本单有效期截止于 2011 年 07 月 14 日。
××局本部 2011 年 06 月 15 日</td></tr>
</table>

单证 10－2

JIAMUSI DONGZUN　COMMERCIAL　INVOICE

ORIGINAL

Exporter(Name,Address.) JIAMUSI DONGZUN TRADE CO.,LTD	佳木斯东俊贸易有限公司 JIAMUSI DONGZUN TRADE CO.,LTD. 佳木斯国际贸易大厦			
To: TAMMER-TUKKU KUU OY P.O.BOX10733102 TAMPERE,FINLAND	Invoice No: Date:.	DZC11031200 MAR.12.2011		
Transport　details： FROM TIANJIN ,CHINA TO HELSINKI,FINLAND	Sales Contract No. : Terms of Payment: Terms of　Price:	DZC11031200 T/T FOB TIANJIN		
Marks and Numbers: CN000079-OTO09959				
Description of Goods	CTNS	Quantity(PCS)	Unit Price	Amount
WOODEN TOOTHPICK	80	800000	0.002	US$1,600.00
WOODEN STICKS	55	550000	0.003	US$1,650.00
TOTAL:	135	1350000		US$3,250.00
TOTAL QUANTITY:TWO THOUSAND THREE HUNDRED AND FORTH NINE KILOGRAMS ONLY				
TOTAL SAY U.S.DOLLARS THREE THOUSAND TWO HUNDRED EIGHTY EIGHT AND SIXTY CENT ONLY				

JIANMUSI DONGZUN TRADE CO.,LTD
张军

单证 10－3

Jiamusi Donzun Trade Co., Ltd

Sales Confirmation

Exporter(Name,Address.) JIAMUSI DONGZUN TRADE CO.,LTD.		To: TAMMER-TUKKU KUU OY P.O.BOX10733102 TAMPERE,FINLAND
	Sales Contract No. :	DZC11031200
	Date:.	MAR.12.2011
Transport details: FROM TIANJIN ,CHINA TO HELSINKI,FINLAND		
	Terms of Payment:	T/T
	Terms of Price:	FOB TIANJIN

Marks and Numbers: CN000079-OTO09959

Description of Goods	Unit	Quantity(PCS)	Unit Price	Amount
WOODEN TOOTHPICK	PCS	800000	0.002	US$1,600.00
WOODEN STICKS	PCS	550000	0.003	US$1,650.00
WOODEN KITCHEN SETS	KGS	521.00	13.81	US$7,193.97
TOTAL:				US$10,443.97

TOTAL:U.S.DOLLARS TEN THOUSAND FOUR HUNDRED EIGHTY TWO AND FIFTY SEVEN CENT ONLY

Beneficiary: Jiamusi Donzun Co., Ltd

Advising Bank:Bank of China, Jiamusi
Branch(SWIFTCODE:BKCHCNBJ87B) A/C170203013179

Buyer: *Sebastian*

Seller : JIANMUSI DONGZUN TRADE CO.,LTD 张军

单证 10－4

JIAMUSI DONGZUN

PACKING LIST

ORIGINAL

<table>
<tr><td>Exporter(Name,Address.)
JIAMUSI DONGZUN TRADE CO.,LTD</td><td colspan="2">佳木斯东俊贸易有限公司
JIAMUSI DONGZUN TRADE CO.,LTD.
佳木斯国际贸易大厦</td></tr>
<tr><td>To:
TAMMER-TUKKU KUU OY
P.O.BOX10733102
TAMPERE,FINLAND</td><td>Invoice No:
Date:.</td><td>DZC11031200
MAR.12.2011</td></tr>
<tr><td>Transport details:
FROM TIANJIN ,CHINA
TO HELSINKI,FINLAND</td><td>Sales Contract No. :
Terms of Payment:
Terms of Price:</td><td>DZC11031200
T/T
FOB TIANJIN</td></tr>
<tr><td colspan="3">Marks and Numbers:
CN000079-OTO09959</td></tr>
</table>

Description of Goods	Ctns	N.W.(KGS)	G.W.(KGS)	MEASUREMENT M^3
WOODEN TOOTHPICK	80	1160.00	1320	4.512
WOODEN STICKS	55	1189.00	1300	3.2675
TOTAL:	135	2349.00	2620	7.7795
TOTAL:ONE HUNDRED AND THIRTY-FIVE CTNS ONLY				

JIANMUSI DONGZUN TRADE CO.,LTD
张军

单证 10-5

中华人民共和国出入境检验检疫
出境货物通关单

编号：10100203264865000

<table>
<tr><td colspan="3">1. 收货人
佳木斯市东俊贸易有限公司
***</td><td rowspan="3">5. 标记及号码
N/M</td></tr>
<tr><td colspan="3">2. 发货人
***
TAMMER-TUKKU KUU OY</td></tr>
<tr><td>3. 合同/提（运）单号
DZC11031200</td><td colspan="2">4. 输往国家或地区
芬兰</td></tr>
<tr><td>6. 运输工具名称及号码
船舶 ***</td><td colspan="2">7. 发货日期
***</td><td>8. 集装箱规格及数量
***</td></tr>
<tr><td>9. 货物名称及规格
冰果棒
* * *
（以下空白）</td><td>10. H. S. 编码
4421902190
* * *
4421902190
* * *</td><td>11. 申报总值
*1664.6 美元
* * *
*1624 美元
* * *</td><td>12. 数/重量、包装数量及种类
*1189 千克
*55 纸箱
*1160 千克
*80 纸箱</td></tr>
<tr><td colspan="4">13. 证明
上述货物业已报检/申报，请海关予以放行。
本通关单有效期至二〇一三年五月二十三日
签字： 日期：2013 年 04 月 24 日</td></tr>
<tr><td colspan="4">14. 备注</td></tr>
</table>

［2-2（2000. 1. 1）］ ①货物通关

模块二 保税加工货物

MOKUAI–ER BAOSHUI JIAGONG HUOWU

模块二综述

保税加工货物实训模块共设计了6个实训项目，即项目十一至项目十六。本模块所有实训项目均按下列要求进行训练。

一、训练目标

通过实训项目的训练，熟悉和掌握保税加工货物通关程序。

二、训练要求

项目内容	工作任务	相关知识
报关企业管理	1. 进行角色分工 2. 编制岗位职责	海关对报关单位、报关员的管理知识
报关随附单证及相关信息的获取	1. 获取与申报货物相关的成交、包装、运输、结算等单证 2. 获取与申报货物相关的进出境贸易管理许可证件 3. 获取申报货物的具体信息	1. 进出口成交、包装、运输、结算单证知识 2. 海关监管证件基本知识 3. 进出口商品常识 4. 出入境商品检验检疫知识
报关随附单证及相关信息的审核	1. 确认报关随附单证的有效性 2. 确认报关随附单证的对应关系 3. 判断申报货物商品价格的合理性 4. 根据报关随附单证确认申报货物的海关监管方式和征免性质	1. 进出口商品价格常识 2. 海关监管方式、征免性质知识
商品编码复核	根据商品信息和归类依据复核商品编码	1.《中华人民共和国进出口税则》 2.《进出口税则商品及品目注释》 3.《中华人民共和国进出口税则本国子目注释》 4. 海关总署发布的关于商品归类的行政裁定 5. 海关总署发布的商品归类决定
报关单填制	填制进出口货物报关单	1. 报关单填制规范 2. 进出口商品申报规范 3. 计量单位的换算知识 4. 海关通关信息化系统常用参数代码
单证保管	1. 对应存档的报关单证进行分类、整理、保管 2. 交接报关单证资料 3. 记录保存委托报关单位的基本资料	档案管理常识

项目内容	工作任务	相关知识
现场作业实施与管理	1. 进行电子数据报关单的录入、发送、查询与打印 2. 按规定使用企业报关印章和报关员证等报关用证、章办理报关手续 3. 按规定提交纸质报关单和随附单证 4. 根据海关查验货物的要求进行作业和确认海关查验记录 5. 办理出口货物海关审结后放行手续 6. 办理报关单证明联的申领签发手续	1. 进出口货物申报知识 2. 海关电子通关系统知识 3. 进出口货物海关查验知识 4. 货物装卸安全知识 5. 进出口货物海关放行知识 6. 国家出口收汇、进口付汇管理知识

三、作业要求

根据实训项目中的“业务背景”及相关随附单证信息，完成下列作业任务。

任务一：通关方案设计

依据《报关服务作业规范》及委托企业要求，为委托企业设计通关方案。

任务二：现场作业

根据委托企业要求，完成申报、配合查验、缴纳税费等报关服务现场作业，以及提装货物、办理商检证书等增值服务。

四、作业说明

作业时间为90分钟，总分200分。其中，方案设计40分，准备阶段20分、实施阶段120分，后续阶段20分。

各训练组以组建的“报关企业”为单位参加训练。

报关企业在录入电子数据报关单时，请按照QP（Quick Pass）系统要求进行录入。

报关企业可使用《进出口税则对照使用手册》和《中华人民共和国海关进出口商品规范申报目录》等工具书。

作业自报关企业业务经理与委托企业签订委托协议起，至提交业务总结止。

五、通用表单

保税加工货物实训通用表单，是指在完成本模块所有6个实训项目过程中，需要用到的格式化空白表单。下列通用表单，可在本教材附录中选取。

1. 报关企业作业进程记录单
2. 报关报检资料交接单
3. 作业流程跟踪表
4. 训练总结记录单
5. 代理报关委托书
6. 海关进出口结汇联、退税联签发申请表
7. 服务业通用发票

8. 转账支票
9. 报关单据签收单
10. 代理报检委托书
11. 进口货物报关单
12. 出口货物报关单
13. 装货单
14. 现场申报作业窗口记录单
15. 海关查检通知单
16. 海关货物查验记录单
17. 进口关税缴款书
18. 出口关税缴款书
19. 进口增值税缴款书
20. 出口增值税缴款书
21. 保证函
22. 出入境检验检疫收费收据
23. 入境货物通关单
24. 出境货物通关单
25. 送货通知
26. 提货单

项目十一　进料对口成品出口

一、业务背景

佳比电子（广州）有限公司（4401240197）于 2013 年 4 月持相关单证向蛇口海关申报出口进料加工生产的激光打印机。

手册编号：E52080000004。

商品信息：

【商品一】

申报要素项目	要素说明
用途（是否专用于税目 84.71 所列设备）	是
原理	激光打印
品牌	HP 牌
型号	CE993A#BGM
打印幅宽	A4
打印速度	14ppm
其他	无

【商品二】

申报要素项目	要素说明
用途（是否专用于税目 84.71 所列设备）	是
原理	激光打印
品牌	HP 牌
型号	CE995A#BGM
打印幅宽	A4
打印速度	14ppm
其他	无

二、随附单证

本项目的随附单证见单证 11－1 至单证 11－4。

单证 11－1

佳比电子（广州）有限公司　　Shipping Date: 41391
Jabil circuit(Guangzhou)limited　　Packing No: A20122907　E52080000004
地址：　　REVISED:
Address:　　贸易方式：　进料对口
Tel:　　出口运输工具：　海运

Transportation Packing List

序号	中文名称	版本	规格 Model	Jabil P/N	Q'ty	CTN	Pallet	Net Weight (KG)	Gross Weight (KG)	Model brand	S/O No.	PO No.	SR No.	Jabil D/N No.	IDSS No.	Forwarder	Ship Mode	Remark
9304	激光打印机	7	CE993A# BGM	CE993A#BGM	30	30	5	987.00	1250.00	HP	7021705078	4507478335	400039495	820060004		KWE	Ocean	HBRSJAGCX678
9328	激光打印机	6	CE995A# BGM	CE995A#BGM	10	10	1	263.00	305.00	HP	7022038991	4507478337	400039495	820052096		KWE	Ocean	HBRSJAGCX724
Subtatol					40	40	6	1250.00	1555.00									

卡板材质：	胶合卡板

干燥用剂量　3

目的地：

12-1C80-SHPF-006-B

Job ID: M130427121　　Loading Time:__________

Truck#: 粤 BH3466　　1*20GP"CBHU3978238　　Seal Number: L25291　　JABIL Seal Number:__________

单证 11－2

出口专用

广东省出口商品统一发票
Guangdong Province Export Goods Unify Invoice

发票代码 144001325170

购货单位 HEWLETT PACKARD SPORE PTE LTD　　发票号码：01331969

Purchaser：　　2013 年 4 月 26 日

地址：　　电话：　　开票日期：　　年　月　日

Add：　　Tel：　　Issued date：　　Year Month Date

合同号码 Contract No.	E52080000004	贸易方式 Trade Method	进料对口	Foreign Exchange Collection Form	电汇
开户银行及帐号 Bank where account Opened &A/C Number	中行广州开发区分行 08495108091001	发运港 Port of Departure	深圳	转运港 Port of Transshipment	
信用征号 L / C No.		运输工具 Means of Transportation	海运	目的港 Port of Destination	澳大利亚
定单号码 P. O. No.	品名规格 Description and Specification of Goods	单位 Unit	数量 Quantity	销售单价 Unit Price	销售总额 Total Sales Amount
4507478335 4507478337	激光打印机 CE993A#BGM CE995A#BGM	台 台	30 10	605. 2800 518. 2200	18,158. 40 5,182. 20
合计金额大写（币种：） Total Amount（Currency）	贰万叁仟叁佰肆拾零元陆角零分	（小写） Total Amount	US $ 23,340. 60		
备注 Notes	FOB 深圳	M130427121	¥159,341. 61		

销货单位（盖章）：　　佳比电子（广州）有限公司

地址：　　Address of Seller：

电话：　　Tel：

传真：　　Fax：

查验发票及查询发票防伪措施请登录广东省国家税务局网址 http：//portat. gd－n－tax. gov. cn

单证 11 –3

账册备案

打印日期:2010 年 06 月 01 日

账册编号	E52080000004	变更次数	30	企业内部编号	EMS440124019702
经营单位代码	4401240197	经营单位名称	佳比电子(广州)有限公司		
收货单位代码	4401240197	收货单位名称	佳比电子(广州)有限公司		
申请单位代码	4401240197	申请单位名称	佳比电子(广州)有限公司		
电话号码		联系地址			
申请单位类型	企业	账册类型	便捷通关账册	主管海关	埔开发区
批准证编号	穗外加【2010】10002 号	结束有效期	2051 年 01 月 16 日	备案批注日期	2010 年 05 月 17 日
核算期限	180	录入日期	2010 年 05 月 31 日	申报日期	2010 年 05 月 31 日
年加工能力	100,000.00 万美元	最大周转金额	50,000.00 万美元	批文账册号	IT5208000040
备注					

单证 11 - 4

账册备案成品表

帐册编号:E52080000004　　变更次数:747　　企业编号:4401240197
企业名称:佳比电子(广州)有限公司　　打印日期:2012 年 05 月 09 日

序号	商品编码	名称	规格	申报单位	产销国	单价	币制	是否删除
9,268	8443321200	激光打印机	Q3933A#AB0	台	香港	2496.98000	美元	
9,269	8443321200	激光打印机	Q3933A#ABJ	台	香港	2497.60000	美元	
9,270	8443321200	激光打印机	Q3934A#AB0	台	香港	2664.25000	美元	
9,271	8443321200	激光打印机	Q3934A#ABJ	台	香港	2664.52000	美元	
9,272	8443321200	激光打印机	Q3935A#ACJ	台	香港	2638.22000	美元	
9,273	8418999990	电冰箱电路板组件	W10420601	个	香港	5.46000	美元	
9,274	8504409990	马达静止式变流器	11513705003001	个	香港	61.14000	美元	
9,275	8443321200	激光打印机	CE989A#ACJ	台	香港	407.80000	美元	
9,276	8443321200	激光打印机	CE989A#BBU	台	香港	409.80000	美元	
9,277	8443321200	激光打印机	CE990A#ABO	台	香港	472.33000	美元	
9,278	8443321200	激光打印机	CE990A#AB1	台	香港	471.51000	美元	
9,279	8443321200	激光打印机	CE990A#AB2	台	香港	471.88000	美元	
9,280	8443321200	激光打印机	CE990A#ABJ	台	香港	471.70000	美元	
9,281	8443321200	激光打印机	CE990A#ACJ	台	香港	451.48000	美元	
9,282	8443321200	激光打印机	CE990A#BBU	台	香港	462.40000	美元	
9,283	8443321200	激光打印机	CE990A#BGM	台	香港	471.65000	美元	
9,284	8443321200	激光打印机	CE991A#ABO	台	香港	558.26000	美元	
9,285	8443321200	激光打印机	CE991A#AB1	台	香港	557.45000	美元	
9,286	8443321200	激光打印机	CE991A#AB2	台	香港	557.81000	美元	
9,287	8443321200	激光打印机	CE991A#ABJ	台	香港	557.63000	美元	
9,288	8443321200	激光打印机	CE991A#ACJ	台	香港	557.80000	美元	
9,289	8443321200	激光打印机	CE991A#BBU	台	香港	559.80000	美元	
9,290	8443321200	激光打印机	CE991A#BGM	台	香港	557.58000	美元	
9,291	8443321200	激光打印机	CE992A#AB0	台	香港	622.33000	美元	
9,292	8443321200	激光打印机	CE992A#AB1	台	香港	621.51000	美元	
9,293	8443321200	激光打印机	CE992A#AB2	台	香港	601.25000	美元	
9,294	8443321200	激光打印机	CE992A#ABJ	台	香港	621.70000	美元	
9,295	8443321200	激光打印机	CE992A#ACJ	台	香港	601.48000	美元	
9,296	8443321200	激光打印机	CE992A#BBU	台	香港	623.86000	美元	
9,297	8443321200	激光打印机	CE992A#BGM	台	香港	621.65000	美元	
9,298	8443321200	激光打印机	CE993A#AB0	台	香港	697.77000	美元	
9,299	8443321200	激光打印机	CE993A#AB1	台	香港	696.95000	美元	
9,300	8443321200	激光打印机	CE993A#AB2	台	香港	697.32000	美元	
9,301	8443321200	激光打印机	CE993A#ABJ	台	香港	678.47000	美元	
9,302	8443321200	激光打印机	CE993A#ACJ	台	香港	697.31000	美元	
9,303	8443321200	激光打印机	CE993A#BBU	台	香港	699.30000	美元	
9,304	8443321200	激光打印机	CE993A#BGM	台	香港	697.09000	美元	
9,305	8443999090	打印机电路板	JBB0I-60027	个	香港	38.58000	美元	

单证 11－5

账册备案成品表

帐册编号:E52080000004　　变更次数:747　　企业编号:4401240197

企业名称:佳比电子(广州)有限公司　　打印日期:2012 年 05 月 09 日

序号	商品编码	名称	规格	申报单位	产销国	单价	币制	是否删除
9,306	8418999990	电冰箱电路板	W10277808	个	香港	4.13000	美元	
9,307	8418999990	电冰箱电路板	W10277810	个	香港	4.94000	美元	
9,308	8418999990	电冰箱电路板	W10454992	个	香港	4.94000	美元	
9,309	8544421900	有接头导线(额定电压≦80 伏)	414619－001	个	香港	38.00000	美元	
9,310	8517629900	控制台服务器	550－351－502	台	香港	353.72000	美元	
9,311	8517629900	控制台服务器	550－352－503	台	香港	281.51000	美元	
9,312	9028909000	电度表电路板	82010－1#50244	个	香港	9.89000	美元	
9,313	9028909000	电度表电路板	82010－1#50259	个	香港	9.89000	美元	
9,314	9028909000	电度表电路板	82010－1#50245	个	香港	9.92000	美元	
9,315	8544421900	有接头导线(额定电压≦80 伏)	AF604A	个	香港	23.85000	美元	
9,316	8443321200	激光打印机	CE994A#AB0	台	香港	558.26000	美元	
9,317	8443321200	激光打印机	CE994A#AB1	台	香港	557.45000	美元	
9,318	8443321200	激光打印机	CE994A#AB2	台	香港	557.81000	美元	
9,319	8443321200	激光打印机	CE994A#ACJ	台	香港	557.80000	美元	
9,320	8443321200	激光打印机	CE994A#BBU	台	香港	559.80000	美元	
9,321	8443321200	激光打印机	CE994A#BGM	台	香港	557.58000	美元	
9,322	8443321200	激光打印机	CE995A#ABO	台	香港	622.33000	美元	
9,323	8443321200	激光打印机	CE995A#AB1	台	香港	621.51000	美元	
9,324	8443321200	激光打印机	CE995A#AB2	台	香港	621.88000	美元	
9,325	8443321200	激光打印机	CE995A#ABJ	台	香港	621.70000	美元	
9,326	8443321200	激光打印机	CE995A#ACJ	台	香港	621.87000	美元	
9,327	8443321200	激光打印机	CE995A#BBU	台	香港	623.86000	美元	
9,328	8443321200	激光打印机	CE995A#BGM	台	香港	621.65000	美元	
9,329	9025900090	电子温度计电路板	GE703－1592－00	个	香港	101.07000	美元	
9,330	9025900090	电子温度计电路板	GE703－1595－00	块	香港	31.07000	美元	
9,331	9025900090	电子温湿度计电路板	GE703－1596－00	个	香港	2.03000	美元	
9,332	9025900090	电子温湿度计电路板	GE703－1597－00	个	香港	1.64000	美元	
9,333	8443999090	打印机电路板	P1043417－01	个	香港	10.24000	美元	
9,334	8443311090	多功能打印机	Q7830A#UUC	台	香港	1600.88000	美元	
9,335	8443311090	多功能打印机	Q7840A#ABJ	台	香港	1212.64001	美元	
9,336	8443311090	多功能打印机	Q7840A#ARS	台	香港	1228.18000	美元	
9,337	8526911000	汽车导航盒	1MI0.002.08	台	香港	40.95000	美元	
9,338	8443999090	打印机电路板连外壳组件	101K64424B	个	香港	761.45000	美元	
9,339	8517623700	有线网络卡	1181307L8P	台	香港	72.65000	美元	
9,340	8525801390	摄像头	CM－631－9923－00A－LF	个	香港	9.68000	美元	
9,341	9032900090	火车机车控制装置电路板	GE41A325898G4	个	香港	195.83000	美元	
9,342	9013200090	红外激光模块	SP－9507－484－ROA－LF	个	香港	6.88000	美元	
9,343	8415909000	空调设置控制器	180633G2	个	香港	126.02000	美元	

单证 11-6

设备交接单

Shekou
Container
Terminals EQUIPMENT INTERCHANGE RECEIPT

箱号：CBHU3978238	
尺寸/箱型/高度：20/GP/86	箱主：COS
船名：COSCO XIAMEN	
卸货港：SYD	目的港：AUSYD
装运单编号：6080826301	
封条号：L25291	关封：
拖车号：YGDBH3466	拖车公司：COMM
提交类别：	空重状态：F
特殊代码：	重量（MT）3.12
要求温度：C/	危险品代码：
空箱类别：	验箱：OK
超高/左超宽/右超宽/前超长/后超长（CM）： / / / /	
备注：	
进闸时间：27-04-2013 19：14	流水号：17876526
出闸时间：27-04-2013 20：18	签发人：LANE25

声明：本单仅作为集装箱交收凭证，任何人不得将它和它所含的信息作为任何其他用途。否则，责任自负，SCT 概不承担任何责任。

项目十二　进料加工成品内销

一、业务背景

江苏连云港经济技术开发区内企业升德（连云港）电子有限公司（3207240045）拟将其 E23011000001 号手册项下集成电路、元件支架、电缆产品内销。

商品信息：

【集成电路】

申报要素项目	要素说明
用途	感应轮速信号
功能	将轮速信号转成电信号
品牌	*①
型号	10－0770－7732－1－00
其他	无

【元件支架】

申报要素项目	要素说明
用途	用于 ABS 传感器头部，固定原件
品牌	*
型号	10－0770－7802－2－00
其他	无

【电缆】

申报要素项目	要素说明
用途	传输电流
结构类型（有接头等）	无接头，塑料，铜 60000 米
品牌	*
型号	10－0771－1081－1－00
额定电压	无
其他	无

二、随附单证

本项目的随附单证见单证 12－1 至单证 12－4。

① 因从随附单据中无法获知“品牌”这一申报要素的信息，故此处用“*”号替代，实际申报时应向委托企业索取相应要素信息，并据实填报。下同。

单证 12－1

售货发票

发票号码：12－0405

收货单位：升德（连云港）电子有限公司　　　　日期：2012 年 04 月 05 日

出票单位：升德（连云港）电子有限公司

账册号：E23011000001

项号	品名	税号	型号	单价	币制	数量	单位	总价
396	极片	8548900090	06－2192－0810－1－00	5.45	JPY	70,000	个	381,500.00
398	金属扣件	7326901000	06－2192－0813－1－00	44.31	JPY	30,000	个	1,329,300.00
544	端子	8538900000	06－2192－1019－1－00	2.31	JPY	30,000	个	69,300.00
549	端子	853890000	06－2192－1024－1－00	2.52	JPY	30,000	个	75,600.00
565	电缆	8544491100	06－2192－1046－1－00	42.62	JPY	30,000	米	1,278,600.00
572	聚酰胺	3908101999	06－2192－1070－1－00	946	JPY	10,000	千克	9,460,000.00
598	集成电路	8542390000	06－2192－1117－1－00	0.55	USD	700,000	个	385,000.00
622	前支架	3926909090	06－2192－1148－1－00	4.13	JPY	20,000	个	82,600.00
644	橡胶软管	4009110000	06－2192－1179－1－00	37.1	JPY	10,000	米	371,000.00
649	橡胶线封	4016939000	06－2192－1184－1－00	3.31	JPY	80,000	个	264,800,.00
948	集成电路	8542390000	10－0770－7732－1－00	0.6099	USD	27,000	个	16,467,.30
954	元件支架	3926900090	10－0770－7802－2－00	0.0564	EUR	117,600	个	6,632.64
965	电缆	8544491100	10－0771－1081－1－00	0.2421	EUR	60,000	米	14,526.00

单证 12－2

装箱单

发票号码：12－0405

收货单位：升德（连云港）电子有限公司　　　　日期：2012 年 04 月 05 日

出票单位：升德（连云港）电子有限公司

项号	品名	数量	单位	包装	净重(KGS)	毛重(KGS)
396	极片	70,000	个	散装	56.00	56.00
398	金属扣件	30,000	个	散装	426.00	426.00
544	端子	30,000	个	散装	6.00	6.00
549	端子	30,000	个	散装	21.00	21.00
565	电缆	30,000	米	散装	825.00	825.00
572	聚酰胺	10,000	千克	散装	10,000.00	10.000.00
598	集成电路	700,000	个	散装	140.00	140.00
622	前支架	20,000	个	散装	4.00	4.00
644	橡胶软管	10,000	米	散装	315.00	315.00
649	橡胶线封	80,000	个	散装	8.00	8.00
948	集成电路	27,000	个	散装	45.90	45.90
954	元件支架	117,600	个	散装	117.60	117.60
965	电缆	60,000	米	散装	1,908.00	1,908.00
					13872.5KGS	

单证 12－3

加工贸易货物内销征税联系单

连关内销征税［2012］年第 045 号

企业名称:升德(连云港)电子有限公司			加工贸易手册号:E23011000001		
项号	货物名称	商品编码	规格型号	内销数量(单位)	备注
396	极片	8548900090	06－2192－0810－1－00	70,000 个	5.45 日元/个
398	金属扣件	7326901000	06－2192－0813－1－00	30,000 个	44.31 日元/个
544	端子	8538900000	06－2192－1019－1－00	30,000 个	2.31 日元/个
549	端子	8538900000	06－2192－1024－1－00	30,000 个	2.52 日元/个
565	电缆	8544491100	06－2192－1046－1－00	30,000 米	42.62 日元/米
572	聚酰胺	3908101999	06－2192－1070－1－00	10,000 千克	946 日元/千克
598	集成电路	8542390000	06－2192－1117－1－00	700,000 个	0.55 美元/个
622	前支架	3926909090	06－2192－1148－1－00	20,000 个	4.13 日元/个
644	橡胶软管	4009110000	06－2192－1179－1－00	10,000 米	37.1 日元/米
649	橡胶线封	4016939000	06－2192－1184－1－00	80,000 个	3.31 日元/个

加工贸易部门审批意见:

请按:21. 5.45＊70000＝381500 日元　　22. 44.31＊30000＝1329300 日元

23. 2.31＊30000＝69300 日元　　24. 2.52＊30000＝75600 日元

25. 42.62＊30000＝1278600 日元　　26. 946＊10000＝9460000 日元

27. 0.55＊700000＝385000 美元　　28. 4.13＊20000＝82600 日元

29. 37.1＊10000＝371000 日元　　30. 3.31＊80000＝264800 日元

征收关税,增值税及缓息。　　2012 年 4 月 6 日

注:本表格一式两份,一份通关部门留存,一份加工贸易部门留存。

单证 12 –4

加工贸易货物内销征税联系单

连关内销征税［2012］年第 045 号

企业名称:升德(连云港)电子有限公司			加工贸易手册号:E23011000001		
项号	货物名称	商品编码	规格型号	内销数量(单位)	备注
948	集成电路	8542390000	10 – 0770 – 7732 – 1 – 00	27,000 个	0.6099 美元/个
954	元件支架	8548900090	10 – 0770 – 7802 – 2 – 00	117,600 个	0.0564 欧元/个
965	电缆	8544491100	10 – 0770 – 1081 – 1 – 00	60,000 米	0.2421 欧元/米

加工贸易部门审批意见:

请按:31. 0.6099 * 27000 = 16467.3 美元　　32. 0.0564 * 117600 = 6632.64 欧元

33. 0.2421 * 60000 = 14526 欧元

征收关税,增值税及缓息。　　2012 年 4 月 6 日

注：本表格一式两份，一份通关部门留存，一份加工贸易部门留存。

项目十三　进料加工成品退换

一、业务背景

上海比伯电池有限公司 C22102250496 手册项下出口的纽扣电池抵达香港后，因原合同规定的工业包装产品不能满足市场需要，客户需改换成商业包装，故有部分产品退回上海。

商品信息：

【商品一】

申报要素项目	要素说明
用途	用于血糖测试仪
材质	锂锰
品牌	BIBO
型号	3V/CR2032
容量	220mAh
是否含汞	否
其他	无

【商品二】

申报要素项目	要素说明
用途	用于血糖测试仪
材质	锂锰
品牌	BIBO
型号	3V/CR2025
容量	160mAh
是否含汞	否
其他	无

【商品三】

申报要素项目	要素说明
用途	用于血糖测试仪
材质	锂锰
品牌	BIBO
型号	3V/CR2016
容量	90mAh
是否含汞	否
其他	无

二、随附单证

本项目的随附单证见单证 13－1 至单证 13－13。

单证 13 –1

时晖实业有限公司
Sylva industries Limited

发 票
INVOICE

接货商号：上海比伯电池有限公司

CUSTOMER：SHANGHAI BIBO BATTERIES CO. , LTD

地址：

ADDRESS：

合同名称：BBJ1201C 合同进口清单

CONTRACT NO ：

日期/DATE 12 – 12 – 07　　　　发票号：INVOICE NO：SHINV5067

序号 NO	产地 COUNTRY ORIGIN	物料名称 DESCRIPTION	进料数 QUANTITY	单位 UNIT	单价 UNIT PRICE	金额(USD) AMOUNT
6	中国	一次性扣式锂电池 （CR2032）	383.57 7	千只/KP	128.05	49117.03
7	中国	一次性扣式锂电池 （CR2025）	572.104	千只/KP	119.31	68257.73
8	中国	一次性扣式锂电池 （CR2016）	311.160	千只/KP	139.37	43366.37
		总金额(USD)				160741.13
总计(美元:一拾陆万零柒佰拾壹元壹角叁分)TOTAL AMOUNT :(USD DOLLARS ONE HUNDRED SIXTY THOUSAND SEVEV HUNDRED FORTY ONE AND THIRTEEN ONLY)						

注:以上价格均由香港 CIF TO SHANG HAI 价

发货单位盖章：

单证 13-2

进料加工销售合同
Sales Contract

上海比伯电池有限公司　　合同编号：(Contract No)：BBJI201C
SHANGHAI BIBO BATTERIES CO., LTD.　　日期（DATE）：2012-3-6
甲方：上海比伯电池有限公司　　乙方：香港时辉实业有限公司
Party A　　Party B Sylva industries Limited

<table>
<tr><td colspan="4">收货人名称及地址
Consignees Name and Address　香港时辉实业有限公司
Tel：</td><td colspan="2">Conditions of Sales</td></tr>
<tr><td colspan="3">此销售合约单号需备注在相关之发票，包裹或其他文件上</td><td></td><td>报关单编号</td><td>发票随货同行</td></tr>
<tr><td colspan="2">付款方式 T/T
Payment
产品交付目的港
Destination　香港/深圳福田保税仓等</td><td colspan="4">成品交货期
Date of Delivery　12.03-13.03
合同有效期
Expiry　2013.03.06</td></tr>
<tr><td colspan="3">名称及规格
Description</td><td>数量
Quantity</td><td>单价
Unit price</td><td>金额
Amount</td></tr>
<tr><td>高伏碱性电池（11A）</td><td colspan="2">6V 型号：MN11/A11/E11A/10A</td><td>300 千个</td><td>105.33 USD/千个</td><td>31599 USD</td></tr>
<tr><td>高伏碱性电池（476A）</td><td colspan="2">6V 型号：4LR44/PX28A/V4034PX/A544/537</td><td>400 千个</td><td>173.00 USD/千个</td><td>69200 USD</td></tr>
<tr><td>高伏碱性电池（27A）</td><td colspan="2">12V 型号：MN27/A27 29A/26A</td><td>4500 千个</td><td>124.67 USD/千个</td><td>561015 USD</td></tr>
<tr><td>高伏碱性电池（23A）</td><td colspan="2">12V 型号：23AE/MN21/V23GA/LRV08/A23</td><td>22000 千个</td><td>126.88 USD/千个</td><td>2791360USD</td></tr>
<tr><td>纽扣电池（377）</td><td colspan="2">型号：377（376/SR66/SR626）/364/SR60/D364/SR621SW）/379（SR63/SR521SW/362（SR58/SR721</td><td>1000 千个</td><td>211.98 USD/千个</td><td>211980 USD</td></tr>
<tr><td>一次性扣式锂电池（CR2032）</td><td colspan="2">3V 型号：CR2032</td><td>8000 千个</td><td>128.05 USD/千个</td><td>1024400 USD</td></tr>
<tr><td>一次性扣式锂电池（CR2025）</td><td colspan="2">3V 型号：CR2025</td><td>3000 千个</td><td>119.31 USD/千个</td><td>357930 USD</td></tr>
<tr><td>一次性扣式锂电池（CR2016）</td><td colspan="2">3V 型号：CR2016</td><td>2000 千个</td><td>139.37 USD/千个</td><td>278740 USD</td></tr>
<tr><td>一次性扣式氧化银电池</td><td colspan="2">型号：357/476/370/371/377/386/389/390/S76E/392/395</td><td>1000 千个</td><td>1012.95 USD/千个</td><td>1012950USD</td></tr>
<tr><td></td><td colspan="2"></td><td>TOTAL：</td><td>6339174 USD</td><td></td></tr>
<tr><td colspan="2">币种 USD
Currency</td><td colspan="2">保险 Insurance
美元</td><td colspan="2">总金额 Total cost（insurance& freight included）
陆百叁拾叁万玖仟壹佰柒拾肆元</td></tr>
</table>

其他事项：
Other items & Conditions

甲方
Party A
(Seal & Signature)

乙方
Party B
(Seal & Signature)

单证 13－3

情况说明

致：上海海关

我公司上海比伯电池有限公司是香港时辉实业有限公司投资的一家专业生产纽扣电池的公司。现有手册 C22102250496 内 21 托成品电池退回上海，退换原因为市场变化，原合同规定的工业包装产品不能满足市场需要，客户需改换成商业包装，经香港时辉实业有限公司同意，同意更换外包装，退货资料如下：

手册序号	品名	数量	原产国	包装情况	托盘数
6	一次性纽扣锂电池 CR2032	383577 个	中国	再生木托	21
7	一次性纽扣锂电池 CR2025	572104 个	中国	再生木托	
8	一次性纽扣锂电池 CR2016	311160 个	中国	塑胶托牌	

以上电池重新包装后，仍将运回香港。

特此声明！

致

礼！

上海比伯电池有限公司
2012/12/10

单证 13－4

情况说明

致：上海出入境检验检疫局

我公司上海比伯电池有限公司是香港时辉实业有限公司投资的一家专业生产纽扣电池的公司。现有手册 C22102250496 内 21 托成品电池退回上海，退换原因为市场变化，原合同规定的工业包装产品不能满足市场需要，客户需改换成商业包装，经香港时辉实业有限公司同意，同意更换外包装，退货资料如下：

手册序号	品名	数量	原产国	包装情况	托盘数
6	一次性纽扣锂电池 CR2032	383. 577 千个	中国	再生木托	21
7	一次性纽扣锂电池 CR2025	572. 104 千个	中国	再生木托	
8	一次性纽扣锂电池 CR2016	311. 160 千个	中国	塑胶托牌	

具体退货情况如下：

原出口报关单	产品名称	规格型号	原出口数量（千个）	退货数量（千个）
222920120792756642	一次性纽扣锂电池	CR2032	499. 500	383. 577
222920120792756642	一次性纽扣锂电池	CR2025	150. 200	150. 200
222920120792754766	一次性纽扣锂电池	CR2025	172. 000	172. 000
222920120793178235	一次性纽扣锂电池	CR2025	62. 408	62. 408
222920120793463561	一次性纽扣锂电池	CR2025	183. 040	183. 040
222920120793464883	一次性纽扣锂电池	CR2025	20. 000	4. 456
222920120792756642	一次性纽扣锂电池	CR2016	41. 700	41. 700
222920120792754766	一次性纽扣锂电池	CR2016	128. 000	128. 000
222920120793178235	一次性纽扣锂电池	CR2016	43. 200	43. 200
222920120793463561	一次性纽扣锂电池	CR2016	133. 640	98. 260

以上电池重新包装后，仍将运回香港。

特此声明！

致

礼！

上海比伯电池有限公司

2012/12/10

单证 13－5

GOLD STAR LINE LTD

BILL OF LADING FOR PORT TO PORT OR COMBINED TRANSPORT

1. Shipper Insert Name, Address and Phone
SYLAV INDUSTRIES LIMITED
SHEN ZHEN ,CHINA

BOOKING NO.
GOSUHKG1313527/1

B/L No.
GOSUHKG1313527

EXPORT REFERENCES

NOT NEGOTIABLE

2. Consignee Insert Name, Address and Phone
SHANGHAI BIBO BATTERIES Co.,LTD.
TEL:
FAX:

FORWARDING AGENT EMC.NO

POINT AND COUNTRY OF ORIGIN FOR MERCHANTS REFERENCE INLY

REMARKS/EXPCRT OR OTHER INSTRUCTIONS

3. Notify Party Insert Name, Address and Phone
(It is agreed that no responsibility shall attach to the Carrier or his agents for failure to notify)

SHIPPED ON BOARD 09/12/2012
FREIGHT PREPAID
YUCL14696
FREIGHT PAYABLE AT CNSHH,B/L ISSUE CNSHH

4. Combined Transport * Pre-carriage by	5. Combined Transport* Place of Receipt
6. Ocean Vessel Voy. No. KUO FU 18/N	7. Port of Loading HONG KONG
8. Port of Discharge SHANGHAI(SH)	9. Combined Transport * Place of Delivery

Marks & Nos. Container / Seal No.	No. of Containers or Packages	Description of Goods (If Dangerous Goods, See Clause 20)	Gross Weight Kgs	Measurement
CONT:ZIMU1101015 1CNT SEAL:LLLG532198/DV20 (CY/CY) N/M		21PALLETS PRIMARY LITHIUM CELL HS CODE:85065000 SHIPPER'S LOAD STOWAGE & COUNT CONT TARE WEIGHT :2260 1CONT TOT TARE :2260 CARGO W:	KGS 5255.000 5255.000	M3 23.000 23.000

Description of Contents for Shipper's Use Only (Not part of This B/L Contract)

10. Total Number of containers and/or packages (in words)
Subject to Clause 7 Limitation

11. Freight & Charges	Revenue Tons	Rate	Per	Prepaid	Collect
Declared Value Charge					

Ex. Rate:	Prepaid at	Payable at SHENZHEN (GD)	Place and date of issue
	Total Prepaid	No. of Original B(s)/L THREE	Signed for the Carrier, SHENZHEN (GD) ON 09/12/2012

LADEN ON BOARD THE VESSEL
DATE BY

单证 13 -6

上海运星国际船务代理有限公司
Shanghai SINO-STAR International Shipping Agency Shenzhen Branch

提货单
DELIVERY ORDERY

NO. 0080971

港区场站号：　　　　　　　　　　　　　　　　船档号

船名 KUO FU 金星国富	航次 18N	起运港 HONG KONG	目的港 SHANGHAI		船舶预计到港时间 预抵
提单号 GOSUHKG1313527	交付条款 CY/CY		到付海运费		
卸货地点	预/到达日期 2011 - 02 - 20		进库场日期		第一程运输 2012 - 12 - 15
标记与集装箱	货名	集装箱数	件数	重量（KGS）	体积（m^3）
N/M ZIMU1101015/ LLLG532198	PRIMARY LITHIUM CELL HSCODE：85065000	21PALLETS 20＊1		5255.000	23.000
船舶实靠日期请查询 Tel：33665954					

船代公司重要提示：	收货人章	海关章
（1）本提单中有关船、货内容按照提单的相关显示填制； （2）请当场核查本提货单内容错误之处，否则本公司不承担由此产生的责任和损失；（ERROR AND OMISSION EXCEPTED） （3）本提货单仅为向承运人或承运人委托的雇佣人或承运人保管货物订立合同的人提货的凭证，不得买卖转让； （4）在本提货单下，承运人代理及雇佣人的任何行为，均应被视为代表承运人的行为，均应享受承运人享有的免责、责任限制和其他任何理由； （5）本提货单所列的船舶预计到时，不作为申报进境和计算滞报金 （6）本提货单中的中文译文仅供参考 上海运星国际船务代理有限公司 年　月　日		
注意事项： 1. 本提货单需盖章有船代放货章和海关放行章后方始有效 2. 货物超过港存期，码头公司可以按（上海港口货物疏远管理条例）的有关规定处理。在规定期间提取货物。	检验检疫章	

单证 13－7

退运协议

甲方（购货方）：香港时辉宝业有限公司　　　　　乙方（供货方）：上海比伯电池有限公司

第一条货物描述

货物名称：一次性扣式锂电池（PRIMARY LITHIUM CELL）

规格型号	单位	数量	单价	金额
CR2032(3.0V/220mah)	千个	383,577	128.05	49117.03
CR2025(3.0V/160mah)	千个	572,104	119.31	68257.73
CR2016(3.0V/90mah)	千个	311,160	139.37	43366.37

金额合计:壹拾陆萬零柒佰肆拾壹元壹角三分美元

具体退货情况如下：

原出口报关单号	产品名称	规格型号	原出口数量(千个)	退货数量(千个)
222920120792756642	一次性扣式锂电池	CR2032	449.500	383.577
222920120792756642	一次性扣式锂电池	CR2025	150.200	150.200
222920120792754766	一次性扣式锂电池	CR2025	172.000	172.000
222920120793178235	一次性扣式锂电池	CR2025	62.408	62.408
222920120793463561	一次性扣式锂电池	CR2025	183.040	183.040
222920120793464883	一次性扣式锂电池	CR2025	20.000	4.456
222920120792756642	一次性扣式锂电池	CR2016	41.700	41.700
222920120792754766	一次性扣式锂电池	CR2016	128.000	128.000
222920120793178235	一次性扣式锂电池	CR2016	43.200	43.200
222920120793463561	一次性扣式锂电池	CR2016	133.640	98.260

第二条退货原因

甲方因市场变化，原合同规定的工业包装产品不能满足市场需要，需改成商业包装。

第三条双方责任

（一）甲方责任：按约定退运货物

（二）乙方责任：严格按甲方要求重新更换包装。

如有未尽事宜，由双方另行商定。

第四条协议生效、终止与结束

（一）本协议需经双方签字认可后有效，生效日期以甲乙双方中最后一方签字或盖章的日期为准；

（单证 13-7　续）

（二）以甲方重新收到符合包装要求的货物之日起，结束本协议关系。

第五条纠纷解决方式

因执行本协定发生的或与本协定有关的一切争议，甲乙双方应通过友好协商解决，如双方协商仍不能达成一致意见时，则提交仲裁机构。

第六条双方单位所提供的退货协议和附送资料内容真实、完整、准确，并对此承担相应法律责任。

甲方签字：　　　　　　　　乙方签字：

（公章）2012 年 12 月 03 日　　　　（公章）　2012 年 12 月 03 日

单证 13－8

收汇核销联

中华人民共和国海关出口货物报关单

预录入编号:846007712　　　　海关编号:222920120793463561

出口口岸 外港海关 2225		备案号 C22102250496	出口日期 2012－10－02	申报日期 2012－09－29
经营单位 上海比伯电池有限公司 3122220197		运输方式 水路运输	运输工具名称 AKARI/1207S	提运单号 SNL2SHHL4016049
发货单位 上海比伯电池有限公司 3122220197		贸易方式 进料对口 0615	征免性质 进料加工(503)	结汇方式 电汇
许可证号	运抵国(地区) 香港(110)	指运港 香港(110)	境内货源地 上海浦东新区(31222)	
批准文号	成交方式 FOB	运费	保费	杂费
合同协议号 BBJ1201C	件数 12	包装种类 托盘	毛重(千克) 3131	净重(千克) 1649
集装箱号 2	随附单证 B			生产厂家

标记唛码及备注
随附单证号:310200212072696000
集装箱号:CLHU4781541 ESCU4677468

项号	商品编号	商品名称、规格型号	数量及单位	最终目的国(地区)	单价	总价	币制	征免
1 (6)	85065000	一次性纽扣锂电池 CR2032	305800.000 个 0.000 305.800 千个	香港 (110)	128.0500	39157.69	USD 美元	全免
2 (7)	85065000	一次性纽扣锂电池 CR2025	183040.000 个 0.000 183.040 千个	香港 (110)	119.3100	21838.50	USD 美元	全免
3 (8)	85065000	一次性纽扣锂电池 CR2016	133640.000 个 0.000 133.640 千个	香港 (110)	139.3700	18625.41	USD 美元	全免

税费征收情况

录入员　录入单位	兹声明以上申报无讹并承担法律责任	海关审单批注及放行日期(签章)
报关员	申报单位(签章)	审单　　审价
单位地址	上海东岳国际货物运输代理有限公司	征税　　统计
邮编　　电话	填制日期	查验　　放行

单证 13－9 收汇核销联

中华人民共和国海关出口货物报关单

预录入编号：840101916 海关编号：222920120792754766

出口口岸 外港海关 2225	备案号 C22102250496	出口日期 2012－09－02	申报日期 2012－08－30
经营单位 上海比伯电池有限公司 3122220197	运输方式 水路运输	运输工具名称 HANSA COBURG/1211S	提运单号 HPSHAHKG2A8759
发货单位 上海比伯电池有限公司 3122220197	贸易方式 进料对口 0615	征免性质 进料加工（503）	结汇方式 电汇
许可证号	运抵国（地区） 香港（110）	指运港 香港（110）	境内货源地 上海浦东新区（31222）
批准文号	成交方式 FOB	运费	保费	杂费
合同协议号 BBJ1201C	件数 15	包装种类 托盘	毛重（千克） 3742	净重（千克） 1976
集装箱号 2	随附单证 B		生产厂家

标记唛码及备注
随附单证号：310200212072696000
集装箱号：TGHU6139285

项号	商品编号	商品名称、规格型号	数量及单位	最终目的国（地区）	单价	总价	币制	征免
1 （6）	85065000	一次性纽扣锂电池 CR2032	425000.000 个 0.000 425.000 千个	香港 （110）	128.0500	54421.25	USD 美元	全免
2 （7）	85065000	一次性纽扣锂电池 CR2025	172000.000 个 0.000 172.000 千个	香港 （110）	119.3100	20521.32	USD 美元	全免
3 （8）	85065000	一次性纽扣锂电池 CR2016	128000.000 个 0.000 128.000 千个	香港 （110）	139.3700	17839.36	USD 美元	全免

税费征收情况

录入员 录入单位	兹声明以上申报无讹并承担法律责任	海关审单批注及放行日期（签章）
报关员	申报单位（签章）	审单 审价
单位地址	上海东岳国际货物运输代理有限公司	征税 统计
邮编 电话	填制日期	查验 放行

单证 13－10 收汇核销联

中华人民共和国海关出口货物报关单

预录入编号：847561498 海关编号：222920120793464883

出口口岸 外港海关 2225	备案号 C22102250496	出口日期 2012－10－14	申报日期 2012－10－13

经营单位 上海比伯电池有限公司 3122220197	运输方式 水路运输	运输工具名称 SARA BHUM/1209S	提运单号 SNL2SHHL4010143

发货单位 上海比伯电池有限公司 3122220197	贸易方式 进料对口 0615	征免性质 进料加工（503）	结汇方式 电汇

许可证号	运抵国（地区） 香港（110）	指运港 香港（110 ）	境内货源地 上海浦东新区（31222）

批准文号	成交方式 FOB	运费	保费	杂费

合同协议号	件数 2	包装种类 托盘	毛重（千克） 351	净重（千克） 176

集装箱号 2	随附单证 B	生产厂家

标记唛码及备注
随附单证号：310200212076153000
集装箱号：TCLU4304761

项号	商品编号	商品名称、规格型号	数量及单位	最终目的国（地区）	单价	总价	币制	征免
1 （6）	85065000	一次性纽扣锂电池 CR2032	26000.000 个 0.000 26.000 千个	香港 （110）	128.0500	3329.30	USD 美元	全免
2 （7）	85065000	一次性纽扣锂电池 CR2025	20000.000 个 0.000 20.000 千个	香港 （110）	119.3100	21838.50	USD 美元	全免
3 （8）	85065000	一次性纽扣锂电池 CR2016	26000.000 个 0.000 26.000 千个	香港 （110）	139.3700	3623.62	USD 美元	全免

税费征收情况

录入员 录入单位	兹声明以上申报无讹并承担法律责任	海关审单批注及放行日期（签章）
报关员	申报单位（签章）	审单 审价
单位地址	上海东岳国际货物运输代理有限公司	征税 统计
邮编 电话	填制日期	查验 放行

单证 13-11

收汇核销联

中华人民共和国海关出口货物报关单

预录入编号：838832577　　　　海关编号：222920120792756642

出口口岸 外港海关 2225		备案号 C22102250496	出口日期 2012-08-25	申报日期 2012-08-23
经营单位　上海比伯电池有限公司 3122220197　(310115607265697)		运输方式 水路运输	运输工具名称 KING BRIAN/1205S	提运单号 HPSHAHKG2A8505
发货单位　上海比伯电池有限公司 3122220197(310115607265697)		贸易方式 进料对口 0615	征免性质 进料加工 (503)	结汇方式 电汇
许可证号	运抵国(地区) 香港(110)	指运港 香港(110)	境内货源地 上海浦东新区 (31222)	
批准文号	成交方式 FOB	运费	保费	杂费
合同协议号	件数 17	包装种类 托盘	毛重(千克) 3455	净重(千克) 1855
集装箱号 2	随附单证 B			生产厂家

标记唛码及备注
随附单证号:310200212061989000
集装箱号:TCNU6401726

项号	商品编号	商品名称、规格型号	数量及单位	最终目的国(地区)	单价	总价	币制	征免
1 (6)	85065000	一次性纽扣锂电池 CR2032	449500.000 个 0.000 449.500 千个	香港 (110)	128.0500	57558.48	USD 美元	全免 用途
2 (7)	85065000	一次性纽扣锂电池 CR2025	150200.000 个 0.000 150.200 千个	香港 (110)	119.3100	17920.36	USD 美元	全免 用途
3 (8)	85065000	一次性纽扣锂电池 CR2016	41700.000 个 0.000 41.700 千个	香港 (110)	139.3700	5811.73	USD 美元	全免 用途

税费征收情况

录入员　录入单位	兹声明以上申报无讹并承担法律责任	海关审单批注及放行日期(签章)
		审单　　审价
报关员	申报单位(签章)	征税　　统计
单位地址	上海东岳国际货物运输代理有限公司	查验　　放行
邮编　　电话	填制日期	

单证 13－12　　　　　　　　　　　　　　　　　　　　　　　　收汇核销联

中华人民共和国海关出口货物报关单

预录入编号：842669445　　　　　　　　　　　　　　　　　　　海关编号:222920120793178235

出口口岸 外港海关 2225	备案号 C22102250496	出口日期 2012－09－17	申报日期 2012－09－13
经营单位 上海比伯电池有限公司 3122220197	运输方式 水路运输	运输工具名称 SICILIA/1213S	提运单号 HPSHAHKG2A9088
发货单位 上海比伯电池有限公司 3122220197	贸易方式 进料对口 0615	征免性质 进料加工（503）	结汇方式 电汇

许可证号	运抵国(地区) 香港(110)	指运港 香港(110)	境内货源地 上海浦东新区（31222）

批准文号	成交方式 FOB	运费	保费	杂费
合同协议号 BBJ1201C	件数 34	包装种类 托盘	毛重(千克) 3269	净重(千克) 1007
集装箱号 2	随附单证 B			生产厂家

标记唛码及备注
随附单证号:310200212067836000
集装箱号:DSIU4040924 HNSU2065323

项号	商品编号	商品名称、规格型号	数量及单位	最终目的国(地区)	单价	总价	币制	征免
1 (6)	85065000	一次性纽扣锂电池 CR2032	248968.000 个 0.000 248.968 千个	香港 (110)	128.0500	31880.35	USD 美元	全免 用途
2 (7)	85065000	一次性纽扣锂电池 CR2025	62408.000 个 0.000 62.408 千个	香港 (110)	119.3100	7445.90	USD 美元	全免 用途
3 (8)	85065000	一次性纽扣锂电池 CR2016	43200.000 个 0.000 43.200 千个	香港 (110)	139.3700	6020.78	USD 美元	全免 用途

税费征收情况

录入员　录入单位	兹声明以上申报无讹并承担法律责任	海关审单批注及放行日期(签章)
报关员	申报单位(签章)	审单　　审价
单位地址	上海东岳国际货物运输代理有限公司	征税　　统计
邮编　　电话	填制日期	查验　　放行

单证 13－13

时辉实业有限公司
SYLVA INDUSTRIES LIMITED

装箱单
PACKING LIST

接货商号：上海比伯电池有限公司
CUSTOMER：SHANGHAI BIBO BATTERIES CO.，LTD.
地址：
Address：
合同名称：BBJ1201C 合同进口清单
CONTRACT NO.
装箱日期：12－12－07　　　　装箱单编号/PACKING LIST NO.：SHINV5067

序号 NO.	物料名称 DESCRIPTION	小计数量 QUANTITY	数量 QUANTITY	纸箱数 PCS QUANTITY	卡板号 PACKING	单位 UNIT
6	一次性扣式锂电池 CR2032	383.577	0.105	1	DFSH12120101－01	千只/KP
			100.000	50	DFSH12120101－15	
			100.000	50	DFSH12120101－16	
			30.000	30	DFSH12120101－17	
			47.750	48	DFSH12120101－19	
			100.000	50	DFSH12120101－20	
			5.722	2	DFSH12120101－21	
7	一次性扣式锂电池 CR2025	572.104	33.794	22	DFSH12120101－01	千只/KP
			72.000	72	DFSH12120101－02	
			47.000	47	DFSH12120101－03	
			81.975	82	DFSH12120101－04	
			49.805	50	DFSH12120101－05	
			50.000	25	DFSH12120101－06	
			25.300	26	DFSH12120101－08	
			28.000	30	DFSH12120101－09	
			96.000	96	DFSH12120101－12	
			87.656	88	DFSH12120101－13	
			0.574	5	DFSH12120101－21	

（单证 13－13　续）

序号 NO.	物料名称 DESCRIPTION	小计数量 QUANTITY	数量 QUANTITY	纸箱数 PCS QUANTITY	卡板号 PACKING	单位 UNIT
8	一次性扣式锂电池 CR2016	311.160	8.000	4	DFSH12120101－01	千只/KP
			50.000	25	DFSH12120101－07	
			99.465	50	DFSH12120101－10	
			44.000	22	DFSH12120101－11	
			70.200	71	DFSH12120101－14	
			25.000	25	DFSH12120101－18	
			14.495	8	DFSH12120101－21	

件数/QUANTITY：21 只托盘（16 只再木托＋5 只塑料胶托盘）/PALLETS

净重/NET WEIGHT：3245 千克/KG

毛重/GROSS WEIGHT ：5255 千克/KG

发货单位盖章：

项目十四　进料加工成品退运维修

一、业务背景

佳比科技（上海）有限公司加工出口心电图记录仪用功能板一批。后因客户要求，需要对部分产品进行维修后再运回给客户。

商品信息：

【商品一】

申报要素项目	要素说明
用途	便携式心电图记录仪
原理	*①
品牌	PCB
型号	2029516 - 001
其他	无

【商品二】

申报要素项目	要素说明
用途	便携式心电图记录仪
原理	*
品牌	PCB
型号	801212 - 007
其他	无

二、随附单证

本项目的随附单证见单证 14 - 1 至单证 14 - 5。

① 因从随附单据中无法获知“原理”这一申报要素的信息，故此处用“*”号替代，实际申报时应向委托企业索取相应要素信息，并据实填报。下同。

单证 14 – 1

PACKING LIST

JABIL

Invoice Number
SR#1012641 1012642
Invoice Date
2013-03-26

Bill To
Wipro GE Healthcare Pvt Ltd

Ship To
Wipro GE Healthcare Pvt Ltd

Item Delivery	Material No Customer Material	Description Customer PO/Sales Order	Quantity	NW(kg)	Case No Cubage (Cubic cm)
1 819760325	801212-007	PCB MAC CPU ROHS /	1.00	2.00	819760325 58×38×40cm
2 819774584	2029516-001	PCB MAC400 CPU /	2.00	1.00	819774584 45×42×36cm
Total:			3.00	3.00 (Total Gw5.00)	

2CTN

单证 14 –2

Proforma Invoice

Jabil
CIRCUIT

SR#1012641 1012642

Jabil Circuit (Shanghai) Ltd.

600 TIAN LIN ROAD
SHANGHAI,P.R.CHINA

INVOICE NO.:
INVOICE DATE: 3/26/2013
Ship-to: Wipro GE Healthcare Pvt. Ltd
Address: Plot NO. 4, Kadugodi Industry Area
Bangalore, India 560067

P.O.	Part Number	Description	Qty	Unit Price	TOTAL
India-20121130-1(RCC)	2029516-001	PCB MAC400 CPU	2	110.91	221.82
India-20121212-1	801212-007	PCB MAC CPU ROHS	1	241.09	241.09

Total value:(USD): 462.91

Only for Customer clearance

单证 14－3

佳比科技（上海）有限公司
Jabil Circuit（Shanghai）Ltd. **JABIL**

进料成品退换申请

上海海关：

日前，我公司收到来自 GE 公司退回一批成品，进口报关单为 148622908 等。我公司收货后先行退换总数为 3 个心电图记录仪用功能板。

由此给海关工作带来的极大不便，深表歉意。关于此次退换，希望能得到海关方面的大力支持，不胜感激。

佳比科技（上海）有限公司
2013．3．26

单证 14－4

空港出口货物验放联系单

总运单	160	0231905	2	分运单	流水编号 1303460026316

境内发货人
公司 SH
地址
地方/城市
国家编号
州/省
邮区
电话
传真
联络人

境外发货人
公司 SH
地址
地方/城市
国家编号
州/省
邮区
电话
传真
联络人

预配出口航班号	CX051	承运航空公司名称	埃塞俄比亚航空公司
预配出口日期	2013－3－28	航班第一目的港	CGO
航班启运港	PVG	航班第二目的港	HKG
货物目的港	BLR	航班第三目的港	

件数	重量	货物名称
2	4	CONSOL

兹声明以上申报无讹，并承担法律责任。

上海展濠国际货运代理有限公司

海关签章

单证 14 －5

退运协议

合同编号（NO. 21 －2009）

卖方：Jabil Circult（Shanghai）Ltd.　　　　买方：Wipro GE Healthcare Pvt Ltd

电话：　　　　　　　　　　　　　　　　　电话：

经买卖双方协商一致，同意将下列货物退运。

型号	单位	数量	单价	总价(USD)
2029516 －001	个	2	110.91	221.82
801212 －007	个	1	241.09	241.09
合计:				462.910

2. 付款方式:

3. 运输方式:空运

4. 包装种类:由买方指定

5. 到货口岸:由买方指定

卖方：Jabil Circult（Shanghai）Ltd.　　　　买方：Wipro GE Healtheare Pvt Ltd

日期：2012 年 7 月 5 日　　　　　　　　　日期：2012 年 7 月 5 日

项目十五　进料加工料件进口

一、业务背景

米尔（苏州）羊毛工业有限公司（3225940855）在 C23263450016 手册项下进口未梳剪羊毛一批，用于加工出口成品。

商品信息：

申报要素项目	要素说明
加工程度（含脂、脱脂、碳化等）	含脂、未梳剪
剪羊毛细度（微米数）	22 ~ 28mic
剪羊毛长度	1. 25″ ~ 3″
剪羊毛草杂含量	0% ~3%
其他	无

二、随附单证

本项目的随附单证见单证 15 – 1 至单证 15 – 10。

单证 15 –1

NEW ZEALAND MINISTRY FOR PRIMARY INDUSTRIES

Certificate Number NZL2013/WL2/136

Certificate for Wool and Wool Products Exported from New Zealand

Name and address of consignor: WL2 J S Brooksbank & Co Australasia Limited 125 Featherston Street WELLINGTON New Zealand	**Exporting Country** New Zealand Competent Authority Ministry for Primary Industries	
Name and address of consignee: TO ORDER China	Place and Country of Destination: SHANGHAI,CHINA	Means of Transport Maritime, KOTA JAYA,V232
	Port of Loading: Napier [HKB]	Port of Discharge: Shanghai [31]

Item	Number and kind of packages	Description of product	New Weight
1	118 Bales NEW ZEALAND GREASY WOOL		20,040kg
	118 Package in Total	Total Weight:	20,040kg

Species: (1)OVINE	Identification Marks: (1)PK103 SERIAL NO.1--UP	Container (& Seal) Numbers: (1)PCIU1182316
Processing Premises: (1) NZI		
Unofficial Commercial Information: SEAL:M0834577 CLEAN WEIGHT:15922KG		

Health Attestation:

I certify that the products:

A. Were processed in establishments operating in accordance with New Zealand Law;

B. Were derived from animals of New Zealand origin;

C. Were derived from regions/animals which considered free of diseases of concern to the OIE, relevant to trade in these products.

Done at
WELLINGTON, New Zealand

Signature of official veterinarian, New Zealand Government

On
4-Mar-2013

DF WATSON,BVSC
Name, title and qualifications

单证 15－2

J S BROOKBANK AND CO AUSTRALASIA LIMITED
WELLINGTON NEW ZEALAND

COMMERCIAL INVOICE FOR NEW ZEALAND GREASY WOOL

G.S.T.NO: 10-150-035

ORDER NO PK103　　INVOICE NO : BR392
DATE　: 26/02/2013

INVOICE TO

MILL (SUZHOU)WOOL CO. , LTD.
LINHU AVENUE & SHUANGZHU ROAD
FOHO ECONOMIC
DEVELOPMENT ZONE WUJIANG
CITY, SUZHOU.PRC. 215214
TEL:
FAX:

COUNTERMARK
PK103
SERIAL NO. 1-UP

CUETOMER REF : MCKAY AKLUSHA1300175
VESSEL : KOTA JAYA V232
LOAD PORT : NAPIER NEW ZEALAND
FINAL DESTINATION : SHANGHAI, CHINA
DISCHARGE PORT : SHANGHAI, CHINA

TOTAL BALES 118
TOTAL GROSS KG 20158　TOTAL TARE KG 118　TOTAL NET KG 20040

20040 NET KG@ YIELD 79.50% Sourced 16% regain yield 15922 CLEAN KG
15922 CLEAN KG @ USD 4.750　USD 75629.50
USD 75629.50

CIF SHANGHAI, CHINA
CONTRACT NO: PK103
DESCRIPTION OF GOODS:
15,922 KGS NEW ZEALAND GREASY WOOL T730 LENGTH 2INCH AVE UP 29.5 MIC MAX AVE VM 0.5PCT MAX AVE Y-Z=2.0 MAX AVE
UNIT PRICE: 475USD PER KILO ON CLEAN SCOURED YIELD 16PCT REGAIN CIF SHANGHAI, CHINA
PACKING: PACKED IN SEAWORTHY AND MOISTURE PROOF PACKS
SHIPPMENT FROM (NAPIER) NEW ZEALAND FOR TRANSPORTATION TO SHANGHAI, CHINA
TT CASH BEFORE SHIPPMENT ON RECEIPT OF FAXED COPY OF INVOICE

CERTIFIED CORRECT

J S BROOKBANK AND CO AUSTRALASIA LIMITED
PER____________

单证 15 - 3

CONTRACT

(NO): PK103
(Date): 2013-02-15

The Seller:
J S BROOKBANK AND CO AUSTRALIANS LIMITED

The Buyer:
MILL(SUZHOU) WOOL CO. , LTD

This contract is made by and between the Buyer and the seller, whereby the Buyer agrees to buy and the Sellers agrees to sell the under mentioned commodity according to the terms and conditions stipulated below:

DESCRIPTION	BALES	GROSS MASS	TARE	NET MASS	CLEAN MASS	USD SELL PRICE	AMOUNT
新西兰含脂羊毛	118	20158.00	118.00	20040.00	15922.00	4.75	75629.50
TOTAL	118	20158.00	118.00	20040.00	15922.00		75629.50

BY SEA

(1) COUNTRY OF ORIGIN: NEW ZEALAND
(2) TIME OF SHIPPMENT: 2013.03.03
(3) PORT OF SHIPPMENT: NAPIER, NEW ZEALAND
(4) PORT OF DESTINATION: SHANGHAI, CHINA
(5) PAYMENT: T/T
(6) TERMS OF SHIPPMENT: CIF SHANGHAI
(7) GUARANTEE OF QUALITY:
(8) INSPECTION AND CLAIMS subject to INCOTERMS 2000
(9) SETTLEMENT OF CLAIMS: subject to INCOTERMS 2000
(10) FORCE MAJEURE: subject to INCOTERMS 2000

This Contract is made out in two original copies, one copy to be held by each party in witness thereof.

THE SELLER:
BROOKBANK AND CO AUSTRALIAN LIMITED

The Buyer:
MILL(SUZHOU) WOOL CO. , LTD

单证 15 – 4

NEW ZEALAND WOOL TESTING AUTHORITY LIMITED

Date 08 Feb 2013

Brand: **IWTO COMBINED TEST CERTIFICATE** Test No 1-00991629.J7

PK103 Greasy Wool

SERIAL NO.1-UP Gross Mass:20158Kg

Client ref:PK103 Declared Tare:118Kg

Total Bales:118 Nett Mass:20010Kg

Yield Test Result (IWTO 31)

Wool Base(IWTO-19) (10 samples tested):66.91%

Vegetable Matter Base (IWTO-19) : 0.0%

Range 0.0% to 0.1% (Including 0.00% Hard Heads and Twigs)

Calculated Commercial Yields	%	kg
IWTO Scoured Yield at 16% Regain	79.5	15922

Fibre Fineness Airflow (IWTO-28)

Mean FIBRE Diameter (10 specimens):29.5 microns

Range 28.8 to 29.7 microns

Colour(IWTO-56)

D65/10; X:66.6 Y:70.1 Z:59.5 Y-Z:10.6

C/2(W): X:64.8 Y:66.1 Z:65.3 Y-Z:0.8

IWTO Scoured Yield 16PCT Regain 15922kg VM 0.0% Micron29.5 Y-Z(C/2)0.8

(27)For electronic verification go to http://verify.nzwta.co.nz and enter the following code: dea-yar-34D

The ORIGINAL and any OFFICIAL COPY of this Certificate with the stated test Method(s) and any directly associated regulations. By authorizing the application of the NZWTA Ltd Seal, we hereby certify that the test results are within the precision limits of the Test Method(s) declared. As far as is permissible by law. No other warranty is expressed or implied. On request, NZWTA LID will make available sampling, weighing and/or testing details to any bona fide bearer or transferee of this certificate. Photocopies and other reproductions are NOT recognized as certificates. THIS CERTIFICATE SHALL BE RENDERED VOID IF AMENDED OR ALTERED, ALL RIGHTS RESERVED.

Chief Executive Officer Authorised Signatory

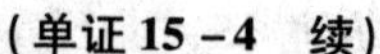

（单证 15－4 续）

NEW ZEALAND WOOL TESTING AUTHORITY LIMITED

Date 08 Feb 2013

Brand: **IWTO COMBINED TEST CERTIFICATE** Test No 1-00991629.J7

PK103 Greasy Wool

SERIAL NO.1-UP

Gross Mass:20158Kg

Client ref:PK103

Declared Tare:118Kg

Total Bales:118

Nett Mass:20010Kg

Details of Component Parts

Lab Test Number	Bales	Nett	Micron	Specs	Wool Base%	Subs	VMB	X	Y	Z	Y-Z
SGS 3-51406553-P5	23	3601	28.8	2	64.93	2	0.1	64.3	65.8	64.1	1.7
WTA 3-00987004.P9	61	10899	29.6	2	66.80	2	0.0	65.1	66.5	66.0	0.5
WTA 1-00987478.P5	14	2409	29.7	2	67.34	2	0.0	64.6	65.8	64.8	1.0
WTA 1-00987580.P8	12	1638	29.7	2	69.92	2	0.0	66.2	67.6	67.4	0.2
WTA 2-00988364.P6	8	1493	29.7	2	68.43	2	0.1	62.6	63.9	62.0	1.9

(27)For electronic verification go to http://verify.nzwta.co.nz and enter the following code: dea-yar-34D

The ORIGINAL and any OFFICIAL COPY of this Certificate with the stated test Method(s) and any directly associated regulations. By authorizing the application of the NZWTA Ltd Seal, we hereby certify that the test results are within the precision limits of the Test Method(s) declared. As far as is permissible by law. No other warranty is expressed or implied. On request, NZWTA LID will make available sampling, weighing and/or testing details to any bona fide bearer or transferee of this certificate. Photocopies and other reproductions are NOT recognized as certificates. THIS CERTIFICATE SHALL BE RENDERED VOID IF AMENDED OR ALTERED, ALL RIGHTS RESERVED.

Chief Executive Officer　　　　Authorised Signatory

单证 15 –5

125 FEATHERSTON STREET
WELLINGTON NEW ZEALAND

* BENEFICIARY PACKING LIST/WEIGHT MEMO FOR NEW ZEALAND GREASY WOOL *

Account No PK103 COUNTERMARK: PK103

SERIAL NO. 1 – UP

Invoice MILL (SUZHOU) WOOL CO. , LTD
LINHU AVENUE & SHUANGZHU ROAD FOHO ECONOMIC
DEVELOPMENT ZONE WUJIANG CITY, SUZHOU.
PRC. 215214 TEL: 86 – 512 – 63228900
FAX: 86 – 512 – 63228200

Vessel KOTA JAYA
Voyage No. V232 Reference MCKAY AKLUSHA1300175
Load port NAPIER NEW ZEALAND
To SHANGHAI, CHINA
Discharge port SHANGHAI, CHINA

Lot No	Brand	Bale No	Re no	Gross Kg	Tare Kg	Net kg
AW0146	RO5845	1	1	175. 0	1. 0	174. 0
		2	2	175. 0	1. 0	174. 0
		3	3	172. 0	1. 0	171. 0
		4	4	175. 0	1. 0	174. 0
		5	5	176. 0	1. 0	175. 0
		6	6	175. 0	1. 0	174. 0
		7	7	186. 0	1. 0	185. 0
		8	8	169. 0	1. 0	168. 0
		9	9	173. 0	1. 0	172. 0
		10	10	170. 0	1. 0	169. 0
		11	11	178. 0	1. 0	177. 0
		12	12	180. 0	1. 0	179. 0
		13	13	176. 0	1. 0	175. 0
		14	14	174. 0	1. 0	173. 0
		15	15	176. 0	1. 0	175. 0
		16	16	175. 0	1. 0	174. 0
		17	17	177. 0	1. 0	176. 0
		18	18	178. 0	1. 0	177. 0
		19	19	176. 0	1. 0	175. 0

（单证 15－5　续 1）

Lot No	Brand	Bale No	Re no	Gross Kg	Tare Kg	Net kg
		20	20	174. 0	1. 0	173. 0
		21	21	183. 0	1. 0	182. 0
		22	22	181. 0	1. 0	180. 0
		23	23	177. 0	1. 0	176. 0
		24	24	174. 0	1. 0	173. 0
		25	25	172. 0	1. 0	171. 0
		26	26	189. 0	1. 0	188. 0
		27	27	194. 0	1. 0	193. 0
		28	28	183. 0	1. 0	182. 0
		29	29	197. 0	1. 0	196. 0
		30	30	202. 0	1. 0	201. 0
		31	31	188. 0	1. 0	187. 0
		32	32	167. 0	1. 0	166. 0
		33	33	196. 0	1. 0	195. 0
		34	34	200. 0	1. 0	199. 0
		35	35	184. 0	1. 0	183. 0
		36	36	190. 0	1. 0	189. 0
		37	37	174. 0	1. 0	173. 0
		38	38	191. 0	1. 0	190. 0
		39	39	182. 0	1. 0	181. 0
		40	40	197. 0	1. 0	196. 0
		41	41	182. 0	1. 0	181. 0
		42	42	195. 0	1. 0	194. 0
		43	43	185. 0	1. 0	184. 0
		44	44	195. 0	1. 0	194. 0
		45	45	184. 0	1. 0	183. 0
		46	46	182. 0	1. 0	181. 0
		47	47	181. 0	1. 0	180. 0
		48	48	183. 0	1. 0	182. 0
		49	49	183. 0	1. 0	182. 0
		50	50	120. 0	1. 0	119. 0
		51	51	176. 0	1. 0	175. 0
		52	52	171. 0	1. 0	170. 0
		53	53	174. 0	1. 0	173. 0
		54	54	173. 0	1. 0	172. 0

（单证 15－5　续 2）

Lot No	Brand	Bale No	Re no	Gross Kg	Tare Kg	Net kg
		55	55	174.0	1.0	173.0
		56	56	169.0	1.0	168.0
		57	57	189.0	1.0	188.0
		58	58	183.0	1.0	182.0
		59	59	180.0	1.0	179.0
		60	60	177.0	1.0	176.0
		61	61	173.0	1.0	172.0
97	PUKERIMU TRUST	25	62	172.0	1.0	171.0
		26	63	173.0	1.0	172.0
		27	64	163.0	1.0	162.0
		28	65	178.0	1.0	177.0
		30	66	180.0	1.0	179.0
		31	67	180.0	1.0	179.0
		32	68	187.0	1.0	186.0
		33	69	175.0	1.0	174.0
		34	70	167.0	1.0	166.0
		36	71	172.0	1.0	171.0
		37	72	163.0	1.0	162.0
		38	73	167.0	1.0	166.0
		39	74	169.0	1.0	168.0
		41	75	177.0	1.0	176.0
135	MT/R	55	76	134.0	1.0	133.0
		56	77	140.0	1.0	139.0
		59	78	154.0	1.0	153.0
		60	79	144.0	1.0	143.0
		61	80	129.0	1.0	128.0
		62	81	136.0	1.0	135.0
		63	82	142.0	1.0	141.0
		64	83	148.0	1.0	147.0
		66	84	140.0	1.0	139.0
		67	85	131.0	1.0	130.0
		68	86	137.0	1.0	136.0
		69	87	115.0	1.0	114.0
1027	HAKAWAI	28	88	157.0	1.0	156.0

（单证 15－5　续 3）

Lot No	Brand	Bale No	Re no	Gross Kg	Tare Kg	Net kg
		29	89	148. 0	1. 0	147. 0
		30	90	143. 0	1. 0	142. 0
		31	91	158. 0	1. 0	157. 0
		32	92	156. 0	1. 0	155. 0
		35	93	157. 0	1. 0	156. 0
		36	94	177. 0	1. 0	176. 0
		37	95	172. 0	1. 0	171. 0
		39	96	172. 0	1. 0	171. 0
		40	97	162. 0	1. 0	161. 0
		41	98	183. 0	1. 0	182. 0
		43	99	160. 0	1. 0	159. 0
		44	100	157. 0	1. 0	156. 0
		45	101	136. 0	1. 0	135. 0
		46	102	162. 0	1. 0	161. 0
		47	103	158. 0	1. 0	157. 0
		53	104	150. 0	1. 0	149. 0
		54	105	154. 0	1. 0	153. 0
		55	106	149. 0	1. 0	148. 0
		56	107	149. 0	1. 0	148. 0
		57	108	159. 0	1. 0	158. 0
		58	109	151. 0	1. 0	150. 0
		60	110	154. 0	1. 0	153. 0
146	RERE	12	111	192. 0	1. 0	191. 0
		13	112	184. 0	1. 0	183. 0
		14	113	192. 0	1. 0	191. 0
		15	114	188. 0	1. 0	187. 0
		17	115	183. 0	1. 0	182. 0
		18	116	183. 0	1. 0	182. 0
		19	117	182. 0	1. 0	181. 0
		20	118	197. 0	1. 0	196. 0
Total：		118		20，158. 0	118. 0	20，040. 0

PACKING：PACKED IN SEAWORTHY AND MOISTURE PROOF PACKS

单证 15－6

报检预核销单

申请单位：米尔（苏州）羊毛工业有限公司　　　　报检单号：310700113078166

许可证内容			
许可证号	AL001310147	产品代码	02090307
产品名称	绵羊毛	品种	新西兰含脂羊毛
输出国家或地区	新西兰	产地	新西兰
进境口岸	上海海港口岸	进境日期	2013－01－18
结关地	上海海港口岸	目的地	江苏省苏州市
运输方式	江海、运输	用途	加工
运输路线	由新西兰海运至上海、再路运至米尔（苏州）羊毛工业有限公司		
有效期限	2013－01－23 至 2013－07－23		
境外生产、加工、存放单位		* * *	
进境后的隔离检疫场所		* * *	
进境后的生产、加工、使用、存放单位		米尔（苏州）羊毛工业有限公司	
核销数据			
审批数量	200 吨	上次余额	200 吨
核销序号	1	报检数量	20．04 吨
打印时间	2013 年 3 月 21 日	剩余数量	179．96 吨
检疫要求			
地区官方出具的正本检疫证书。入境时，请上海检验检疫局验证、检查、外包装消毒，并通知江苏检验检疫局；原包装运抵定点厂时，请江苏检验检疫局检疫并监管加工过程中的防疫工作。			

单证 15 – 7

上海出入境检验检疫局：

米尔（苏州）羊毛工业有限公司进口的下述含脂羊毛已向我局报检，申请品质检验，请贵局予以放行。

数/重量：118 布袋/20040 千克

合同号：PK103

吴江检验检疫局检务科（盖章）

2013 年 3 月 25 日

单证 15 - 8

<table>
<tr><td colspan="2">Shipper
J S BROOKBANK AND CO AUSTRALASIA LIMITED
WELLINGTON
NEW ZEALAND</td><td colspan="3" rowspan="3">Booking Ref:
AKLUSHA1300175
B/L No:
NPESHA130000074
PACIFIC INTERNATIONAL LINES(PTE) LTD
(Incorporated In Singapore)
CO.REG.NO.196700080N
PORT-TO-PORT OF COMBINED TRANSPORT BILL OF LADING
Received in external apparent good order and condition except as otherwise noted. The total number of packages or unites stuffed in the container, The description of the goods and the weights shown in this Bill of Lading are furnished by the Merchants, and which the carrier has no reasonable means of checking and is not a part of this Bill of Lading contract. The carrier has issued the number of Bills of Lading stated below, all of this tenor and date, One of the original Bills of Lading must be surrendered and endorsed or signed against the delivery of the shipment and whereupon any other original Bills of Lading shall be void. The Merchants agree to be bound by the terms and conditions of this Bill of Lading as if each had personally signed this Bill of Lading.</td></tr>
<tr><td colspan="2">Consignee
TO ORDER MICHELL(SUZHOU) WOOL CO. , LTD</td></tr>
<tr><td colspan="2">Notify Party
TO ORDER MILL(SUZHOU) WOOL CO. , LTD</td></tr>
<tr><td colspan="2">Vessel and Voyage Number
OTA JAYA V223</td><td colspan="2">Port of Loading
NAPIER
NEW ZEALAND</td><td>Port of Discharge
SHANGHAI
CHINA</td></tr>
<tr><td colspan="2">Place of Receipt
NAPIER NEW ZEALAND CY</td><td colspan="2">Place of Delivery
SHANGHAI CHINA CY</td><td>Number of Original Bs/L THREE(3)</td></tr>
<tr><td colspan="5">PARTICULARS AS DECLARED BY SHIPPER- BUT WITHOUT REPRESENTATION AND NOT ACKNOWLEDGED BY CARRIER</td></tr>
<tr><td>Container Nos./ Seal Nos.
Marks/Numbers</td><td colspan="2">No.of Containers/Packages/
Description of Goods</td><td>Gross Weight
(Kilos.)</td><td>Measurements
(cu-metres)</td></tr>
<tr><td>PGIU1102316 (CY/CY)
EAL: M0834577
K103
ERIAL NO. 1-UP</td><td colspan="2">1×20GP CONTAINER SAID TO CONTAIN
NET 20,040.00
118 BALES NEW ZEALAND GREASY WOOL
CONSIGNEE & NOTIFY PARTY
DETAILS CONTINUED
FAX: 86-512-63228200
FCL/FCL
FREIGHT PREPAID
SHIPPED ON BOARD
SHIPPER'S LOAD & COUNT</td><td>GROSS
20,158.00</td><td></td></tr>
<tr><td colspan="3" rowspan="4"></td><td colspan="2">Total number of containers or packages received by the Carrier(In words)
ONE TWENTY FOOTER CONTAINER ONLY</td></tr>
<tr><td colspan="2">Shipped on Board Date:
03-MAR-2013</td></tr>
<tr><td colspan="2">Place and Date Issue:
NAPIER 03-MAR-2013</td></tr>
<tr><td colspan="2">In witness Whereof the number of Original Bills of Lading stated above, all of the game leno and date ,one of which being</td></tr>
</table>

单证 15－9

<table>
<tr><td colspan="3">1. Exporter's name , address, country:

J S BROOKBANK AND CO AUSTRALASIA LIMITED
WELLINGTON,NEW ZEALAND</td><td colspan="4" rowspan="2">Certificate No: 22.2013.01459

CERTIFICATE OF ORIGIN
Form for the Free Trade Agreement between the Government of the People's Republic of China and the Government of New Zealand

Issued in NEW ZEALAND
(see Instruction overleaf)</td></tr>
<tr><td colspan="3">2. Producer's name and address, country

AVAILABLE TO THE AUTHORIZED BODY UPON REQUEST</td></tr>
<tr><td colspan="3">3. Consignee's name, address, country

MILL(SUZHOU) WOOL CO. , LTD.</td><td colspan="4">5.For Official Use
□Preferential Tariff Treatment Given Under ____________
□ Preferential Treatment Not Given (Please state reason/s)

Signature of Authorized Signatory of the Importing Party</td></tr>
<tr><td colspan="3">4.Means of transport and route（as far as known）
Departure Date 01/02/2013

Vessel's/Flight/Train/Vehicle No CAP MONDEGO V310N
Port of Loading Napier
Port of Discharge SHANGHAI</td><td colspan="4">6. Remarks
COUNTRY OF ORIGIN : NEW ZEALAND
APPLICANT'S TEL: 86-512-63228900-641 ATTN: JENNIFER, WANG</td></tr>
<tr><td>7.Item number
(Max 20)</td><td>8.marks and number of packages</td><td>9.Number and kind of packages, description of goods</td><td>10.HS code
(Six digit code)</td><td>11.Origin criterion</td><td>12. Gross weight, quantity (quantity unit) or other Measures (litres, etc)</td><td>13.Number, date of invoice and invoiced value</td></tr>
<tr><td>1</td><td>PK103
SERIAL NO.1-UP</td><td>118 BALES NEW ZEALAND GREASY WOOL</td><td>510111</td><td>WO</td><td>20,158.000
KGM</td><td>BR392
26/02/2013
USD 75,629.50</td></tr>
<tr><td colspan="3">11.Declaration by the exporter
The undersigned hereby declares that the above details and statements are correct, that all the goods were
Produced in

(country)
and that they comply with the origin requirements specified for these products in the Rules of Origin for the ACFTA for the products exported to

(importing country)
Place and date ,signature of authorized signatory</td><td colspan="4">15.Certification
On the basis of control carried out, it is hereby certified that the information herein is correct and that the goods described comply with the origin requirements specified in the Free Trade Agreement between the Government of the People's Republic of China and the Government of New Zealand

Place and date ,signature of authorized signatory</td></tr>
</table>

单证 15－10

上海联合国际船舶代理有限公司
SHANGHAI UNITED INTERNATICNAL OCEAN SHIPPING AGENCY CO.，LTD

进口集装箱货物提货单

RQP－75－03－A编号：10557718

VRWM2　　　　港区场站

<table>
<tr><td colspan="3">收货人名称
TO ORDER MICIIELL（SUZHOU）WOOL CO.，LTD</td><td colspan="2">收货人开户
银行与账号</td></tr>
<tr><td>船名
KOTA JAYA 宏城</td><td>航次
233</td><td>起运港
WAPIER</td><td>目的港
SHANGHAI</td><td>船舶预计到港时间
2013－03－28</td></tr>
<tr><td>提单号
NPESHA130000074</td><td>交付条款
CY/CY</td><td>卸货地点
外高桥四期</td><td>进库场日期</td><td>第一程运输</td></tr>
<tr><td>标记与集装箱号</td><td>货名</td><td>集装箱数或件数</td><td>重量（KGS）</td><td>体积（m³）</td></tr>
<tr><td>PGIU1102316
MO634577</td><td>货名见附页</td><td>20′×1</td><td>118</td><td>20158</td></tr>
<tr><td colspan="3" rowspan="2">船代公司重要提示：
（1）本提货单中有关船，货内容按照提单的相关现时填制；
（2）请当场核查本提货单内容错误之处，否则本公司不承担由此产生的责任和损失；（Error And Omission Excepted）
（3）本提货单仅为向承运人或承运人委托人的雇用人或替承运人保管货物订立合同的人提货的凭证，不得买卖转让；（Non-negotiable）
（4）在本提货下，承运人代理人及雇佣的任何行为，均应视为代表承运人的行为，均应享受承运人享有的免责、责任限制和其他任何抗辩理由；（Himalaya Clause）
（5）本提货单所列的船舶预计到港时间，不作为申报进境和计算滞报金、滞箱费、疏港费等起算的依据，货主不及时换单和提货单造成的损失，责任自负；
（6）本提货单中的中文译文仅供参考。
上海联合国际船舶代理有限公司
（盖章有效）
年　月　日</td><td>收货人章
1</td><td>海关章
2</td></tr>
<tr><td>检验检疫章
3</td><td>4</td></tr>
<tr><td colspan="3">注意事项：
1. 本提货单需盖有船代放行章和海关放行章后方始有效。凡属于法定检验，检验的进口商品；必须向检验检疫机构申报。
2. 提货人到码头公司办理提货手续时，应出示单位证明或经办人身份证明。提货人若非本提货单记名收货人时，还应当出示提货单记名收货人开具的证明，以表明其为有权提货的人。
3. 货物超过港存期，码头公司可以按《上海港口货物疏运管理条例》的有关规定处理。在规定期间无人提取的货物，按《海关法》和国家有关规定处理。</td><td>5</td><td>6</td></tr>
</table>

项目十六　深加工结转[①]

一、业务背景

广东东莞东海薄膜有限公司（4419943461）从新加坡购买原料加工出口金属薄膜（非泡沫）。产品加工完成后，该公司将产品销售给重庆市工业电器设备有限公司（5008240081）加工出口电容器。

为便利货物通关，广东东莞东海薄膜有限公司拟委托广东路畅报关有限公司办理报关手续。报关企业于2012年4月2日向东莞海关申报。

进口报关单号：231520121152000507

重庆市工业电器设备有限公司加工贸易手册号：C80012450027

广东东莞东海薄膜有限公司加工贸易手册号：C52041453676

商品信息：

申报要素项目	要素说明
用途	电容用
外观	银色薄膜
是否与其他材料合制	与锌铝合制
成分	聚乙烯
规格尺寸	宽16毫米×厚6毫米
是否非泡沫	非泡沫
品牌	东洋
型号	OPP镀锌铝
其他	无

二、随附单证

本项目的随附单证见单证16－1至单证16－5。

① 本实训项目改编自2012年全国职业院校技能大赛高职组报关技能赛项省赛赛题。

单证 16 －1

COMMERCIAL INVOICE

Seller 广东东莞东海薄膜有限公司	**Invoice No. and Date** DL-SQ201201 MAR.15,2012 **L/C No. and Date**
Consignee 重庆市工业电器设备有限公司	**Buyer(if other than consignee)** SAME AS CONSIGNEE
Departure date	**Other references**
Vessel/flight **From** GUANGDONG **TO** CHONGQING	**Terms of delivery and payment** *T/T REMITTANCE

Shipping marks	**No.& kind of pkgs.**	**Goods description**	**Quantity/unit**	**Unit Price**	**Amount**
		ZN METALLIZED POLYPROPYLENE FILM Width:16mm，thickness:6mm	973.5kgs	$10.50	USD10,221.75
	TOTAL		973.5 KGS		USD10,221.75

Sign By:

广东东莞东海薄膜有限公司

单证 16－2

PACKING LIST

Seller 广东东莞东海薄膜有限公司	**Invoice No. and Date** DL-SQ201201　　MAR.15,2012
	L/C No. and Date
Consignee 重庆市工业电器设备有限公司	**Buyer(if other than consignee)** SAME AS CONSIGNEE
	Other references
Departure date	
Vessel/flight **From** GUANGDONG **TO** CHONGQING	**Terms of delivery and payment** *T/T REMITTANCE

Shipping marks	No.& kind of Pkgs.	Goods description	Quantity	Gross Weight	net weight
N/M		ZN METALLIZED POLYPROPYLENE FILM		973.5　KGS	973.5　KGS
	TOTAL			973.5 KGS	973.5 KGS

Signed by

单证 16 －3

保税货物/出口加工区货物深加工结转收发货单

收发货单海关编号：X120000338561000I　　发货企业内部编号：CL120406

电子口岸统一编号：0000000000188382X　　收获企业内部编号：BX120409

发货企业名称	广东东莞东海薄膜有限公司		收获企业名称	重庆市工业电器设备有限公司	
发货时间	收货时间	运输工具类别	运输工具编号	购销合同号或订单号	条形码/验证码
2012/3/21	2012/3/23			20120301	

实际发货情况

序号	申报表序号	项号	料号	商品编码	商品名称	规格型号	交易数量	交易单位	申报发货数量	申报单位	发货人签章	转出手册号
1	1	1		39202090.90	金属薄膜	OPP镀锌铝	4000	千克	4000	千克		C52041453676
货物状况说明												

实际收货情况

序号	申报表序号	料号	发货序号	项号	商品编码	商品名称	规格型号	交易单位	交易数量	申报单位	申报数量	收货人签章	转入手册号
1	1		1	1	39202090.90	金属薄膜	OPP镀锌铝	千克	4000	千克	4000		C80012450027
标志显示区					海关签注								
备注													

发货申报时间：2012/3/21　发货申报人：陈立　收货申报时间：2012/3/23　收货申报人：WangLi

单证 16 –4

购销合同

供货方：广东东莞东海薄膜有限公司　　　　　　合同号：20120301
GuangDong DongGuan East Sea
Metalized Film Co. , Ltd

地址：

电话：

订货方：重庆市工业电器设备有限公司　　　　　合同号：20120301
ChongQing Industry Electrical
Equipment Co. , Ltd

地址：

电话：

兹经双方同意成交下列商品订立条款如下：

货物名称	单位	数量	单价（USD）	总价（USD）
金属薄膜聚乙烯	千克	4,000.00	10.50	42,000.00
其他：PAYMENT：BY T/T				

供货方：广东东莞东海薄膜有限公司　　　　　订货方：重庆市工业电器设备有限公司

2012 年 3 月 19 日　　　　　　　　　　　　　2012 年 3 月 19 日

单证 16－5

中华人民共和国海关加工贸易保税货物深加工结转申请表

申请表编号：2015720JZ0302238

<u>东莞</u> 海关：

我<u>广东东莞东海薄膜有限公司（4419943461）</u>公司（企业）需与<u>重庆市工业电器设备有限公司（5008240081）</u>公司（企业）结转保税货物，特向你关申请，并保证遵守海关法律和有关监管规定。

结转出口货物情况	项号	商品编号	品名	规格型号	数量	单位	转出手册号
	1	39202090.90	金属薄膜	OPP 镀锌铝	4000	KG	C52041453676
	2						
	3						

说明：颜色：银色；外观：卷状；材料：聚丙烯薄膜；用途：制造电容器用。

结转进口货物情况	项号	商品编号	品名	规格型号	数量	单位	转入手册号
	1	39202090.90	金属薄膜	OPP 镀锌铝	4000	KG	C80012450027
	2						
	3						

转出企业法定代表： 电话： 报关员： 电话： 有效期： （企业盖章）： 年 月 日	转入企业法定代表 电话： 报关员： 电话： （企业盖章）：
转出地海关： （海关盖章）	转入地海关： （海关盖章） 年 月 日
海关批注	

注：1. 本表一式四联，第一、二联海关留存，第三、四联企业办理报关手续；
2. 企业须经双方海关同意后，方可进行实际收发货；
3. 结转双方的商品编号必须一致；
4. 企业必须按《申请表》内容进行实际收发货后，方可办理结转报关手续；
5. 结转进出报关单对应的商品项号顺序必须一致；
6. 每批收发货后应在 90 天内办结该批货物的报关手续。

模块三 特定减免税货物

MOKUAI–SAN TEDING JIANMIANSHUI HUOWU

模块三综述

特定减免税货物实训模块共设计了7个实训项目，即项目十七至项目二十三。本模块所有实训项目均按下列要求进行训练。

一、训练目标

通过实训项目的训练，熟悉和掌握特定减免税货物通关程序。

二、训练要求

项目内容	工作任务	相关知识
报关企业管理	1. 进行角色分工 2. 编制岗位职责	海关对报关单位、报关员的管理知识
报关随附单证及相关信息的获取	1. 获取与申报货物相关的成交、包装、运输、结算等单证 2. 获取与申报货物相关的进出境贸易管理许可证件 3. 获取申报货物的具体信息	1. 进出口成交、包装、运输、结算单证知识 2. 海关监管证件基本知识 3. 进出口商品常识 4. 出入境商品检验检疫知识
报关随附单证及相关信息的审核	1. 确认报关随附单证的有效性 2. 确认报关随附单证的对应关系 3. 判断申报货物商品价格的合理性 4. 根据报关随附单证确认申报货物的海关监管方式和征免性质	1. 进出口商品价格常识 2. 海关监管方式、征免性质知识
商品编码复核	根据商品信息和归类依据复核商品编码	1.《中华人民共和国进出口税则》 2.《进出口税则商品及品目注释》 3.《中华人民共和国进出口税则本国子目注释》 4. 海关总署发布的关于商品归类的行政裁定 5. 海关总署发布的商品归类决定
报关单填制	填制进出口货物报关单	1. 报关单填制规范 2. 进出口商品申报规范 3. 计量单位的换算知识 4. 海关通关信息化系统常用参数代码
单证保管	1. 对应存档的报关单证进行分类、整理、保管 2. 交接报关单证资料 3. 记录保存委托报关单位的基本资料	档案管理常识

项目内容	工作任务	相关知识
现场作业实施与管理	1. 进行电子数据报关单的录入、发送、查询与打印 2. 按规定使用企业报关印章和报关员证等报关用证、章办理报关手续 3. 按规定提交纸质报关单和随附单证 4. 根据海关查验货物的要求进行作业和确认海关查验记录 5. 办理出口货物海关审结后放行手续 6. 办理报关单证明联的申领签发手续	1. 进出口货物申报知识 2. 海关电子通关系统知识 3. 进出口货物海关查验知识 4. 货物装卸安全知识 5. 进出口货物海关放行知识 6. 国家出口收汇、进口付汇管理知识
报批、报核作业实施与管理	能够办理特定和临时减免税货物的减、免税申请手续	1. 进口货物减税、免税知识 2. 进出口货物海关结关知识

三、作业要求

根据实训项目中的“业务背景”及相关随附单证信息，完成下列作业任务。

任务一：通关方案设计

依据《报关服务作业规范》及委托企业要求，为委托企业设计通关方案。

任务二：现场作业

根据委托企业要求，办理减免税手续，完成申报、配合查验、缴纳税费等报关服务现场作业，以及提装货物、办理商检证书等增值服务。

四、作业说明

作业时间为90分钟，总分200分。其中，方案设计40分，准备阶段20分、实施阶段120分，后续阶段20分。

各训练组以组建的“报关企业”为单位参加训练。

报关企业在录入电子数据报关单时，请按照QP（Quick Pass）系统要求进行录入。

报关企业可使用《进出口税则对照使用手册》和《中华人民共和国海关进出口商品规范申报目录》等工具书。

作业自报关企业业务经理与委托企业签订委托协议起，至提交业务总结止。

五、通用表单

特定减免税货物实训通用表单，是指在完成本模块所有7个实训项目过程中，需要用到的格式化空白表单。下列通用表单，可在本教材附录中选取。

1. 报关企业作业进程记录单
2. 报关报检资料交接单
3. 作业流程跟踪表

4. 训练总结记录单
5. 代理报关委托书
6. 海关进出口结汇联、退税联签发申请表
7. 服务业通用发票
8. 转账支票
9. 报关单据签收单
10. 代理报检委托书
11. 进口货物报关单
12. 出口货物报关单
13. 装货单
14. 现场申报作业窗口记录单
15. 海关查检通知单
16. 海关货物查验记录单
17. 进口关税缴款书
18. 出口关税缴款书
19. 进口增值税缴款书
20. 出口增值税缴款书
21. 保证函
22. 出入境检验检疫收费收据
23. 入境货物通关单
24. 出境货物通关单
25. 送货通知
26. 提货单

项目十七　捐赠物资进口

一、业务背景

TES – AMM（SINGAPORE）PTE. LTD. 和 MOTOROLA TRADING CENTER PTE. LTD. 共同捐赠一批棉衣给四川慈善总会，用于帮助灾民过冬。棉衣数量：1030 件；价值：127.95 美元/件；总价值：131788.50 美元。这批捐赠物品将由深圳蛇口入境，然后运给四川灾民。

商品信息：

申的要素项目	要素说明
织造方法（机织等）	机织
种类（防风大衣、短大衣、斗篷等）	棉衣
类别（男式）	男式
成分含量	成人化纤（全新）
品牌	*[①]
其他	无

二、随附单证

本项目的随附单证见单证 17 –1 至单证 17 –7。

① 因从随附单据中无法获知“品牌”这一申报要素的信息，故此处用“*”号替代，实际申报时应向委托企业索取相应要素信息，并据实填报。

单证 17－1

TES-AMM（Singapore）Pte Ltd

PACKING LIST

To：中华慈善总会

Inv Ref：TES－S08－001
Yr Rer：
Page：1

Attn：

DATE	REQUISITIONER	SHIP VIA		Port of Discharge	TERM
3rd Dec 2008		Ocean－1×20		Shenzhen Port	CFR-Shenzhen port
ITEM	DESCRIPTION	VOL	QTY	Net weightkg	Gross weight Kg
1	Winter Jackets Toal：7plts（1×20′） Pallet Dimesion： （1.2×1×2.12）m×7plts Container No.： Seal no： Vessel： ETD： ETA：		1030 pcs	2,138	2.274

Goods Received in good order and condition

Ms. Annie
AUTHORIZED SIGNATURE

COMPANY'S STAMP&SIGNATURE

单证 17 – 2

TES-AMM（Singapore）Pte Ltd

PROFORMA INVOICE

To：中华慈善总会

Inv Ref：TES – S08 – 001
Yr Ref：
Page：1

Attn：

DATE	REQUISITIONER	SHIP VIA		Port of Discharge	TERM
3rd Dec 2008		Ocean – 1 × 20′		Shenzhen Port	CFR-Shenzhen port
ITEM	DESCRIPTION	VOL.	QTY	U/PRICE USD	T/PRICE USD
1	Winter Jackets		1030 pcs.	$ 127,95	$ 131,788. 50
TOTAL AMOUNT					$ 131,788. 50
FREIGHT					$
GRAND TOTAL					$ 131,788. 50

Goods Received in good order and condition

Ms. Annie
AUTHORIZED

COMPANY'S STAMP& SIGNATURE

单证 17 –3

TES-AMM（Singapore）Pte Ltd

捐赠书

敬 中国慈善总会

我公司 TES-AMM（SINGAPORE）PTE LTD 和摩托罗拉公司 Motorola Trading Center Pte Ltd 共同捐赠一批棉衣给四川慈善总会，用于帮助灾民过冬。棉衣数量：1030 件。

价值：USD127.95/件、总价值：USD131,788.50

这批捐赠物品将由深圳蛇口进关，然后运给四川灾民。

请予批准和帮助！

TES-AMM（SINGAPORE）PTE LTD

联系人：
电话：
邮件：

或者：邵×小姐
电话：+658383××××
邮件：stephanie@esun.com.sg

单证 17 –4

1. Shipper Insert Name, Address and Phone
TES-AMM(SINGAPORE)PTE LTD
TEL:
FAX:

B/L No. **GOSUSIN0034080**

2. Consignee Insert Name, Address and Phone
CHINA CHARITY FEDERATION

GOLD STAR LINE LTD.
(INCORPORATED IN HONG KONG)

BILL OF LADING

3. Notify Party Insert Name, Address and Phone
(It is agreed that no responsibility shall attach to the Carrier or his agents for failure to notify)
BEIJING E-FL YING INTERNATIONAL
TEL:
EMAIL:

RECEIVED in external apparent good order and condition except as other-Wise noted. The total number of packages or unites stuffed in the container, The description of the goods and the weights shown in this Bill of Lading are Furnished by the Merchants, and which the carrier has no reasonable means Of checking and is not a part of this Bill of Lading contract. The carrier has Issued the number of Bills of Lading stated below, all of this tenor and date, One of the original Bills of Lading must be surrendered and endorsed or sig-Ned against the delivery of the shipment and whereupon any other original Bills of Lading shall be void. The Merchants agree to be bound by the terms And conditions of this Bill of Lading as if each had personally signed this Bill of Lading.
SEE clause 4 on the back of this Bill of Lading (Terms continued on the back Hereof, please read carefully).
*Applicable Only When Document Used as a Combined Transport Bill of Lading.

4. Combined Transport * Pre-carriage by	5. Combined Transport* Place of Receipt
6. Ocean Vessel Voy. No. **ZIM AT LANTIC**	7. Port of Loading **47/E SINGAPORE**
8. Port of Discharge **SHEKOU (GD).**	9. Combined Transport * Place of Delivery

Marks & Nos. Container / Seal No.	No. of Containers or Packages	Description of Goods (If Dangerous Goods, See Clause 20)	Gross Weight Kgs	Measurement
CONT:CLHU3412493 1 CNT SEAL:394629 /DV20 (CY/CY)		**7 PALLETS 1x20' CONTAINER SAID TO CONTAIN: 7 PALLETS 1030 PCS WINTER JACKETS *TEL:(010)66083260 / 66072595 FAX:66020903 **ATTN: MS YANG FAN FREIGHT PREPAID SHIPPER'S LOAD STOWAGE & COUNT CONT TARE WEIGHT: 2250**	**KGS 2,274.000**	m^3 **17,808**
		CONT TOT TARE 2,250 CARGOW	**2,274.000**	**17.808**
		Description of Contents for Shipper's Use Only (Not part of This B/L Contract)		

10. Total Number of containers and/or packages (in words)
Subject to Clause 7 Limitation

11. Freight & Charges	Revenue Tons	Rate	Per	Prepaid	Collect
Declared Value Charge					

Ex. Rate:	Prepaid at	Payable at	Place and date of issue
	Total Prepaid	No. of Original B(s)/L	Signed for the Carrier,

LADEN ON BOARD THE VESSEL
DATE BY

单证 17－5

中华人民共和国海关
进出口货物征免税证明

编号：Z01000810704

<table>
<tr><td colspan="3">减免税申请人：中华慈善总会</td><td colspan="4">征免性质/代码：扶贫慈善/802</td><td colspan="4">审批依据：海关总署 90 号口令</td></tr>
<tr><td colspan="3">发证日期：2008 年 12 月 26 日</td><td colspan="8">有效期：　至 2009 年 06 月 24 日止</td></tr>
<tr><td colspan="3">到货口岸：深圳海关</td><td colspan="4">合同号：</td><td colspan="4">项目性质：</td></tr>
<tr><td rowspan="2">序号</td><td rowspan="2">货名</td><td rowspan="2">规格</td><td rowspan="2">税号</td><td rowspan="2">数量</td><td rowspan="2">单位</td><td rowspan="2">金额</td><td rowspan="2">币制</td><td colspan="3">主管海关审批征免意见</td></tr>
<tr><td>关税</td><td>增值税</td><td>其他</td></tr>
<tr><td>1</td><td>棉衣/成人化纤（全新）</td><td></td><td>6201190050</td><td>1030.00</td><td>件</td><td>922519.50</td><td>CNY</td><td>全免</td><td>全免</td><td></td></tr>
<tr><td>2</td><td><以下空白></td><td></td><td></td><td></td><td></td><td></td><td></td><td></td><td></td><td></td></tr>
<tr><td>3</td><td></td><td></td><td></td><td></td><td></td><td></td><td></td><td></td><td></td><td></td></tr>
<tr><td>4</td><td></td><td></td><td></td><td></td><td></td><td></td><td></td><td></td><td></td><td></td></tr>
<tr><td>5</td><td></td><td></td><td></td><td></td><td></td><td></td><td></td><td></td><td></td><td></td></tr>
<tr><td colspan="11">备注</td></tr>
</table>

<table>
<tr><td>审批海关签章：

负责人：

2008 年 12 月 26 日</td><td>核放海关批注：

负责人：

年　月　日</td><td>注意事项及权利义务提示：
1. 本证明使用一次有效。同一合同项下货物分口岸进口或分批到货的，应向审批海关申明，并按到货口岸、到货日期分别申请此证明。
2. 货物进口时应向海关交验本证明，复印件无效。
3. 本证明有效期应按照具体政策规定填写，但最长不得超过半年；如需延期，应在有效期内向原审批海关提出延期申请。
4. 规定由海关监管使用的减免税货物，在海关监管年限内，减免税申请人应按照特定用途、特定企业、特定地区使用；未经海关许可，不得擅自转让、抵押、质押、移作他用或者进行其他处置，否则，海关将依法处理。
5. 如不服本证明决定，依照《中华人民共和国行政复议法》第九条、第十二条、第十六条，《中华人民共和国海关法》第六十四条之规定，可以在本证明送达之日起六十日内向上一级海关（海关总署）申请行政复议，对复议决定仍不服的，依照《中华人民共和国行政诉讼法》第三十八条第二款之规定，可以自收到复议决定书之日起十五日内，向人民法院提起诉讼。</td></tr>
</table>

单证 17-6

中華慈善總會

CHINA CHARITY FEDERATION

接收函

新加坡 TES-AMM（SINGAPORE）PTELTD 公司：

摩托罗拉（新加坡）公司：

为支援四川受在地区，经我会研究同意接受你们捐赠的价值922519.50元人民币的棉衣1030件，并按照你们的捐款意愿尽快发放到四川地震灾区。

中华慈善总会

二零零八年十二月十日

地址：中国北京西城区二龙路甲33号新龙大厦七层　　邮编：100032

电话：（010）66083260　　传真：66020903

Tel：（010）66083260 66072595　　Fax：66020903

Add：XinlongBldg. 33A Erlong Road，Xicheng

单证 17－7

上海运星国际船务代理有限公司深圳分公司
Shanghai SINO-STAR International Shipping Agency Shenzhen Branch

提货单

致：__________ 港区、场、站　　DELIVERY ORDERY

收货人/通知人：TO ORDER/中华慈善总会

<table>
<tr><td>船名 ZIM ATLANTIC
以星大西洋</td><td>航次
47E</td><td>起运港
SINGAPORE</td><td>目的港</td><td colspan="2">船舶预计到港时间</td></tr>
<tr><td>提单号
GOSUSINOOS4080</td><td colspan="2">交付条款</td><td colspan="3">到付海运费</td></tr>
<tr><td>卸货地点
SCT</td><td>预/到达日期
2008－12－31</td><td>进库场日期</td><td colspan="3">第一程运输</td></tr>
<tr><td>标记与集装箱</td><td>货名</td><td>集装箱数</td><td>件数</td><td>重量(KGS)</td><td>体积(m^3)</td></tr>
<tr><td>CLHU3412493 20DV</td><td>冬装棉衣</td><td></td><td>7 托盘</td><td>G. W. 2,274. 000
N. W. 2,138. 000</td><td>17. 8080</td></tr>
<tr><td colspan="6">TOTAL：ONE（1×20′）CONTAINER ONLY</td></tr>
<tr><td colspan="6">请核对并将货物放给下列收货人
凡属法定检验，检疫的进口商品，必须向有关监督机构申报。
上海运星国际船务代理有限公司深圳分公司</td></tr>
<tr><td colspan="2">收货人全称------------
电话、传真------------
地址--------------------
签章</td><td colspan="2"></td><td colspan="2"></td></tr>
<tr><td>3.</td><td>4.</td><td>5.</td><td colspan="3">6.</td></tr>
</table>

项目十八　外资企业进口设备

一、业务背景

苏州博迈通讯科技有限公司（3205241642）系外商投资企业。现拟在投资总额内进口企业自用设备一批。

商品信息：

申报要素项目	要素说明
用途	加工铝铸件等
功能（如金属钻、镗、铣等）	面铣 、开槽、沉孔、圆弧插补和刚性攻丝
可加装刀库注明刀库容量及选配件	否
是否可自动换刀	是
品牌	MAKINO
型号	PS85
其他	无

二、随附单证

本项目的随附单证见单证 18－1 至单证 18－8。

单证 18 – 1

YAMAZEN（SINGAPORE）PTE LTD

Company Registration No. 199006086H

GST Registration No. M2 – 0097224 – 4

＊SALES CONTRACT NOTE＊

TO Messrs：Rei Promax Technologies Pte Ltd

Attention：Mr. Wee Teck Wee

Sales Contract No.：SCN – 008/21R – 1　　Date：24th Aug 2011

DESCRIPTIONS	QUANTITY	UNIT PRICE	AMOUNT
			C. I. F. SHANGHAI PORT IN SINGAPORE DOLLARS PORT CLEARANCE AND IN-LAND TRANSPORTATION BY CUSTOMER
"MAKINO" BRAND Vertical Machining Center Complete With Standard and Optional Accessories Model：PS65 Fitted with Professional P Controller	1 Unit	S $	185,000.00
5 Units Special Package Discount		▲S $	40,000.00
Further Discount extend to your company for this order only		▲S $	2,000.00
Total	1 Unit	S $ 143,000.00	
Grand	5 Units	S $ 715,000.00	

＊ TRANSFORMER NOT REQUIRED

＊ NON-METI MACHINE

单证 18 –2

YAMAZEN（SINGAPORE）PTE LTD

Company Registration No. 199006086H

GST Registration No. M2 – 0097224 – 4

To Messrs：Rei Promax Technologies Pte Ltd

Sales Contract No ：SCN – 008/21R – 1　　　　Date：24th Aug 2011

STANDARD ACCESSORIES

1. SV – 1300 – 00505　Machine Configuration：Non-CE
2. SV – 1300 – 01016　Spindle 50 ~ 12,000rpm
3. SV – 1300 – 04003　Tool shank JIS B6339040T
4. SV – 1300 – 14001　ATC30
5. SV – 1300 – 16000　Standard machine color
6. SV – 1300 – 29000　Nozzle coolant
7. SV – 1300 – 29001　Coolant tank
8. SV – 1300 – 29002　Coolant flush for Y-axis rear cover
9. SV – 1300 – 29003　Automatic air blow
10. SV – 1300 – 29013 Coolant level sensor at coolant tank
11. SV – 1300 – 29036 Centralised manual grease
12. SV – 1300 – 31000 Fully enclosed splash guard
13. SV – 1300 – 31001 Splash guard door interlock
14. SV – 1300 – 31011 ATC shutter
15. SV – 1300 – 31012 MTC cabinet door interlock
16. SV – 1300 – 35009 Splash guard fluorescent light
17. SV – 1300 – 35012 Signal light – 3 layer
18. SV – 1300 – 35018 Fixed MPG
19. SV – 1300 – 47050 User documentation-English
20. SV – 1300 – 47058 Fanuc manual set（CD）, English/ Japanese
21. SV – 1300 – 48051 Packing – vacuum
22. SV – 1300 – 51004 50Hz
23. SV – 1300 – 54008 Makino Professional P Control
24. SV – 1300 – 58002 Inch/ metric conversion
25. SV – 1300 – 59005 Helical interpolation
26. SV – 1300 – 61004 Part program storage memory – 1280m
27. SV – 1300 – 61009 Number of registerable program – 400
28. SV – 1300 – 61011 Background editing
29. SV – 1300 – 61012 Extended part program editing
30. SV – 1300 – 63000 Data input/output interface-Channel 1（RS – 232C）
31. SV – 1300 – 65001 Tool length compensation
32. SV – 1300 – 65004 Tool offset pairs – 400

（单证 18－2　续）

33. SV－1300－65008 Tool offset memory C（Geometry/wear，cutter/tool length）
34. SV－1300－65011 Cutter compensation C
35. SV－1300－66008 Addition of workpiece coordinate system－48 pairs
36. SV－1300－67000 Addition block skip－9 blocks
37. SV－1300－67003 Run－hour and part count display
38. SV－1300－67006 Mirror image for X-axis and Y-axis
39. SV－1300－67011 10.4” color LCD
40. SV－1300－67037 Multi language display-English（NC and Professional P screen）
41. SV－1300－68004 Custom macro B（82 common variables）
42. SV－1300－68006 Addition of custom macro common variables 600 numbers
43. SV－1300－68010 Coordinate system rotation
44. SV－1300－68012 Rigid tapping
45. SV－1300－71000 Maintenance tool set

单证 18 –3

YAMAZEN（SINGAPORE）PTE LTD

Company Registration No. 199006086H

GST Registration No. M2 – 0097224 – 4

To Messrs：Rei Promax Technologies Pte Ltd
Sales Contract No：SCN – 008/21R – 1　　　　Date：24th Aug 2011

TERNS AND CONDITIONS

1　Delivery Place
C. I. F. Shanghai Port
Port clearance and in – land transportation by customer

2　Terms of Payment
10% down payment in Cash（Non-Refundable）upon order confirmation;
90% by installments as follows until your appointed intuition approved and settled with us the balance payment of the outstanding amount.
S $ 71,500 By Check the following month after shipment;
S $ 71,500 By Check the second month after shipment;
S $ 71,500 By Check the third month after shipment;
S $ 71,500 By Check the fourth month after shipment;
S $ 71,500 By Check the fifth month after shipment;
S $ 286,000 By Check the sixth month after shipment;

3　Time of Shipment
We can ship out 5 units form Makino Asia Factory immediately after receipt of 10% Down payment & Letter Of Guarantee from Chasen Holdings Ltd and Personal Letter of Guarantee from Mr Hein Ke Long.

4　Warranty Period
Machine and Controller system will be guaranteed for 12 months after machine installation against Manufacturer's Defects.

5　Machine Colour
Manufacturer's Standard Colour.

6　Machine Voltage
415V * 50Hz * 3 – Phase

7　Price Validity
30 days from date hereof

8　Insurance Covered
To be covered by Shipper up to Shanghai Port

（单证 18－3　续）

9 Packaging

In export standard packing

10 Installation and Commissioning

Makino will install and commission the equipment on site, which includes leveling, electrical connection within the machine and test run. The above does not include other Civil Work (Hacking, Raise Platform, etc) and wiring from main control switchboard to machine location. The customer will ensure that the site is free from obstructions and to ensure the machine has access to the site and provide wiring from the power main and air hose to equipment and civil work if required.

11 Cancellation Fee

20% of order price exclude down payment

12 The ownership of the Machines shall belong to Yamazen (Singapore) Pte Ltd (Yamazen) until
Rei Promax Technologies Pte Ltd completes full payment. Upon Yamazen's demand,
Rei Promax Technologies Pte Ltd shall promptly return the machine to Yamazen
If full payment is not made within the credit terms allowed. In case that the machines were returned to Yamazen, Yamazen reserves all their rights therein. Nothing therein shall be considered as discharge of Rei Promax Technologies Pte Ltd liability to pay the purchase price and outstanding interest or such damages as may be suffered by Yamazen.

13 It is an onus on the Buyer or the End user to cover the risk of the machine after delivery to their factory. Before full payment is made to Yamazen (Singapore) Pte Ltd, the buyer or the end user shall insure the machine at full purchase price against all risks and shall make Yamazen (Singapore) Pte ltd to be the beneficiary of such insurance.

14 Statement on Non-proliferation Export Control.

In compliance with Japan's Ministry of Economy, Trade and Industry (MENTI) 's export-related regulations related to Non-proliferation export Control: These goods, Their replicas ,the technology and software must not be used to develop or manufacture weapons of mass destruction such as nuclear, biological or chemical weapons and missiles. In case of resales, relocation or transfer of the above items to any person/party other than the original end-user, prior consent in writing is needed from us.

The products listed above are subjected to Strategic Goods Control laws in Japan, the country of origin. We reserve the right to withdraw this offer/quotation if it contravention of either one of the laws.

The products listed above MAY BE subjected to Strategic Goods Control Law in Singapore. So please confirm with the Strategic Goods Control Branch, Singapore Customs if you plan to relocate any machines to other countries.

* * * * * * * * E. & O. E * * * * * * * *

YAMAZEN (SINGAPORE) PTE LED	CONFIRAMED AND ACCEPTED BY
Authorized Signature	Company's Stamp & Signature

单证 18 -4

YAMAZEN(SINGAPORE)PTE LTD

215 Henderson Road
#01-10 Singapore 159554
Tel：6276 9488
Fax：6276 9488

INVOICE

INVOICE: 008/21R-1
PAGE.1
19 Dec,2011

SOLD TO MESSRS Rei Pei Promax Technologies Pte Ltd
Blk 11 Kallang Place
#02-08A/B/09/10 Kallang Basin Industrial Estate
Singapore 339155
Attention：Mr.Wee Teck Wee

CONSIGNEE Suzhou Promax Communication Technology Co.,Ltd. No.665 Fengting Avenue Suzhou Industrial Park, 21522 P.R China Attention: Mr.Wee Teck Wee TEL: 86 512 69363166 388	**VESSEL:** MOL DESTINY **FROM :** SINGAPORE **TO :** SHANGHAI,CHINA **TRADE** C.I.F.SHANGHAI CHINA **TERM :** IN SINGAPORE DOLLAR **COUNTRY OF ORIGIN :** SINGAPORE
NOTIFY PARTY Rei Pei Promax Technologies Pte Ltd Blk 11 Kallang Place #02-08A/B/09/10 Kallang Basin Industrial Estate Singapore 339155 Attention：Mr.Wee Teck Wee	**PAYMENT:** 10%Down payment in Cash (Non-Refundable) In Singapore Dollar upon order Confirmation 90% by Installments as follow until your appointed institution approved and settled with us the balance payment of the outstanding amount. S$71,500 By Check the following month after shipment; S$71,500 By Check the second month after shipment; S$71,500 By Check the third month after shipment; S$71,500 By Check the fourth month after shipment; S$71,500 By Check the fifth month after shipment; S$71,500 By Check the sixth month after shipment; INSURANCE:TO BE COVERED BY SHIPPER UP TO SHANGHAI PORT

Marks&Nos./[ITEM CODE]/DESCRIPTION	MACHINE QUANTITY UNIT	PRICE UNIT	AMOUNT
		SGD	SGD
"MAKINO"BRAND CNC VERTICAL MACHINING CENTER			
1. MODEL:PS565 COMPLETE WITH STANDARD AND OPTIONAL ACCESSORIES FITTED WITH PROFESSIONAL P CONTROLLER **(Serial No:V120120,V120121,V120123,V120124,V120125)**	5 UNITS	143,000.00	715,000.00
TOTAL: 5 UNITS	C.I.F.SHANGHAI CHINA SEA PORT	SGD	715,000.00

Yamazen(Singapore)Pte Ltd

Authorized Signature

单证 18－5

苏州市外商投资企业进口设备审核表

审核编号：苏园外 2012－010

<table>
<tr><td colspan="2">企业名称：苏州市博迈通讯科技有限公司</td><td>联系人：</td></tr>
<tr><td colspan="2">企业地址：</td><td>电话：</td></tr>
<tr><td colspan="2">进口企业代码：320068109099</td><td>注册资本：144.259 万美元</td></tr>
<tr><td>进口设备名称</td><td>数量</td><td>金额</td></tr>
<tr><td>立式加工中心</td><td>5 台</td><td>715000 新加坡元</td></tr>
<tr><td></td><td></td><td></td></tr>
<tr><td></td><td></td><td></td></tr>
<tr><td></td><td></td><td></td></tr>
<tr><td></td><td></td><td></td></tr>
<tr><td></td><td></td><td></td></tr>
<tr><td></td><td></td><td></td></tr>
<tr><td></td><td></td><td></td></tr>
<tr><td></td><td></td><td></td></tr>
<tr><td></td><td></td><td></td></tr>
<tr><td></td><td></td><td></td></tr>
<tr><td></td><td></td><td></td></tr>
<tr><td colspan="2">总计（台套）5 台</td><td>总价 715000 新加坡元</td></tr>
<tr><td colspan="3">本批设备：新设备□旧设备□</td></tr>
<tr><td>年　　月　　日</td><td colspan="2">审核机构意见：

（盖章）
年　　月　　日</td></tr>
</table>

苏州外商投资企业委员会监制

单证 18 –6

<table>
<tr><td colspan="3">1.Goods consigned from （Exporter's business name, address ,country）
YAMAZEN (SINGAPORE)PTE LTD</td><td colspan="3" rowspan="2">Reference No.CD5618
GENERALLZED SYSTEM
OF PREFETRNCES CERTIFICAT OF
ORIGIN
(Combined declaration and certificate)
FROM A
Issued in THE PEOPLE'S REPUBLIC OF CHINA
(country)
See Notes overleaf</td></tr>
<tr><td colspan="3">2. Good consigned to （Consignee's name, address , country)
SUZHOU PORMAX COMMUNICATION TECHNOL
OGY CO.LTD</td></tr>
<tr><td colspan="3">3.Means of transport and route（as far as known）
BY SEA

Departure Date 20/12/2011

Vessel's name/Aircraft etc MOL DESTINY V.002E

Port of Discharge SHANGHAI</td><td colspan="3">4.For Official Use
☐ Preferential Treatment Given
______
☐ Preferential Treatment Not Given (Please state reason/s)
______

Signature of Authorized Signatory of the Importing Party</td></tr>
<tr><td>5.Item number</td><td>6.marks and number of packages</td><td>7.Number and type of packages, description of products(including quantity where appropriate and HS number of the importing Party)</td><td>8. Origin Criterion （See Overleaf Notes）</td><td>9.Gross weight or other quantity and value(FOB)</td><td>10.Number and date of invoices</td></tr>
<tr><td>1</td><td>N/L MARKING</td><td>"MAKINO"BRAND CNC VERTICAL MACHINING CENTER
MODEL.PS65(SERIAL NO.:V120120，V120121，V120123，V120124，V120125)CIF VALUE: SGD 715,000.00
HS NUMBER ********
*** *** *** ***</td><td>SINGLE COUNTRY CONTENT 72%</td><td>5.00
NMB

711,590.00 SGD</td><td>008/21R-1
19/12/2011</td></tr>
<tr><td colspan="3">11.Declaration by the exporter
The undersigned hereby declares that the above details and statements are correct, that all the goods were Produced in
SINGAPORE
(country)
and that they comply with the origin requirements specified for these products in the Rules of Origin for the ACFTA for the products exported to
CHINA PEO REP OF
(importing country)
SINGNA ORE 20/12/2011

Place and date ,signature of authorized signatory
13.
☐Issued Retroactively ☐Exhibition
☐Movement Certificate ■Third Party Invoicing</td><td colspan="3">12. Certification
It is hereby certified, on the basis of control carried out, that the declaration by the exporter is correct.

Place and date, signature and stamp of certifying authority.</td></tr>
</table>

单证 18－7

YAMAZEN(SINGAPORE)PTE LTD

215 Henderson Road
#01-10 Singapore 159554
Tel：6276 9488
Fax：6276 9488

PACKING LIST

INVOICE：008/21R-1
PAGE.1
19 Dec,2011

SOLD TO MESSRS Rei Pei Promax Technologies Pte Ltd
Blk 11 Kallang Place
#02-08A/B/09/10 Kallang Basin Industrial Estate
Singapore 339155
Attention：Mr.Wee Teck Wee

CONSIGNEE Suzhou Promax Communication Technology Co.,Ltd. No.665 Fengting Avenue Suzhou Industrial Park, 21522P.RChina Attention: Mr.Wee Teck Wee TEL: 86 512 69363166 388	**VESSEL:** MOL DESTINY **FROM：** SINGAPORE **TO：** SHANGHAI,CHINA **TRADE：** C.I.F.SHANGHAI CHINA **TERM：** IN SINGAPORE DOLLAR **COUNTRY OF ORIGIN：** SINGAPORE
NOTIFY PARTY Rei Pei Promax Technologies Pte Ltd Blk 11 Kallang Place #02-08A/B/09/10 Kallang Basin Industrial Estate Sinagapore 339155 Attention：Mr.Wee Teck Wee	**PAYMENT:** 10%Down payment in Cash (Non-Refundable) In Singapore Dollar upon order Confirmation 90 % by Installments as follow until your appointed institution approved and settled with us the balance payment of the outstanding amount. S$71,500 By Check the following month after shipment; S$71,500 By Check the second month after shipment; S$71,500 By Check the third month after shipment; S$71,500 By Check the fourth month after shipment; S$71,500 By Check the fifth month after shipment; S$71,500 By Check the sixth month after shipment; INSURANCE:TO BE COVERED BY SHIPPER UP TO SHANGHAI PORT

Marks &Nos.	Description	Machine No.	Quantity Unit	N/Weight	G/Weight	M³
				(kg)	(kg)	
	"MAKINO"BRAND CNC VERTICAL MACHINING CENTER =========================					
				(230×310×254) cm		
C/NO. 1-5	5 WOODEN SKID			32, 500. 00	34, 000. 00	90. 550
MODEL: PS65 COMPLETE WITH STANDARD AND OPTIONAL ACCESSORIES FITTED WITH PROFESSIONAL P CONTROLLE **(Serial No:V120120, V120121, V120123, V120124, V120125)**			5 UNITS(@	6, 500. 00	6, 800. 00	18. 110
				(215×122×100) cm		
C/NO. 6-10	5 WOODEN CASE			1, 075. 00	1, 500. 00	13. 115
COOLANT UNIT			(@	215. 00	300. 00	2. 623
TOTAL:				(kg)	(kg)	
	5 WOODEN SKID 5 WOODEN CASE		5 UNITS	33,575.00	35,500.00	103.665

Yamazen(Singapore)Pte Ltd

____
Authorized Signature

单证 18 -8

中华人民共和国出入境检验检疫
入境货物通关单

编号：

<table>
<tr><td colspan="3">1. 收货人
苏州博迈通讯科技有限公司
Suzhou Promax Communication Technology Co. Ltd</td><td colspan="2" rowspan="3">5. 标记及号码
N/M</td></tr>
<tr><td colspan="3">2. 发货人
*****
*****</td></tr>
<tr><td>3. 合同/提（运）单号
SCN -008/21R -1/
YMLUI450096066</td><td colspan="2">4. 输出国家或地区
新加坡</td></tr>
<tr><td>6. 运输工具名称及号码
船舶 ***</td><td colspan="2">7. 目的地
江苏省苏州市</td><td colspan="2">8. 集装箱规格及数量
海运 40 尺普通 2 个</td></tr>
<tr><td>9. 货物名称及规格
立式加工中心 ***
（以下空白）</td><td>10. H. S. 编码
8457101000 ****
（以下空白）</td><td colspan="2">11. 申报总值
* 715000 新加坡元
***
（以下空白）</td><td>12. 数/重量、包装数量及种类</td></tr>
<tr><td colspan="5">13. 证明
上述货物业已报检/申报，请海关予以放行。

签字：　　　　　　　　日期：2013 年 5 月 13 日</td></tr>
<tr><td colspan="5">14. 备注</td></tr>
</table>

项目十九　重大技术装备进口

一、业务背景

中唐光电设备（上海）有限公司（3122268552）主要从事金属有机化合物化学气相沉淀设备（MOCVD）的开发和大规模生产。

因生产工艺要求，需要进口国内无法生产的无油真空干泵，型号：iXH645H。该真空泵的工作原理：连接反应腔，按照工艺要求，在不同的时间点抽真空。用途：MOCVD 设备研发用。

货物到港时，该公司减免税备案尚在办理审批中。

商品信息：

申报要素项目	要素说明
用途	MOCVD 设备研发用
品牌	EDWARDS 牌
型号	TXH64H
性能（抽气能力）	*①
其他	无

二、随附单证

本项目的随附单证见单证 19－1 至单证 19－10。

① 因从随附单据中无法获知“性能”这一申报要素的信息，故此处用“*”号替代，实际申报时应向委托企业索取相应要素信息，并据实填报。

单证 19－1

EDWARDS

Edwards Technologies Trading (Shanghai) Co. , LTD

Tel:

Fax:

PACKING LIST

Tang Optoelectronics Equipment Corporation Limited

September 4, 2012

Your Order Ref: MO12000386

Dear Sir,

We thank you for your above－referenced order and have pleasure in forwarding our packing list as requested.

Code Number	Description 中文品名	Qty	Net Weight (kgs)	Total Gross Weight (kgs)	Dimension (cm) 尺寸
ACBD02123110	IXH645H 380－460V 50/60Hz	4	2,128.00	2,575.00	125×90×110

Subtotal: 2128.00 2575.00

Total package: 4 cases

单证 19 -2

EDWARDS

Edward Technologies Trading (Shanghai) Co. , LTD

Tel:

Fax:

Proforma Invoice

Tang Optoelectronics Equipment Corporation Limited.

September 4, 2012

For the attention of: Ji Jason

Your Order Ref: MO12000386

Dear Sir,

We thank you for your above-referenced order and have pleasure in forwarding our proforma invoice as requested.

Material NO.	Description	Qty	Unit Bet Price	Total Net Price
ACBD02123110	IXH645H 380 -460V 50/60HZ	4	32,617.37	130,469.46

Packing & Delivery charge　　Included

TOTAL DDU IN USD:　　130,469.46

NOTES:
1) All prices shown are net and in USD.
2) Subject to our Standard Terms and Conditions of Sale
3) 杂费已包含在总价内

Roy Wang
Sales Coordinator

单证 19－3

Tang Optoelectronics Equipment Corporation Limited
中唐光电设备（上海）有限公司

Purchase Order(采购订单)

Purchase Order to:

Supplier Name 埃地沃兹贸易（上海）有限公司

Supplier Code:100020

Tel: 021-46668888

Fax: 021-46888888

收货地址： 中唐光电设备（上海）有限公司
上海市浦东区张江高科技园华蛇路 118 号

收货人： 李群

Bank：中国工商银行上海市科苑支行 **Account：**

Tel：021-50569888 Fax：**021-50569999** **VAT Registration No：**

Payment Terms： 100% prepayment before shipment

Delivery Terms： CIP Shanghai

Transport Instruction：汽运

NO.	TOPEC Part No.	Quantity	Delivery Date	Unit Price	Amount	Application
1	730-0002	2	2012-8-10	32,617.37	65,234.74	Bata 1
2	730-0002	1	2012-8-25	32,617.37	32,617.37	Spare
3	730-0002	4	2012-9-10	32,617.37	130,469.48	Bata 2
4	730-0002	1	2012-10-15	32,617.37	32,617.37	Spare
5					0.00	
6					0.00	
7	Remark：Dry Pump IXH645H should Include as the quotation				0.00	
8					0.00	

总价： USD 260，938.96

Remark：

1. The confirmation of this Purchase Order shall be sent by return to the Purchasing Department within 3 working days。
2. Document required for each shipment：
   a. Packing list with PO No.:
   b. Inspection report with PO No.
   c. Invoice with PO No.

中唐光电设备（上海）有限公司
Authorized Signature:
Name：
Title:
Date:

Vendor Name：埃地沃兹贸易（上海）有限公司
Authorized Signature:
Name：
Title:
Date:

单证 19－4

减免税货物税款担保申请表

<table>
<tr><td>企业代码</td><td></td><td>企业名称</td><td colspan="5"></td></tr>
<tr><td>主送海关</td><td></td><td>进口口岸</td><td></td><td colspan="2">申请税款担保期限</td><td colspan="2">自　年　月　日至　年　月　日止</td></tr>
<tr><td colspan="8">申请税款担保货物清单</td></tr>
<tr><td>序号</td><td>货物名称</td><td>规格型号</td><td>数量</td><td>单位</td><td>金额</td><td>币制</td><td>合同号</td></tr>
<tr><td></td><td></td><td></td><td></td><td></td><td></td><td></td><td></td></tr>
<tr><td></td><td></td><td></td><td></td><td></td><td></td><td></td><td></td></tr>
<tr><td></td><td></td><td></td><td></td><td></td><td></td><td></td><td></td></tr>
<tr><td></td><td></td><td></td><td></td><td></td><td></td><td></td><td></td></tr>
<tr><td></td><td></td><td></td><td></td><td></td><td></td><td></td><td></td></tr>
<tr><td></td><td></td><td></td><td></td><td></td><td></td><td></td><td></td></tr>
<tr><td></td><td></td><td></td><td></td><td></td><td></td><td></td><td></td></tr>
<tr><td></td><td></td><td></td><td></td><td></td><td></td><td></td><td></td></tr>
<tr><td></td><td></td><td></td><td></td><td></td><td></td><td></td><td></td></tr>
<tr><td colspan="2">申请税款担保原因</td><td colspan="6"></td></tr>
<tr><td colspan="2">备注</td><td colspan="6"></td></tr>
<tr><td colspan="8">公司（签章）
年　月　日</td></tr>
</table>

注：本纸质申请表最多填写 10 项货物，超过 10 项货物可另行附页。

单证 19 –5

减免税手续办理委托书

<table>
<tr><td>减免税申请企业名称</td><td colspan="3"></td></tr>
<tr><td>注册地址</td><td colspan="3"></td></tr>
<tr><td>减免税设备存放地址</td><td colspan="3"></td></tr>
<tr><td rowspan="2">企业减免税物资负责人</td><td rowspan="2"></td><td>固定电话</td><td></td></tr>
<tr><td>手机号</td><td></td></tr>
<tr><td rowspan="2">具体联系人员</td><td rowspan="2"></td><td>固定电话</td><td></td></tr>
<tr><td>手机号</td><td></td></tr>
<tr><td colspan="4">我单位委托__________公司（单位）向海关申请办理下列手续，保证提供的申请材料真实、合法，并愿意承担由此产生的法律责任。
□减免税备案申请　　　　□进出口货物减免税申请
□其他申请：</td></tr>
<tr><td colspan="2">委托书有效期限</td><td colspan="2">2012 年 7 月 1 日 ~2012 年 12 月 31 日</td></tr>
<tr><td colspan="2">被委托单位名称</td><td colspan="2"></td></tr>
<tr><td colspan="2">联系地址</td><td colspan="2"></td></tr>
<tr><td colspan="2">被委托单位海关注册编码</td><td colspan="2"></td></tr>
<tr><td rowspan="2">被委托单位主要负责人</td><td rowspan="2"></td><td>固定电话</td><td></td></tr>
<tr><td>手机号</td><td></td></tr>
<tr><td>经办人员</td><td></td><td>报关员证号</td><td></td></tr>
<tr><td>固定电话</td><td></td><td>手机号</td><td></td></tr>
<tr><td colspan="2">减免税申请企业签章：

2012 年 9 月 14 日</td><td colspan="2">被委托单位签章：

年　月　日</td></tr>
</table>

单证 19 –6

进出口税款保证金申请书

申请单位：
签章：

商品名称		税则号列		数量及单位		货值（CIF）	
原产国（地区）		运输工具及提运单号		进（出）口日期		报关单号	

申请理由：

我单位因__________________正在办理中，现申请凭保证金放行货物。我单位保证在____年____月____日前办结海关手续，逾期同意由海关将保证金转为税款，并承担上应法律责任。

联系人：

联系电话：

____年____月____日

以上均由申请单位填写

海关审核意见	
	经办关员： ____年____月____日
	科长： ____年____月____日
	关（处）长： ____年____月____日

单证 19 –7

情况说明

致上海外高桥保税区海关：

我公司成立于 2011 年 5 月 9 日，主要从事金属有机化合物化学气相沉淀设备（MOCVD）的开发和大规模生产的经济实体。

因生产需要进口：无油真空干泵，型号：iXH645H。该真空泵的工作原理是连接反应腔，按照工艺要求，在不同的时间点抽真空。用途：MOCVD 设备研发用。由于我公司减免税备案尚在办理审批中，故我公司向贵关提出申请以缴纳全额保证金的方式先行进口，待审批后再办理海关相关手续，望批准。我公司保证在海关规定期限 6 个月办理完成销保手续。我公司保证免表的内容与申报的内容一致，如有不符，我公司保证愿承担一切责任。

我公司对由此给贵关工作带来的麻烦表示歉意，并对贵关给予我公司工作的大力支持表示感谢。

此致

敬礼！

中唐光电设备（上海）有限公司
2012 年 9 月 14 日

单证 19 –8

中华人民共和国海关准予办理
减免税货物税款担保证明

编号：

主送海关		进口口岸	
减免税申请人			
减免税依据			
批准文件			
担保原因			
担保期限	自　年　月　日至　年　月　日止		

税款担保货物清单

序号	货物名称	数量/单位	金额	币制	备注

注：在本证明规定的担保期限届满之日仍未办妥有关减免税手续的，减免税申请人应在担保期限届满 10 个工作日前向主管海关提出延长税款担保期限的申请，逾期，进口地海关对有关货物予以照章征税。

＿＿＿＿＿海关（印章）
年　月　日

单证 19－9

进出口税款担保通知单

编号：(　　)保　　年　　号

______：

你单位于____年____月____日因______________正在办理中，申请凭（保证金/保函）放行货物。经审核，现同意你单位办理税款担保手续，期限至____年____月____日。如确需延长担保期限的，你单位应在____年____月____日前向审批部门申请办理税款担保期限延长手续。如你单位未在上述时间前申请办理延期手续，海关将按规定办理税款担保转手续。

__________海关（章）
年　月　日

注：《海关税款担保决定书》一式两份，一份送达纳税义务人，一份海关留存。

签　收

我单位于____年____月____日收到《进出口税款担保通知单》（编号：　　　　）。我单位将严格按照要求办理相关手续。如未在____年____月____日向海关申请办理税款担保延期手续的，同意由海关将税款担保转为税款，并承担相应法律责任。

（申请单位）（签章）
年　月　日

单证 19－10

证　明

中唐光电设备（上海）有限公司 2012 年第一次向浦东海关递交减免税备案申请。之前无减免税进口记录。

特此证明。

浦东海关减免税科
2012 年 08 月

项目二十　外资企业鼓励项目进口旧机电产品

一、业务背景

佳比电子（广州）有限公司（4401240197）在投资总额内进口 2 台二手的自动光学检测仪器。

商品信息：

申报要素项目	要素说明
用途	可以有效控制各个流程，查找在锡膏印刷、元件贴装、回流焊接中产生的电路板缺陷
功能	全自动检测，远程控制，有记录装置
品牌	Agilent 牌
型号	SJ5000
其他	无

二、随附单证

本项目的随附单证见单证 20 - 1 至单证 20 - 6。

单证 20－1

JABIL CIRCUIT CHINA LTD.

BILL TO：Jabil Circuit（Guangzhou）Ltd.　　　Ship：Jabil Circuit（Guangzhou）Ltd

INVOICE

INVOICE NC　JCCEI30491－92

P/O NO：　JBEI304791

DATE　11－Mar－13

Item No.	Name	Description	Brand	Manufacure Date	Model	Qty	UOM	C/O	Init Price（US $）	Value（US $）
01	自动光学检测仪（有记录装置）（旧）	AOI Machine（Used）	Agilent	2008 年	SJ5000（S/N：MY48100143）	1	台	马来西亚	60. 709. 30	60. 709. 30
02	自动光学检测仪（有记录装置）（旧）	AOI Machine（Used）	Agilent	2008 年	SJ5000（S/N：MY48100142）	1	台	马来西亚	60. 709. 30	60. 709. 30
										CIF HUANGPU

Total：121，418. 60

E. &O. E.

Jabil Circuit China Ltd
Authorized Signature

单证 20-2

采购合同
PURCHASE CONTRACT

合同编号 P/O#：JBEI304791

卖方：佳比中国有限公司
Seller：JABIL CIRCUIT CHINA LIMITED
地址：
Tel：
买方：佳比电子（广州）有限公司
Buyer：JABIL CIRCUIT（GUANGZHOU）LOMITED
地址：
Address：
Tel：

品名	规格	品牌	制造日期	原产国	数量	单位	单价（USD）	合计（USD）
Name	Model	Brand	nufacure D	C/O	QTY	UNIT	Unit Price	Amount
自动光学检测仪（有记录装置）（旧）	SJ5000（S/N:MY48100143）	Agilent	2008 年	马来西亚	1	台	60.709.30	60.709.30
自动光学检测仪（有记录装置）（旧）	SJ5000（S/N:MY48100142）	Agilent	2008 年	马来西亚	1	台	60.709.30	60.709.30
总金额（Total）：CIF 黄埔 USD 121,418.60								

1. 合同有效期（Expiry Date）：2013 年 11 月 30 日
2. 目的地（Destination）：黄埔

卖方（SELLER）：佳比中国有限公司　　买方（BUYER）：佳比电子（广州）有限公司
签章（SIGNATURE）　　签章

日期（DATE）　9-Mar-13　　日期（DATE）　9-Mar-13

单证 20－3

1. Shipper JABIL CIRCUIT CHINA LTD. HONG KONG	B/L No. **SK1303237**
2. Consignee 佳比电子（广州）有限公司	**GUANGZHOU FAN YANG INTERNATIONL SHIPPING AGENCY CO., LTD**
3. Notify Party SAME AS CONSIGNEE	**AS CARRIER** **Bill of Lading** The below particulars are according to the declaration of the shipper. The Carrie received the below goods in apparent good order and condition. Unless otherwise specified. For carriage to the place as agreed below subject to the terms of this bill of this lading including those on the back page. If required by the carrier. One original of this bill of lading must be surrendered duly endorsed in exchange for the goods .in witness where of the original bill of lading has been signed in the number stated below. One of which being accomplished the others to be void. **See terms on reverse**

Pre－carriage by	Place of Receipt	
Vessel dongyun 027 520201303200	Port of Loading 香港 RTT	DELIVERY AGENT: 广州泛洋国际船舶代理有限公司 联络： T: F: GPS 航次号：
8. Port of Discharge 黄埔 穗港码头	Place of Delivery 穗港码头	

Marks & Nos. Container / Seal No.	No. of Containers or Packages	Kinds of packages; description of goods	Gross Weight KGS.	Measurement（CBM）
CONTAINER NO./ SEAL NO./ SIZE: AWTU2103198/337646/20	（CY/CY） 2 PKGS	SHIPPER'S LOAD & SEAL 1*20' CNTR S. T. C. 自动光学检测仪（有记录装置）（旧）	KGS 1,800KGS	9,233 CBM
		TTL; ONE(1*20') CONTAINER(S) ONLY		
Total no. of containers or packages(in words				

Freight & Charges		The contract evidenced by this bill of lading is governed by the laws of the Hong Kong special administrative region. Administrative region. Any proceedings against the carrier must be brought in the courts of the HONG Kong special administrative region and no other court.
Excess value declaration as per clause 11.4		Place and date of issue20,2013
	Freight payable	Signature and stamp of the carrier or agent GUANGZHOU FAN YANG INTERNATONAL SHIPPING AGENCY CO, LTD
	No. of Original B(s)/L	广州泛洋国际船舶代理有限公司

单证 20 – 4

中华人民共和国海关
进出口货物征免税证明

编号：Z52081300050

<table>
<tr><td colspan="3">减免税申请人：佳比电子（广州）有限公司 4401240197</td><td colspan="4">征免性质/代码：鼓励项目/789</td><td colspan="4">审批依据：署税（97）1062 号及（08）103 号公</td></tr>
<tr><td colspan="3">发证日期：2013 年 03 月 18 日</td><td colspan="8">有效期：　至 2013 年 09 月 15 日止</td></tr>
<tr><td colspan="3">到货口岸：黄埔海关驻广州经济技术开发区</td><td colspan="4">合同号：JBEI304791</td><td colspan="4">项目性质：外商独资</td></tr>
<tr><td rowspan="2">序号</td><td rowspan="2">货名</td><td rowspan="2">规格</td><td rowspan="2">税号</td><td rowspan="2">数量</td><td rowspan="2">单位</td><td rowspan="2">金额</td><td rowspan="2">币制</td><td colspan="3">主管海关审批征免意见</td></tr>
<tr><td>关税</td><td>增值税</td><td>其他</td></tr>
<tr><td>1</td><td>自动光学检测仪（有记录装置）</td><td>（旧）/ Agilent 牌</td><td>9031499090</td><td>1.00</td><td>台</td><td>60709.30</td><td>USD</td><td>0%</td><td>17%</td><td></td></tr>
<tr><td>2</td><td>自动光学检测仪（有记录装置）</td><td>（旧）/ Agilent 牌</td><td>9031499090</td><td>1.00</td><td>台</td><td>60709.30</td><td>USD</td><td>0%</td><td>17%</td><td></td></tr>
<tr><td>3</td><td></td><td></td><td></td><td></td><td></td><td></td><td></td><td></td><td></td><td></td></tr>
<tr><td>4</td><td></td><td></td><td></td><td></td><td></td><td></td><td></td><td></td><td></td><td></td></tr>
<tr><td>5</td><td></td><td></td><td></td><td></td><td></td><td></td><td></td><td></td><td></td><td></td></tr>
<tr><td>备注</td><td colspan="10"></td></tr>
<tr><td colspan="2">审批海关签章：黄埔海关驻广州经济技术开发区

负责人：

2008 年 12 月 26 日</td><td colspan="2">核放海关批注：

负责人：

年　月　日</td><td colspan="7">注意事项及权利义务提示：
1. 本证明使用一次有效。同一合同项下货物分口岸进口或分批到货的，应向审批海关申明，并按到货口岸、到货日期分别申请此证明。
2. 货物进口时应向海关交验本证明，复印件无效。
3. 本证明有效期应按照具体政策规定填写，但最长不得超过半年；如需延期，应在有效期内向原审批海关提出延期申请。
4. 规定由海关监管使用的减免税货物，在海关监管年限内，减免税申请人应按照特定用途、特定企业、特定地区使用；未经海关许可，不得擅自转让、抵押、质押、移作他用或者进行其他处置，否则，海关将依法处理。
5. 如不服本证明决定，依照《中华人民共和国行政复议法》第九条、第十二条、第十六条，《中华人民共和国海关法》第六十四条之规定，可以在本证明送达之日起六十日内向上一级海关（海关总署）申请行政复议，对复议决定仍不服的，依照《中华人民共和国行政诉讼法》第三十八条第二款之规定，可以自收到复议决定书之日起十五日内，向人民法院提起诉讼。</td></tr>
</table>

单证 20 – 5

JABIL 佳比中国有限公司
JABIL CIRCUIT CHINA LIMITED

装箱单
Packing List

日期：11 – Mar – 13

发票号：JCCEI304791 – 92　　　　提货单位：佳比电子（广州）有限公司

序号	商品名称	品牌	规格型号	制造日期	数量	单位	箱数夹板箱	箱号	净重（公斤）	毛重（公斤）	原产地
01	自动光学检测仪（有记录装置）（旧）	Agilent	SJ5000 (S/N:MY48100143)	2008 年	1	台	1		750.00	900.00	马来西亚
02	自动光学检测仪（有记录装置）（旧）	Agilent	SJ5000 (S/N:MY48100142)	2008 年	1	台	1		750.00	900.00	马来西亚
Total:					2		2		1,500.00	1800.00	

Jabil Circuit China Ltd.
Authorized Signature

单证 20－6

中华人民共和国出入境检验检疫
入境货物通关单

编号：442100113005411T
442100113042128000

<table>
<tr><td colspan="2">1. 收货人
佳比电子（广州）有限公司
JABIL CIRCUIT（GUANG ZHOU）LIMITED</td><td colspan="2" rowspan="3">5. 标记及号码
N/M</td></tr>
<tr><td colspan="2">2. 发货人
佳比中国有限公司
*****</td></tr>
<tr><td>3. 合同/提（运）单号
JBEI304791/SK1303237</td><td>4. 输出国家或地区
中国香港</td></tr>
<tr><td>6. 运输工具名称及号码
东运 027 520201303200</td><td>7. 目的地
广东省广州市</td><td colspan="2">8. 集装箱规格及数量
海运 20 尺普通 1 个</td></tr>
<tr><td>9. 货物名称及规格
自动光学检测仪（有记录装置）
自动光学检测仪（有记录装置）
（以下空白）</td><td>10. H. S. 编码
9031499090
***
9031499090
***
（以下空白）
（以下空白）</td><td>11. 申报总值
*60709. 3 美元
***
*60709. 3 美元
***
（以下空白）</td><td>12. 数/重量、包装数量及种类
*1 台
*1 其他
*1 台
*1 其他
（以下空白）</td></tr>
<tr><td colspan="4">13. 证明
上述货物业已报检/申报，请海关予以放行。
签字：　　　　　日期：2013 年 03 月 25 日</td></tr>
<tr><td colspan="4">14. 备注
辅助包装：植物性铺垫材料 *1；
旧机电设备已备案 ***</td></tr>
</table>

项目二十一　外资企业鼓励项目进口设备

一、业务背景

昆山三兴电机有限公司（3223943505）于2013年5月向海关申请进口一台工业烤箱的专用自动化附属设备——放板机。

相关信息详见随附单据。

具体商品信息如下：

申报要素项目	要素说明
用途	工业烤箱的专用自动化附属设备，将基板通过机械手臂夹起上升、翻转竖立后放入工业烤箱
品牌	Dahan ENG
型号	DH－N－130304
其他	无

二、随附单证

本项目的随附单证见单证21－1至单证21－14。

单证 21－1

国家鼓励发展的外资项目确认证书

编码：苏资确【2012】C050023 号

根据国务院国发的【1997】37 号文的规定，兹确定：昆山三兴电机有限公司，符合国家产业政策。由江苏昆山经济技术开发区管理委员会于 2011 年 10 月 26 日以昆开资（2011）336 号批复增资。请按规定到项目主管地直属海关办理进口设备免税手续。

项目统一编号：C33220112373077

项目产业政策审批条目：

《鼓励外商投资产业目录》第三类第（二十一）条第 15 项：新型电子元器件制造：片式元器件、敏感元器件及传感器、频率控制与选择元件、混合集成电路、电力电子器件、光电子器件、新型机电元件、高分子固体电容器、超级电容器、无源集成元件、高密度互连积层板、多层挠性板、刚挠印刷电路板及封装载板（M032115）

项目单位：昆山三兴电机有限公司

项目性质：外资企业

项目内容：新型电子元器件：生产高密度互连多层印制电路板（HDI）、多层挠性板（FPC）、刚挠印刷电路板（R－FPC），IC 封装载板。

项目执行年限（起始年/终止年）：2011－2014

项目投资总额增资额：32336.6061 万元人民币

项目用汇款：4600 万美元

备注：

1. 汇率：1 美元＝6.34 元人民币。

2. 项目用汇额限用于进口审批条目 M032115 下的自用设备。

3. 本确认免税进口设备不包括用于生产非鼓励产品的设备和列入《外商投资项目不予免税进口商品目录》的设备。

2012 年 3 月 1 日

单证 21－2

减免税手续办理委托书

年 月 日

<table>
<tr><td>减免税申请人名称</td><td colspan="3"></td></tr>
<tr><td>联系地址</td><td colspan="3"></td></tr>
<tr><td>联 系 人</td><td></td><td>联系电话</td><td></td></tr>
<tr><td colspan="4">我单位委托 ________ 公司（单位）向海关申请办理下列手续，保证提供的申请材料真实、合法，并愿承担由此产生的法律责任。
☐ 减免税备案申请 ☐ 进出口货物减免税申请
☐ 减免税进出口货物担保 ☐ 减免税货物后续管理手续
☐ 其他申请
具体委托事项：</td></tr>
<tr><td>委托书有效期限</td><td colspan="3">2013 年度</td></tr>
<tr><td>被委托人名称</td><td colspan="3"></td></tr>
<tr><td>联系地址</td><td colspan="3"></td></tr>
<tr><td>被委托人
海关注册编码</td><td>3223980046</td><td>联系电话</td><td></td></tr>
<tr><td>经 办 人</td><td></td><td>报关员证号</td><td></td></tr>
<tr><td colspan="2">减免税申请人盖章：</td><td colspan="2">被委托人（公司盖章）</td></tr>
<tr><td colspan="2">减免税申请人签章：

年 月 日</td><td colspan="2">被委托人（公司签章）：

年 月 日</td></tr>
</table>

单证 21－3

进出口货物征免税申请表

<table>
<tr><td>企业代码</td><td colspan="2">3223943505</td><td colspan="2">企业名称</td><td colspan="2">昆山三兴电机有限公司</td></tr>
<tr><td>审批依据</td><td></td><td>进(出)口标志</td><td colspan="2"></td><td>征免性质/代码</td><td></td></tr>
<tr><td>项目统一编号</td><td colspan="2">C33220112373077</td><td colspan="2">产业政策审批条目/代码</td><td colspan="2">M032115</td></tr>
<tr><td>审批部门/代码</td><td colspan="2"></td><td>许可证号</td><td></td><td>合同号</td><td>452872063</td></tr>
<tr><td>经营单位/代码</td><td colspan="2">3223943505</td><td>成交方式</td><td colspan="3">FOB 运费 USD 370.00 保险费 USD 17.91</td></tr>
<tr><td>项目性质</td><td colspan="2">外资企业</td><td>进(出)口岸</td><td colspan="3">上海</td></tr>
<tr><td>货物是否已向海关申报进口</td><td colspan="2">否</td><td>有效日期</td><td colspan="3"></td></tr>
</table>

序号	商品编码	商品名称	规格型号	法定数量	法定计量单位	申报数量	申报计量单位	金额	币制	原产地
1	8428909090	放板机	DH－N－130304	1	台	1	台	49,393.83	美元	韩国

<table>
<tr><td>备注</td><td>品牌:Dahan ENG
功能:将基板自动放置在烤箱内。
用途:工业烤箱的专用自动化附属设备,将基板通过机械手臂夹具夹起上升、翻转竖立后放入工业烤箱。
型号:DH－N－130304
原产地:韩国</td></tr>
</table>

<table>
<tr><td>减免税申请人签章

2013 年 5 月 03 日</td><td>联系人:

电话:</td></tr>
</table>

单证 21 –4

设备采购合同

合同号：452872063

买方：昆山三兴电机有限公司（以下简称甲方）

卖方：SANXING ELECTRO-MECHANICS CO. , LTD（以下简称乙方）

经甲、乙双方充分友好协商，就购买生产设备特订立本合同，以便共同遵守。

一、设备的名称、规格型号、数量、价格

序号	设备名称	规格、型号	数量	单位	单价 USD	总价 USD
1	放板机	DH – N – 130304	1	SET	49，393. 83	49,393. 83
			1	SET		49,393. 83

二、合同价格

设备总价为 USD 49,393. 83

贸易条款为 FOB PYEONGTAKE PORT. KOREA（运费：USD370. 00 保险费：USD17. 91）

本合同总金额不得做任何调整与变更

三、合同生效

本合同经双方签字后生效

四、付款方式

货物验收合格，设备安排、调试运转正常后，乙方为甲方培训结束、甲方无疑问后，甲方向乙方支付合同总价 100% 货款项支付：T/T 25 天，90% 货物交付工厂后）10%（安排调试完毕）

五、交货、包装与验收

交货地点：按甲方指定地点

交货时间：合同生效后 120 日内

乙方将货物一次运至交货地点。并于货物出港前 72 小时将到货名称、型号、数量外形尺寸、单重及注意事项等以书面形式通知甲方。

设备包装应符合国家标准，以保证设备在运输过程中不受损伤，由于包装不当造成设备在运输过程中有任何损坏或丢失，由乙方负责。

设备由甲方负责送到施工现场，由甲方负责运输、卸车。

设备到达现场，甲乙双方均须在场并确认包装的完好性，由甲方验货，乙方应按甲方安排的时间派人到现场，对货物进行清点验收，并确认签字。若发现货物与装箱单不符，乙方负责补齐或收回。如乙方不能按时到达，甲方有权开箱检验，并对缺件，损坏做出记录，乙方应认可并负责解决。

乙方负责设备安装及调试，直至设备正常运行。最终验收在此之后进行，如设备不能通过验收，乙方应允退货，退还甲方所有金额。

乙方应自带用以安装、调试过程所需的各种工具、仪器仪表及易损件。

（单证 21－4 续）

六、产品质量保证与售后服务

乙方应严格按照国家有关标准和规定进行制造和检验，材料及零部件均为全新未用过的，且符合本合同附件中规定以确保产品质量。设备须经技术 检验，符合国家相关标准才能出厂。

乙方负责免费为甲方培训操作及维修人员。包括：基本原理，操作使用和维修保养。

设备投入正常运行后，乙方应定期回访使用方。

乙方应在附件中明确售后服务内容、响应时间、范围、方式、收费标准等，并进行其他售后服务工作。

七、违约责任

乙方不能按期交货，除不可抗拒因素外，乙方应向甲方支付延期违约金，每日按合同总价的 0.3% 金额计算。

甲方延期付款时（正当拒付除外）。应向乙方支付该此延付款数额的延期违约金，每日按该此延期付款额的 0.3% 金额计算，支付款办理期为 10 个工作日。

双方必须严格执行《中华人民共和国劳动法》的有关违约责任规定。

八、合同的解除和变更

当一方要求变更或解除合同时，在新协议未达成前，原合同仍然有效，要求变更的一方应及时通知对方，对方在接到通知 15 日内给予答复，逾期未答复则视为已同意。

如乙方要求变更或解除合同，所造成的损失由乙方负责

九、合同纠纷的解决

甲乙双方若发生合同纠纷，应本着互谅互让、互相尊重、和平友好的原则协商解决。

本合同履约第为中华人民共和国江苏省昆山市，若双方不能通过协商达成协议，可依据《中华人民共和国民事诉讼法》和《中华人民共和国合同法》的有关规定，向仲裁机构申请仲裁或提起诉讼。

十、免责条款

本合同因不可抗力而无法履行时，双方按中华人民共和国有关法律规定处理。

十一、其他约定事项

本合同未尽事宜，可由甲乙双方商定，并签署书面补充协议。

本合同一式二份，其中正本一份，副本一份，都具有同等法律效力。

甲方印信　　　　　　　　　　　　乙方印信

单证 21－5

申　请

江苏省对外贸易经济合作厅：
昆山开发区管委会：

我公司昆山三兴电机有限公司成立于 2009 年 09 月，投资总额 37899 万美元，注册资本 12900 万美元，公司经营项目：研发、生产高密度互联多层印制电路板（HDI），多层挠性板（FPC）和刚挠印制电路板（R－FPC），IC 封装载板，双面及多层印刷线路板，电容等新型电子元器件；销售自产产品。从事与本公司生产的同类产品及生产用原辅材料（印制线路板、基板、电容、压电晶体、电阻器、电感器、塑料盘、载带等）相关的商品进出口及商业批发、佣金代理（拍卖除外）业务，并提供配套服务。

公司获准的国家鼓励发展的外资项目确认书统一编号：C33220112373077，项目产业政策审批条目：《鼓励外商投资产业项目》第三类第（二十一）条第 15 项：新型电子元器件制造。批准项目用汇总额为 4600 万美元，现已用汇 3155 万美元，尚余用汇额度 1445 万美元。

因生产需要，需免税进口如下设备（详见清单），总值 USD49,393.83，我公司将严格遵照投资进口设备的监管要求，不擅自挪作它用。

昆山三兴电机有限公司
2013 年 5 月 3 日

单证 21－6

投资进口设备清单

C33220112373077

序号	海关编码	设备名称	型号	数量[台]	单价[USD]	总价[USD]	原产地	新旧
1	8428909090	放板机	DH－N－130304	1	49,494.83	49,494.83	韩国	新
合计				1		49,494.83		

单证 21 -7

项目统一编码：C33220112373077

昆山三兴电机有限公司
项目进口设备清单

单位：万美元

序号	名 称	规格型号	数量（台/套）	单 价	用汇额	拟进口国别	备注
1	真空碱性蚀刻机	DDES－2788－200	1	787,930.46	787,930.46	韩国	新
2	自动拆解回流输送设备	DS－13AD－0012	1	234,581.69	234,581.69	韩国	新
3	自动叠合机	12A1－C11S610	1	426,209.94	426,209.94	韩国	新
4	暂存机	FSST7506－150	2	27,385.44	54,770.88	韩国	新
5	干燥箱	FN02－011－0002	3	44,979.28	134,937.84	日本	旧
6	暂存机	STOCKER	3	1,096.01	3,288.03	韩国	旧
7	清洁机	KMS－801CR2	3	1,339.56	4,018.68	韩国	旧
8	自动印刷机	SFA－PC610CTN	4	36,455.71	145,822.84	日本	旧
9	隔纸式放板机	loader	4	17,163.00	68,652.00	韩国	新
10	钢板刷磨机单积式放板机	loader	4	20,000.00	80,000.00	韩国	新
11	钢板刷磨机单积式放板机	loader	3	20,000.00	60,000.00	韩国	新
12	放板机	DH－N－130304	3	49,393.83	148,181.49	韩国	新
13	棕化隔纸式收板机	unloader	3	18,278.00	54,834.00	韩国	新
14	水平黑化设备	DBOX － 2360 －250	1	688,532.17	688,532.17	韩国	新
15	黑化隔纸式收板机	unloader	4	18,278.00	73,112.00	韩国	新
16	水平式放板机	DH－N－121114	2	57,000.00	114,000.00	韩国	新
17	水平式放板机	C1237# 12k130212LD	2	33,919.30	67,838.60	韩国	新
18	水平式收板机	C1237# 12k130212ULD	2	33,919.31	67,838.61	韩国	新
19	水平式收板机	DH－N－121115	2	46,000.00	92,000.00	韩国	新

（单证 21－7　续 1）

序号	名 称	规格型号	数量（台/套）	单 价	用汇额	拟进口国别	备注
20	填孔电镀收板机	unloader	3	18,278.00	54, 834. 00	韩国	新
21	IVH 收板机	unloader	3	18,278.00	54, 834. 00	韩国	新
22	收板机	K RACKUN Loader	3	50,000.00	150,000.00	台湾	新
23	转角输送机	conveyor	3	17,163.00	51,489.00	韩国	新
24	手动叠合机输送线	1000＊2000	1	300,000.00	300,000.00	韩国	新
25	输送机	conveyor	3	15,000.00	45,000.00	韩国	新
26	自动叠合机	12AL－CIIS680	3	519,146.41	1,557,439.23	韩国	新
27	前处理设备	S－1201－11－007	4	289,763.53	1,159,054.12	韩国	新
28	LDI 曝光机	IP－3600H	5	2,090,909.09	10,454,545.45	日本	新
29	光学检测机	Inspro 20S＋＋	2	150,000.00	300,000.00	韩国	新
30	光学检测机	DY－F	8	40,000.00	320,000.00	韩国	新
31	水平宗化设备	S－120－00－001	1	405,000.00	405,000.00	韩国	新
32	自动叠合机	LAY－UP	2	63,560.00	127,120.00	韩国	新
33	热压机	MHPC－V－750－750－6－200	3	310,000.00	930,000.00	韩国	新
34	X 射线钻孔机	MMX－889－8HS	1	1,441,265.09	1,441,265.09	日本	新
35	六柚研磨设备	TSG－106R	15	274,000.00	4,110,000.00	韩国	新
36	水洗机	TSG－TRIM－300	2	72,515.15	145,030.30	韩国	新
37	水平式双列收板机	C1236# 12K130212ULD	1	48,530.71	48,530.71	台湾	新
38	水平式双列收板机	C1236# 22K130212ULD	1	48,530.71	48,530.71	台湾	新
39	垂直连续电镀设备	SPS － PN13DA －K022	1	3,157,000.00	3,157,000.00	韩国	新
40	热风循环干燥机	S－120－11－009	2	67,423,.17	134,846.34	韩国	新
41	喷砂机	JET	2	311,337.00	622,674.00	韩国	新
42	分割曝光机	ADEX5100MS	2	990,000.00	1080,000.00	日本	新
43	空气干燥机	BHNP－8600	1	465,000.00	465,000.00	韩国	新
44	自动电测机	CAM align	3	530,000.00	1,590,000.00	韩国	新
45	飞针测试机	E4M6151	3	205,600.00	616,800.00	日本	新

（单证 21－7 续 2）

序号	名 称	规格型号	数量（台/套）	单 价	用汇额	拟进口国别	备注
46	压膜机	PHILA－CAT10－12072	2	348,544.86	697,109.72	韩国	新
47	后压膜机	PHILA－MSC92－12078	1	45,713.83	45,713.83	韩国	新
48	后压膜机	PHILA－MSC91－12073/74/75/76/77	5	41,847.85	209,239.23	韩国	新
49	三次元测量仪	EXCEL 661HC	7	387,102.82	2,709,719.74	美国	新
50	伺服器	Server	1	1,049,080.45	1,049,080.45	韩国	新
51	纳米扫描仪	1500＊1600	2	2,550,005.00	5,100,010.00	韩国	新
52	薄板修边机	Trimming	2	1,250,480.00	2,500,960.00	日本	新
53	铝包装机	Alpacking	4	42,077.39	168,309.54	台湾	新

单证 21 –8

中国银行　转账支票

本支票付款期限十天

出票日期（大写）　　年　　月　　日　　付款行名称：

收款人：　　出票人账号：

人民币（大写）	亿	千	百	十	万	千	百	十	元	角	分

用途______

上列款项请从

我账户内支付

出票人签章

复核　　记账

48150598094815059809748150598091

单证 21 －9

Consignor/Shipper SAMSUNG ELECTRO-MECHAMICS CO.,LTD SONGJEONG-DONG	**BILL OF LADING** MULTIMODAL TRANSPORT DOCUMENT Bill of Lading No. HSLPTKSHA 1305583
Consignee(Complete and Address/Non-Negotiable Unless Consigned to Order KUNSHAN SAMSUNG ELECTRO-MECHAMICS.,LTO	HANSOL **HANSOL CSN CO.,LTD** 7TH FL.JOONG-ANG ILBO BLDG 8-2 GARAK-DONG,SONGPA-GU,SEOUL,KOREA TEL. FAX
Notify Party KUNSHAN SAMSUNG ELECTRO-MECHAMICS.,LTO	For Delivery of Goods please Apply to: HANSOL CSN LOGISTICS SHANGHAI CO.,LTD TEL: . FAX:
Pre carriage by: HOUSTON, TX / Place of Receipt:	
Vessel/Voyage No. ESM AMANDA 0003W	Port of loading PYEONGTAEK, KOREA
Port of Discharge: BUSAN, KOREA / Place of Delivery:	FINAL DESTINATION (FOR THE MERCHANT'S REFERENCE ONLY)

PARTICULARS FURNISHED BY SHIPPER

CONTAINER No. &Seal No. marks & No.	NO.& Kinds CONTAINERS or packages	DESCRIPTION OF GOODS	GROSS WEIGHT (KGS.)	MEASUREMENT (CBM)
	1 PACKAGE	SHIPPER'S LOAD &COUNT SAID TO CONTAIN	1,103,000 KGS	7,590 CBM

昆山三兴电机有限公司
8479899099

1 C/T OF
DES LINE

Container &Seal No
DRYU9091935/960185 40HQ（1GT）

INVOICE NO.EA41340080

SURRENDERED
LADEN ON BOARD
MAY 02, 2013

CY/CY

FREIGHT COLLECT

Excess Value Declaration

Total No. of container or packages(in words) SAY: ONE CONTAINER (40HQX1) ONLY	Freight Prepaid at SEOUL, KOREA
Freight Charges Prepaid Collect **COLLECT AS ARRANGE**	RECEIVED for shipment in external apparent good order and condition ,unless otherwise indicated .The total number of packages or unite stuffed in the container ,the description of the goods and the weights shown in this Bill of Lading are furnished by the Merchant and the containers are already sealed by the Merchant, and which the carrier has no reasonable means of checking and not a part of this Bill of Lading stated below ,all of this tenor and date, one of the original Bills of Lading must be surrendered and endorsed or signed against the delivery of the goods or the delivery order and whereupon any other original Bills of Lading shall be void.
Place and Date of Issue: **MAY 02,2013** / No. of Original B/L: **THREE (3)**	Signature
Bill of lading No. HSLPTKSHA 1305583	**Hansol CSN CO., Ltd** *As a carrier*

单证 21 –10

INVOICE **SAMSUNG ELECTRO-MECHANICS CO.,LTD**

<table>
<tr><td colspan="2" rowspan="2">1) Shipper/Exporter
SANXING ELECTRO-MECHANICS CO.,LTD.</td><td>8)No. & date of invoice
EA413400 APR.30,2013</td></tr>
<tr><td>9)No. & date of L/C</td></tr>
<tr><td colspan="2">2) For Account &Risk of Messrs
KUNSHAN SANXING ELECTRO-MECHAMICS.,LTD.</td><td>10)L/C issuing bank</td></tr>
<tr><td colspan="2">3) Notify party
KUNSHAN SANXING ELECTRO-MECHANICS C</td><td rowspan="3">11)Remarks
*Plant : 1032
*
*合同号：452872063
*
*
*运费： USD 370.00
*保险费：USD 17.91</td></tr>
<tr><td>4) Port of loading
PYENGTAEKPORT</td><td>5) Final destination
KUNSHAN, CHINA</td></tr>
<tr><td>6)Carrier</td><td>7) Sailing on or about</td></tr>
<tr><td colspan="3">12)Marks and numbers of PKGS 13)Description of goods 14)Quantity/Unit 15)Unit 16)Amount</td></tr>
</table>

昆山三兴电机有限公司

FOB PYEONGYAEK PORT.KOREA
USD USD

C/T : 1

CARTONS
8428909090 放板机 Dahan ENG
DH-N-130304 1 SET 49, 393.83 49,393.83
TOTAL: 49,393.83 USD

SAY：(0001) C/T ONLY

Signed by____________

单证 21 – 11

PACKING LIST　　　　　　　　　　　　SAMSUNG ELECTRO-MECHANICS

<table>
<tr><td colspan="2">1) Shipper/Exporter
SANXING ELECTRO-MECHANICS CO.,LTD
SONGJEONG-DONG,</td><td>8)No. & date of invoice
EA413400　　APR.30,2013</td></tr>
<tr><td colspan="2"></td><td>9)No. &date of L/C</td></tr>
<tr><td colspan="2">2) For Account &Risk of Messrs
KUNSHAN SANXING ELECTRO-MECHAMICS.,LTD.</td><td>10)Remarks
*plant :1032</td></tr>
<tr><td colspan="2">3) Notify party
KUNSHAN SANXING ELECTRO-MECHANICS CO.,LTD.</td><td rowspan="3"></td></tr>
<tr><td>4) Port of loading
PYENGTAEKPORT. KOREA</td><td>5) Final destination
KUNSHAN, CHINA</td></tr>
<tr><td>6)Carrier</td><td>7) Sailing on or about</td></tr>
<tr><td colspan="3">11)Marks and numbers　12)Description of goods　13)Quantity　14)Net weight　15)Gross weight</td></tr>
</table>

昆山三兴电机有限公司
C/T : 1

CARTONS
8428909090　　放板机

DH-N-130304		1 SET	800.00	1，103.00
TOTAL:			800.00	1，103.00

SAY：(0001) C/T ONLY

Signed by______________

单证 21－12

保　函

昆山海关：

我公司昆山三兴电机有限公司成立于2009年09月，投资总额37899万美元，注册资本12900万美元，公司经营范围为：研发、生产高密度互联多层印制电路板（HDI），多层挠性板（FPC）和刚挠印制电路板（R－FPC），IC封装载板，双面及多层印制线路板，电容等新型电子元器件；销售自产产品。从事与本公司的同类产品及生产用原辅材料（印制线路板、基板、电容、压电晶体、电阻器、电感器、塑料盘、载带等）相关的商品进出口及商业批发、佣金代理（拍卖除外）业务，并提供配套服务。

公司获准的国家鼓励发展的外资项目确认书统一编号：C33220112373077，项目产业政策审批条目：《鼓励外商投资产业目录》第三类第（二十一）条第15项：新型电子元器件制造。

我公司于2013年5月向海关申请免税进口货物：

HS code	Description	Model	Quantity	Unit	Unit Price	Total Value
商品编码	**品名**	**型号**	**数量**	**单位**	**单价 USD**	**总计 USD**
8428909090	放板机	DH－N－130304	1	台	49,393.83	49,893.83
Total Quantity and Amount			1	台		49,893.83

共计1台，USD 49,893.83

我公司保证上述设备的技术参数真实有效。如经核查，技术参数与实际情况不符的，我公司将承担一切责任。我公司保证上述设备未经海关许可，不抵押、转让、出售、移作他用或者进行其他处置。如有违反，愿按海关法的相关规定接受处罚。

昆山三兴电机有限公司
2013年5月03日

单证 21－13

江苏省地方税务局通用机打发票

发票联

发票代码 232001207412

发票号码 08156871

开票日期：2013-5-3　　行业分类：

付款方名称：昆山三兴电机有限公司　　机打发票代码：232001107411

付款方识别号：　　机打发票号码：08156871

船名/航班	起运地	目的地	附注	
ESN ANANDA 0003W	PYONGTAEK	SHANGHAI	楼桂桂：40446317	
到（离）港日期	装货港	卸货港		
提（运）单号	开票项目	数量	单价/费率	金额（USD）
HSLPTKSHA1305583	运货	1	370	370.00

金额合计（大写）：美元　　叁百柒拾元整　　（小写）USD370.00

币种：USD　　汇率：　　牌价目：　　金额（USD）

开户银行：

开户帐户：

开户人：时晓雯　　取款方识别号：

在线开具，请主动查验　　收款方：亚东朗升国际物流（江苏）有限公司

第一联 发票联（付款方付款凭证）（手写无效）

单证 21 - 14

KUNSHAN SANXING ELECTRO-MECHANICS CO. , LTD.
昆山三兴电机有限公司

Contract no. 452872063
合同号码 452872063

CONTRACT
合 同

This is to confirm our Sale to you as buyer, and you purchase from us Seller , of the under - mentioned Commodity subject to the following special terms and conditions:

本合同经买卖双方确认达成以下条款:

Shipment date
装运期 在 2013 年 6 月 30 日之前

Payment
付款方式 Telegraphic transfer

Packing
包装 木质包装

Destination
目的地 Kunshan China

Cargo feright
运费 $ 370. 00

Insurance freight
保险费 $ 17. 91

Price terms
成交方式 FOB SHANGHAI CHINA

HS code	Description	Model	Quantity	Unit	Unit Price	Total Value
8428909090	放板机	DH - N - 130304	1	SET	$ 49,393,83	$ 49,393,83
Total Quantity and Amount			1	SET		$ 49,393,83

Seller
SANXING ELECTRO-MECHANICS CO. ,LTD.

Buyer
昆山三兴电机有限公司

项目二十二　科教用品进口

一、业务背景

上海市疾病预防控制中心（3108995462）委托上海亚美进出口贸易有限公司（适用海关收发货人A类管理，海关注册编码3111260308）向海关申报进口一台医疗用α射线检测仪，用于本单位的科研项目。装载货物的运输工具于2012年6月22日申报进境。

关区代码表：

海关总署“0001”；上海海关“2200”；外港海关“2225”。

商品信息：

申报要素项目	要素说明
用途	用于放射化学
原理	采用单片机控制
品牌	Hitachi
型号	7220
其他	无

二、随附单证

本项目的随附单证见单证22－1至单证22－8。

单证 22－1

PURCHASE CONTRACT

Contract No.：2012YMY-C175　Signing Date：MAY 31，2012　Signing Place：SHANGHAI，CHINA

买方：上海亚美进出口贸易有限公司

地址：

The BUYER：AHYMY IMP. & EXP. TRADING CO.，LTD.

ADD：

TEL：　　　　FAX：　　　　P. C：

THE SELLER：HITACHI HIGH-TECHNOLOGIES CORPORATION

ADD：

TEL：　　　　FAX：

最终用户：上海市疾病预防控制中心

兹经买卖双方同意，按下述条款由买方购进卖方售出一下商品：

This Contract is made by and between the Buyers and the Sellers，whereby the Buyers agree to buy and the Sellers agree to sell the under-mentioned goods subject to the terms and conditions stipulated below.

1. 货名及规格

货名及规格 Commodity and specification	数量 Quantity	单价 Total price
MEDICAL α-RAY DETECTOR （医疗用 α 射线检测仪） MODEL：7020	ONE SET	USD39000.00

TOTAL AMOUNT：SAY U. S. DOLLARS THIRTY NINE THOUSAND ONLY

2. 生产国别及制造厂商

Country of Origin and Manufacturers：HITACHINIGH-TECHNOLOGIES CORPORATION，JAPAN

3. 包装

装在适于长途的标准出口箱内，能适合气候变化，防湿、防潮、抗震、防锈及防粗鲁搬运，卖方负责因包装不良以及在包装方面因卖方采取了不当的或不良的保护措施而产生的任何商品损坏，并负担有关费用。

PACKING：To be packed in standard export packing suitable for long distance ocean freight transportation and to change of climate，well protected against moisture shocks，rust and rough handling. The Sellers shall be liable for any damage of the commodity and expenses incurred on account of improper packing and for any rust attributable to inadequate or improper protective measures taken by the Sellers in regard to the packing.

4. 唛头：卖方须以不退色的油漆在每件货物箱表面刷上件号、毛重、净重、尺码、起吊位置注“勿使受潮”、“小心轻放”等字样及下列唛头。

SHIPPING MARK：The Sellers shall mark on each package with fadeless paint the package number，Gross weight，net weight，measurement，the lifting position and the wordings：“KEEP AWAY FROM MOISTURE”，“HANDLE WITH CARE” etc. and the shipping mark：

2012YMY-C175
SHANGHAI，P. R. CHINA

（单证 22-1 续 1）

5. 装运期限　　　　　　收到买方开出的不可撤销即期信用证后60天门内装运。
TIME OF SHIPMENT The above goods will be shipped within 60 days after receipt of the L/C.

6. 装船口岸　　　　　　日本主要港口
PORT OF SHIPMENT MAIN PORT IN JAPAN

7. 到货口岸　　　　　　中国，上海
PORT OF SHIPMENT SHANGHAI, P. R, CHINA

8. 保险：
装船后由卖方按发票金额110%投保一切险至目的地，保险赔付在中国进行。
INSURANCE: To be covered by the Sellers after shipment for 110% of the total invoice value against all risks and to the destination. Claims payable in China.

9. 付款条件：
1）所有货款支付均以美元成交。
2）100%合同货款以即期不可撤销信用证方式支付。
TERMS OF PAYMENT:
1）All the payments under this contract shall be made in USD.
2）100% of the contract value shall be paid by the irrevocable L/C at sight.

10. 付款单据：
（1）由开证行背书的清洁提单正本两份、副本二份，注明"运费已付"。
（2）发票和装箱单一式五份（3份原件、2份复印件）、注明合同号码、品名、数量、单价、总值和唛头。
（3）制造厂签发的质量和数量证明书2份原件、2份复印件。
（4）装运后立即通知买房装运细节的传真副本一份。
（5）以买方为抬头的保险单正本一份。
（6）原产地证明正本一份。
（7）一份正本一份副本由出口国家或地区的植物检疫认可的企业出具的木质包装已按中国确认的检疫除害处理方法处理，并加施IPPC专用标识的证明。
船开后，卖方将上述单据通过开证行寄给买方，并于开船3天内，航空另一套上述单据副本（第5款除外）和原件1/3提单直接给买方。
DOCUMENTS:
（1）2/3 of clean on board ocean bill of lading (in two originals and two copies) marked "freight prepaid" made out to order of issuing bank.
（2）Invoice and Packing List in 3 originals and 2 copies indicating the Contracts number, commodity, quantity, unit price, total amount and shipping mark.
（3）Certificate of Quality and Quantity in 2 originals and 2 copies issued by the Manufacturers.
（4）Copy of fax to the Buyers advising particulars of shipment immediately after shipment is made.
（5）Insurance Policy in one original to the order of the buyer.
（6）Certificate of origin in one original.
（7）1 original and 1 copy of certificate for WPM treated with measures approved by AQSIQ and being labeled with IPPC mark by manufacturers certified by plant quarantine authorities of exporting countries or regions.

（单证 22－1 续 2）

In addition, the sellers shall after the shipment send the aforesaid documents to the buyers through issuing bank. And shall, within 3 days after shipment, send by airmail one extra sets of the aforesaid document (except item 5) with original 1/3 B/L to the buyers.

11. 装运条件：CIF 交货条件：卖方应在交货期内将货物装直达船由装运口岸至目的口岸，中途不得转船，不可以分批装运。装运合同货物的船只不得悬挂买方不能接受的国旗，卖方应在货物发出后及时投保。

SHIPMENT: CIF terms: The sellers shall ship the goods within the delivery time from the port of contracted goods shall not be carried by a vessel flying the flag of country which the Buyers cannot accept. The Sellers should arrange insurance in time after shipment.

12. 装船通知：卖方应于货物装船完毕后，立即以传真通知买方合同号、货号、数量、发票金额、毛重、船名、开航日期及提单号日期等。如单件货物的重量超过 9 公吨或宽度超过 3400 毫米，或两旁及处理方法电告买方。

SHIPPING ADVICE: The Sellers shall immediately upon the completion of the loading of the goods, advise by fax the buyers of the contract number, commodity, quantity, invoice value, gross weight, name of vessel, date of sailing and date of B/L No., etc. If any package is above 9 metric tons in weight, or over 3400mm in width, or over 2350mm on both sides in height, the Sellers shall advise the Buyers of the weight and measurements of such package. In the case of dangerous goods, the Sellers shall cable to notify the Buyers of their nature and the method of handling them.

13. 质量保证：卖方保证本合同货物用最好的材料以第一流工艺制造，是崭新、未使用过的。在质量与规格一切方面与合同的规定相符。其保证期为卖方与用户在用户场地签署合同货物签收合格证之日起 12 个月。在保证期内，买方按照设备或机器使用说明书，在正常条件下使用，由于生厂商设计或制造上的缺陷而发生的损坏由卖方负责。

GUARANTEE OF QUANTITY: The Sellers guarantee that the commodity hereof is made of the best materials with first class workmanship, brand-new and unused, and complies in all respects with the quantity and specification stipulated in this Contract. The guarantee period shall be 12 months counting from the date on which the Final Acceptance Certificate is signed by the Sellers and the User at the User's site, Within the guarantee period, the Sellers shall be liable for the damage incurred on account of the defects attributable to the design and emerging during the course of manufacturing on the Sellers' side if the Buyers operate it under regular conditions in accordance with the Instruction to the equipment or the machine.

14. 检验：

（1）在交货之前，制造厂商应对产品的质量、规格、性能和数量/重量进行精确和全面的检查，并出其证明产品与本合同规定相符的证明书。本证明书构成已付货款时向议付行提交文件的不可分割的一部分，但它不得作为产品的质量、规格、性能和数量/重量的最终检验依据。制造厂进行测试的细节和结果必须写出书面报告并作为质量检验书的附件。

（2）货到目的港或目的地后，买方向中国商品检验局（以下简称商检局）或中国质量认证集团申请对有关货物的质量、规格、性能和数量/重量进行初步检验并出具检验报告。如商检局发现到货的规格或数量与本合同规定不符，除由保险公司或船公司负责外，在货到目的港后 120 天内，买方有权拒收货物或向卖方提出索赔。

（单证 22－1　续 3）

（3）如货物的质量和规格与本合同不符，或在本合同第 13 条规定的保证期内以任何理由证明货物有缺陷，包括内在缺陷或选材不当，买方应提交商检局检验或中国质量认证集团，并有权根据该检验报告向卖方索赔。

INSPECTION：

（1）The manufacturers shall，before making delivery，making a precise and comprehensive inspection of the goods as regards the quality，specification，performance and quantity/weight，and issue certificates certifying that the goods are in conformity With the stipulations of this contract. The certificate shall form an integral part of the documents to be presented to the paying bank for negotiation of payment but shall not be considered as final in respect to quality specification，performance quantity/weight. Particulars and results of the test carried out by the manufactures must be shown in a statement which has to be the quality certificate.

（2）After arrival of the goods at the port of destination or the place of destination，the Buyers shall apply to China Import and Export Commodity Inspection Bureau（herein after called the Bureau）or CCIC for a preliminary inspection in respect of the quality. Specifications and quantity/weight of the goods and a Survey Report shall be issued therefore. If discrepancies are found by the Bureau responsibilities lie with insurance company or shipping company，the buyers shall，within 120 days after arrival of the goods at the port of destination，have the right to reject the goods or to claim against the sellers.

（3）Should the quality and/or the specification of the goods be found not in conformity with the contract，or should the goods prove defective within the guarantee period stipulated in Clause 13 for any reason，including latent defer or the use of unsuitable materials，the buyers shall arrange for survey to be carried out the Bureau or CCIC，and have the right to claim against the sellers on the strength of the Survey Report.

15. 索赔：

（1）如卖方应对前述违反合同规定负有责任时。且买方在本合同 13 条和 14 条规定的和质量保证期之内提出索赔。卖方在征得买方同意后，应按下列方法中一种或几种方式理赔：

甲）同意退货、将退货金额以本合同成交货币偿还买方，并承担于此有关的全部直接损失和费用，包括利息、银行费用、运费、保险费、商检费、仓储费、装卸费以及为保管退货所需的其他所有费用。

乙）按货物次劣程度、损坏的范围和买方遭受损失的大小将货物贬值。

丙）用符合本合同规定的规格、质量及性能的新部件进行更换，并承担所有费用和买方遭受的直接损失。同时，对新更换件的质量保证卖方应按合同第 13 条规定给予新的保证期。

丁）必要时，买方可自行消除瑕疵，费用由卖方负担。

（2）如果卖方在接到买方提出索赔后 30 天内不予答复，则该项索赔应视为已为卖方所接受。

CLAIMS：

（1）In case that the sellers are liable for the discrepancies and a claim is lodged by the buyers within the time-limit of inspection and quality guarantee period as stipulate in clauses 13 and 14 of the contract，the sellers shall settle the claim upon the agreement of the buyers in one or the combination of the following ways：

（单证 22－1　续 4）

(a) Agree to the rejection of the goods and refund to the buyers the value of the goods so rejected in the same currency as contracted herein and to hear all direct losses and expenses in connection therewith including interest accrued banking charges, freight, insurance premium, inspection charges, storage, stevedore charges and all other necessary expenses required for the custody and protection of the rejected goods.

(b) Devalue the goods according to the degree of inferiority, extent of and amount of losses suffered by the buyers.

(c) Replace new part which conform to the specification, quality, and performance as stipulated in this contract, and bear all expenses occurred, The Sellers shall, at the same time, guarantee the quality of the replaced parts for a farther period according to Clause 13 of this contract.

(d) Where necessary, the buyers shall be at liberty to eliminate the defeat (s) themselves at the sellers' expenses.

(2) The claims mentioned above shall be regarded as being accepted if the Sellers fail to reply within 30 days after the sellers receive the buyers claim.

16. 人力不可抗拒：由于在生产，装运过程中可能发生的额人力不可抗拒事故（如：战争，严重火灾、水灾、台风、地震以及双方均认为属于 人力不可抗拒事故的其他情况）而使得卖方延期装船或不能交货，卖方可不承担责任；但是卖方应在上述事故发生后立即电告买方，并在发电后 14 天内，提供不可抗力事故发生地域的主管政府当局或商会出具的证件，空邮交买方以资证明。在此情况下，卖方仍需采取一切必要措施加速货物的发运。如不可抗力延期十周以上，买方有权撤销该购货合同。

FORCE MAJEURE: The sellers shall not be held responsible for the delay in shipment or non-delivery of the goods due to force majeure (such as war, serious fire, flood, typhoon, earthquake and other cases to be agreed upon by the two sides) which might occur during the process of manufacturing or in the cause of loading or transit. The sellers shall immediately advise the Buyers by telex/cable of the occurrence mentioned above and within fourteen days thereafter. the sellers shall send by airmail to the Buyers for their acceptance a certificate of the accident issued by the component Government Authorities or the Chamber of Commerce where the accident occurs as evidence thereof, under such circumstance the sellers, however, are still under the obligation to take necessary measures to hasten the delivery of the goods, in case the accident lasts for more than 10 weeks, the buyers shall have the right to cancel this contract.

17. 迟交罚款：除本合同第 16 条所规定的不可抗拒事故原因外，如卖方不能按合同规定准时交货，在卖方同意承担罚款有议付行在支付款时扣除的条件下，买方应同意延期交货。但罚款总额不超过迟交货总额的 5%。罚款率为每七天千分之五，不足七天者应按七天计算。卖方应在合同规定交货期 14 天前，提交卖方工厂生产进度的证明，并提出新交货期，如延期交货超过本合同所规定的装船期 10 个星期，买方有权撤销该购货合同。尽管如此，卖方仍需立即向买方缴付罚金。

LATE DELIVERY AND PENALTY: Should the Sellers fail to make delivery on time as stipulated in the contract, with the exception of force majeure causes specified in clause 16 of this contract, the buyers shall agree to postpone the delivery on the condition that the sellers agree to pay a penalty which shall be deducted by the paying bank from the payment under negotiation. the penalty, however, shall not exceed 5% of

(单证 22-1 续5)

the total value of the goods involved in the late delivery, the rate of penalty is charged at 0.5% for ever seven days, odd days less than seven days should be counted as seven days the sellers shall. 14days before the date of delivery stipulated in the contract, send to the buyers a certificate indicating the sellers' progress of production and specify a new time of shipment. In case the Sellers fail to make delivery ten weeks later than the time of shipment stipulated in the contract. The Buyers shall have the right to discuss a solution to the contract and the sellers shall still pay the aforesaid penalty to the Buyers without delay.

18. 仲裁：与本合同有关的或因执行本合同所发生的一切争执。由签订合同的双方友好协商解决。不能解决时，提请中国国际贸易促进委员会下属的对外经济仲裁委员会根据该委员会的临时仲裁程序规则进行仲裁。仲裁在北京进行，仲裁委员会的裁决为最终裁决，签约双方都应服从任何一方均不得向法院或其他当局求助申请修改裁决。仲裁费用由败诉一方负担。

    ARBITRATION: All disputes in connection with this contract or the execution there of shall be settled through friendly negotiation, in case no settlement can be reached, the case may then be submitted for arbitration to the Foreign Economic and Trade Arbitration Commission of the China Council for the Promotion of International Trade in accordance with the provisional Rules of Procedures promulgate by the said Arbitration Commission, the arbitration shall take place in Beijing and the decision of the Arbitration Commission shall be final and binding upon both parties , neither party shall seek recourse to a law court or other authorities to appeal for revision of the decision, Arbitration fee shall be borne by the losing party.

19. 银行手续费：在中国境内发生的全部银行费用由买方来承担，在中国以外发生的全部银行费用均由卖方承担。由于卖方原因发生的改证费用由卖方承担。费用将从信用证金额中相应扣减。

    BANKING CHARGES: All the banking charges incurred in China shall be borne by the buyers while all the banking charges incurred outside China shall be borne by the sellers, all amendments fees incurred from the sellers' season are for the sellers A/C and will be deducted from L/C value.

20. 税收 TAXES:

    (1) All taxes in connection with and in execution of this contract to be levied by the Chinese government on the Buyer in accordance with the tax law in effect shall be paid by the Buyer.

    (2) All taxes in connection with and in execution of this contract to be levied by the Chinese government on the buyer in accordance with the tax law of the people's republic of China in effect shall be paid by the Seller.

    (3) All taxes in connection with and in execution of this contract to be levied outside of China's territory shall be paid by the Seller.

21. 本合同须于买方获得政府进口许可证后方能生效，并由买房书面通知卖方。

    The validity of the contract is subject to the obtaining of the import license from the Chinese Authorities and the Buyers shall notify the sellers in written letter of the validity of the contract.

22. 本合同采用中英文写成签字后备执一份为凭。

    This contract is written in English and Chinese, each part holds one copy after signing.

（单证 22－1　续 6）

23. 附件为该号合同下不可分割部分，与合同具有同等效力。

Attachments are indispensable parts of this contract and equally valid as the contract.

The Buyers：AHYMY IMP. & EXP. TRADING CO.，LTD.

The Sellers：HITACHI HIGH-TECHNOLOGIES CORPORATION

单证 22－2

代理进口合同

甲方：上海市疾病预防控制中心　　　　　乙方：上海亚美进出口贸易有限公司

上海市疾病预防控制中心（以下简称甲方）和上海亚美进出口贸易有限公司（以下简称乙方）依据“中华人民共和国合同法”和其它有关法律的规定，关于医疗用α射线检测仪一台（套）的进口事宜，经友好协商，达成一致意见，签订本委托代理合同。

一、总则

1. 根据国家法律规定，双方建立委托代理关系，甲方愿意委托乙方代为购买设备的代理，乙方同意接受这一委托。

2. 双方应密切配合，分工协作，共同完成进口项目和本委托代理合同约定的工作。

3. 双方应认真遵守和执行国家的各项法律、条例和政策。

二、甲方负责确定以上进口设备的国外供应商及有关技术、工程问题、技术谈判、签署技术文件并对此负责。乙方负责该进口项目商务谈判，拟定合同文本并经甲方确认，严格按照合同条款执行且对此负责。

三、本《代理进口合同》中所要求进口的货物规格、数量与进口合同“2012YMY－C175”所规定的完全一致，其合同条款已经由甲方确认，具有法律效力。

四、甲方必须在合同规定的时间内落实进口项目所需的人民币或外汇，如果甲方延迟付款，延迟开立信用证，产生利息及延迟交货将有甲方承担；如果乙方原因造成的延迟付款，乙方承担由此引起的直接损失。

五、乙方负责对外执行进口合同，拟定、审核信用证条款，办理对外开证、对内结算等有关事宜。

六、乙方负责货物的进口报关、国内运输、运输保险等手续，负责将进口货物运抵甲方指定地点。

七、乙方负责货物的商检工作，货至目的地后与甲方一起清点每批货物，乙方负责及时将货物的短缺、坏损情况，在当天用传真通知国外卖方违约的修理、更换、补足提供依据，履行对外合同的责任与义务。在甲方提供报关条件后，乙方将根据国家有关政策协助甲方办理相关进口手续。

八、价款条款

1. 本代理合同总金额按实际成交价格。

2. 总费用包括在执行本合同过程中产生的一切费用，如合同货款、银行开征费、商检、运保费、港区杂费及乙方的劳务费等与合同相关的所有费用。

3. 所用货款验收后付至乙方指定账户。

九、乙方要认真执行进口合同，及时向甲方通报进口合同执行情况，及时向甲方报告执行过程中可能出现的问题。

十、乙方负责办理注册合同生效，办理外汇核销。

十一、合同执行完毕后，乙方提供完整的财务手续。

十二、乙方负责处理进口合同执行过程中的诉讼和仲裁事宜，本合同第八条规定的费用不包括诉讼和仲裁所需的费用；在执行进口合同过程中如果发生合同纠纷须通过仲裁机构或法院解决时，甲方将与乙方另签仲裁或代理协议后，支持乙方进行仲裁或诉讼活动，其费用由甲方负责；无论是否签订仲裁或诉讼代理协议书，由仲裁裁决或法院判决所产生的权利或义务均由甲方享有或双方协商，双方如有异议，且协商不成，须提交上海仲裁委员会仲裁。

（单证22－2 续）

十三、甲乙双方均应认真履行本代理合同，由于任何一方过错使本合同不能履行，造成其他后果的，由过错方承担责任，如属双方过错，则根据各自过错程度承担相应的责任。

十四、甲乙双方有关执行本代理合同的所有往来联系以正式书面文件为准，条件不允许应由电话联系，但事后须用书面确认。本代理合同的任何联系，应先用电话联系，以书面形式确认，并经双方签字盖章方可视为有效。

十五、由于不可抗力造成本代理合同不能履行时，甲乙双方均不承担责任，由此所造成任何一方的损失，则由损失方自理。

十六、甲乙双方同意，在执行本代理合同过程中所发生的一切争议，应先进行协商解决，协商不成时，任何一方都可以诉诸至人民法院解决。

十七、本合同一式二份，双方各执一份。

甲方：上海市疾病预防控制中心	乙方：上海亚美进出口贸易有限公司
年　月　日	年　月　日

单证 22－3

INVOICE

<table>
<tr><td colspan="2">Hitachi High-Technologies Corporation(HEAD OFFICE)
Tel:
Fax:</td><td>Invoice No. 336053M
Date Jun.10, 2012</td></tr>
<tr><td colspan="2" rowspan="2">Sold by Order for Account and Risk of Messrs</td><td>Special Conditions</td></tr>
<tr><td>License No:</td></tr>
<tr><td rowspan="2">From
YOKOHAMA JAPAN</td><td rowspan="2">Via</td><td>Terms of payment
L/C AT SIGHT</td></tr>
<tr><td>Seller's Ref:
21F0-0-0972(3972)</td></tr>
<tr><td colspan="2">To
SHANGHAI P.R.CHINA</td><td>Buyer's Ref:
2012YMY-C175</td></tr>
</table>

Marks & Nos.	Description	Quantity	Unit Price	Total Amount
2012YMY-C175 SHANGHAI.P.R.CHINA C/NO.1 MADE IN JAPAN	α-RAY INSPECTOR 7020	1 SET	CIF SHANGHAI,P.R. CHINA USD39,000.00	USD39,000.00
	Total:	1 SET		USD39,000.00

L/C NO,I.C580110000028
COUNTRY OF ORIGIN:JAPAN
*CONTRACT NO: 2012YMY-C175
*PACKING:STANDARD EXPORT PACKING SUITABLE FOR LONG DISTANCE OCEAN TRANSPORTATION.
*CARGO ORIGIN:HITACHI HIGH-TECHNOLOGIES COPPORATION,JAPAN
**P.C:230088
(ECN A10086)

Hitachi High-Technologies Corporation

单证 22 –4

Nippon Express

COMBINED TRANSPORT BILL OF LADING

NO. YOSZ4567784

Received by the carrier issue the shipper i9n in appear order an condition the goods or container or package to contain for transport form the place loading to the place of back whether , type stain or stained this bill of lading must surrendered in exchange for the goods or delivery.

ORIGINAL

Shipper HITACHI HIGH-TEGHNOLOIES CORPATION TOKYO JAPAN	**Export Reference**
Consignee To ORDER OF SHANGHAI PUDONG DEVELOPMENT BANK	**Forwarding Agent-Reference** 133119-4501784 YOSZ 4561793
Notify Party AHYMY IMP. AND EXP. TRADING CO.,LTD	**Point and Country of origin** JAPAN **Far cargo Release Contact** NIPPON EXPRESS (SUZHOU)CO.,LTD.

Pre-carriage by	**Place of Receipt** YOKOHAMA,CY	**Routing of Transportation**
Ocean Vessel /Voy. No SITC NAGOYA	**Port of Loading** YOKOHAMA JAPAN	
Port of Discharge SHANGHAI,P.R CHINA	**Place of Delivery** SHANGHAI,CY	**Final Destination (for the Merchants reference only)**

Particulars Furnished by shipper

MARKS and NUMBER Container and Seal NO.	No. of Package on Containers	Description of package and good Type and kind of package or container	Gross Weight	Measurement
2012YMY-C175 …………… SHANGHAI.P.R.CHINA C/NO.1 MADE IN JAPAN	1 CONTAINER 1 CASE	SHIPPERS LOAD&COUNT SAID TO CONTAIN MEDICAL α-RAY DETECTOR L/C NO. : LC580110000028 CONTRACT NO : 2012YMY-C175 INVOICE NO.: 336053M	330.00KGS	2.248M³

CONTAINER NO　　SEAL NO　　FREIGHT PREPAID AS ARRANGED

TGHU0415982　　SITJ683731 20 85 DRY　　SAY ONE (1) CONTAINER ONLY

Freight& Charges	R/T	RATE Per	Prepaid	Collect
		FREIGHT PREPAID AS ARRANGED		

EX ,Rate	Prepaid at	Payable at	place of B/L ISSUE	DATED
JP¥88.8900	YOKOHAMA		YOKOHAMA	JUL12,2012
	TOTAL Prepaid in Yen	No. of original B(n)/L **THREE(3)**	IN WITNESS WHERED, THE NUMBER OF SIGN OF LOADINGHER ALT AT THE QUER TENOR AND DATE HAD SIGNED ARE OF ACCOMPLISHED,THE OTHER BE VOID. **AS CARRIER NIPPON EXPRESS.CO,.LTD** BY:	

LOADEN ON BOARD THE VESSEL

VESSEL: SITC NAGOYA　　DATE : JUL 12, 2012

PORT OF LOADING : YOKOHAMA JAPAN　　BY: ________

单证 22 – 5

PACKING LIST

<table>
<tr><td colspan="2">Hitachi High-Technologies Corporation(HEAD OFFICE)
Tel: Fax:</td><td>Invoice No. 336053M
Date Jun.10, 2012</td></tr>
<tr><td colspan="2" rowspan="2">Sold by Order for Account and Risk of Messrs</td><td>Special Conditions</td></tr>
<tr><td>License No:</td></tr>
<tr><td colspan="2" rowspan="2">From Via
YOKOHAMA JAPAN</td><td>Terms of payment
L/C AT SIGHT</td></tr>
<tr><td>Seller's Ref:
21F0-0-0972(3972)</td></tr>
<tr><td colspan="2">To
SHANGHAI P.R.CHINA</td><td>Buyer's Ref:
2012YMY-C175</td></tr>
<tr><td colspan="2">Marks & Nos. Description Quantity</td><td rowspan="3">ORIGINAL
Hitachi High-Technologies Corporation</td></tr>
<tr><td colspan="2">2012YMY-C175
SHANGHAI.P.R.CHINA
C/NO.1 α-RAY INSPECTOR 1 SET
Made In JAPAN 7020</td></tr>
<tr><td colspan="2" rowspan="2">TOTAL 1 SET
L/C NO,I.C580110000028
COUNTRY OF ORIGIN:JAPAN
*CONTRACT NO: 2012YMY-C175
*PACKING:STANDARD EXPORT
CKING
SUITABLE FOR LONG DISTANCE
OCEAN
TRANSPORTATION.
*CARGO ORIGIN:HITACHI
HIGH-TECHNOLOGIES
COPPORATION,JAPAN
**P.C:230088
(ECN A10086)</td></tr>
<tr><td>P.P Manager Logistics Center</td></tr>
</table>

<table>
<tr><td rowspan="2">Number of Package</td><td rowspan="2">Quantity of Package</td><td colspan="2">Contents</td><td rowspan="2">Net Weight</td><td rowspan="2">Gross Weight</td><td rowspan="2">Measurement</td></tr>
<tr><td>Description of Goods</td><td>Quantity</td></tr>
<tr><td>1</td><td>1 CASE</td><td>Main BODY</td><td>1 SET</td><td>220.0 KGS</td><td>330.0 KGS</td><td>131*131*131cm
2.248091m³
2.248m³</td></tr>
</table>

单证 22 -6

进出口货物征免税证明

编号：Z33101000850

减免税申请人：上海市疾病预防控制中心	征免性质/代码：科教用品/401	审批依据：联发 45 号令
发证日期：2012 年 06 月 08 日	有效期：　至 2012 年 12 月 07 日止	
到货口岸：上海海关	合同号：2012YMY - C175	

序号	货名	规格	税号	数量	单位	金额	币制	主管海关审批征免意见		
								关税	增值税	其他
1	医疗用 α 射线检测仪/7020		90222100.00	1.00	台	39000.00	USD	全免	全免	
2	<以下空白>									
3										
4										
5										
备注										

审批海关签章： 负责人：	核放海关批注： 负责人： 年　月　日	

单证 22－7

中华人民共和国出入境检验检疫
入境货物通关单

编号：310900112006802000

<table>
<tr><td colspan="3">1. 收货人
上海市疾病预防控制中心</td><td rowspan="3">5. 标记及号码
N/M</td></tr>
<tr><td colspan="3">2. 发货人
***
***</td></tr>
<tr><td>3. 合同/提（运）单号
2012YMY－C175/
YOSZ4567784</td><td colspan="2">4. 输出国家或地区
日本</td></tr>
<tr><td>6. 运输工具名称及号码
船舶 *** ***</td><td colspan="2">7. 目的地
上海</td><td>8. 集装箱规格及数量
海运 20 尺普通 1 个</td></tr>
<tr><td>9. 货物名称及规格
医疗用 α 射线检测仪
* * *
（以下空白）</td><td>10. H. S. 编码
90222100. 00
* * *
（以下空白）</td><td>11. 申报总值
*39000 美元
* * *
（以下空白）</td><td>12. 数/重量、包装数量及种类
*1 台
* * *
（以下空白）</td></tr>
<tr><td colspan="4">13. 证明
上述货物业已报检/申报，请海关予以放行。
本通关单有效期至二〇一三年五月二十三日
签字：　　　　日期：2013 年 04 月 24 日</td></tr>
<tr><td colspan="4">14. 备注</td></tr>
</table>

［2－2（2000. 1. 1）］　　　　①货物通关

单证 22－8

中外运上海分公司
COSCO SHANGHAI CO. , LTD

提货单
DELIVERY ORDER

NO. 034590

收货人：__________ 致：外港 港区、场、站

地址：__________ 下列货物已办妥手续，运费结清，准予交付收货人。

收货人开户银行账号			
船名 SITC NAGOYA	航次 278W	启运港 YOKOHAMA	目的地 SHANGHAI
提单号 YOSZ4567784	交付条款 CFS－CFS	到付海运费	合同号 2012YMY－C175
卸货地点 SHANGHAI	抵港日期 UN. 20. 12	进库场日期	第一程运输
货名	α射线检测仪	集装箱号/铅封号	
集装箱数	1×20GP		
件数	1		
重量	330KGS	TGHU0415982	
体积	2.248m^3		
标志			

请核对放货。

年 月 日

凡属法定检验、检疫的进口商品，必须向有关监督机构申报。

收货人章 1	海关章 2	3	4
5	6	7	8

项目二十三　国家重点鼓励项目进口设备[①]

一、业务背景

南京云海轻金属精密制造有限公司于 2012 年 11 月办理海关注册（注册编码 3201967518）。为建设国家重点鼓励发展的投资项目，该企业拟进口生产设备，并于签订首批进口合同前向南京海关职能部门办理了相关手续。2013 年 5 月，该企业在投资总额内从日本进口一批冷室压铸机（属法检范围内的成套设备）。装载货物运输工具于 2013 年 5 月 30 日申报进境，6 月 3 日该企业委托你公司向南京海关隶属新生圩海关报关。

商品信息：

申报要素项目	要素说明
用途	金属铸造成型
品牌	东洋
型号	BD－500V5
其他	无

二、随附单证

本项目的随附单证见单证 23－1 至单证 23－13。

① 本实训项目改编自 2014 年全国职业院校技能大赛高职组报关技能赛项赛前训练题。

单证 23－1

出入境检验检疫收费收据
Receipt of Entry-Exit Inspection and Quarantine

国财 01701　　　　　　　　　　　　　　　　　　No. 0848533577

缴费单位：南京云海轻金属精密制造有限公司　　　　收款日期　　年　　月　　日

Payer　　　　　　　　　　　　　　　　　　　　　Date

申请单号 Application No.	项目 Items	摘要 Additional Declaration	金额（Amount）							
			十	万	千	百	十	元	角	分
	入境货物通关单	出证					8	0	0	0
合计（Total）						¥	8	0	0	0
总计人民币 Total（R. M. B）		零拾零万零仟零佰捌拾零元零角零分								

第二联　收据

收款单位（章）出入境检验检疫局　　　复核　　　　　　收款人

Payee（Seal）　　　　　　　　　　　Checked by　　　Payee

单证 23-2

联德机械　　　　LTSH11026　　　　南京云海

合 同
CONTRACT

买方：南京云海轻金届精密制造有限公司　　　　日期：2013/05/05

The Buyers：Nanjing Yunhai Light Metals Precision Manufacturing Co.，Ltd

合同签订地点：南京市溧水县

地址：南京市溧水县洪蓝镇　　　　传真：

Address：Honglan，Lishui，Nanjing，China　　　　Fax：

卖方：联德机械有限公司

The Sellers：LANGTECH LIMITED.

地址：香港鲗涌华兰路25号大昌行商业中心24楼2401室

传真：

Address：Unit2401. 24lh floor L）CH Commercial Centre. 25 Westland's Road.

Fax：

Quarry Bay，Hong Kong

双方同意按照下列条款由卖方售出，买方购进下列货物：

The Seller agrees to sell and the Buyer agrees to buy the under commodity according to the terms and conditions stated below：

（1）货物名称、规格 Name of Commodity 'Specification	（2）数量 Quantity	（3）单价 Unit Price（JPY）	（4）总金额 Amount（JPY）
冷室压铸机 型号：BD-500V5 Cold Chamber Die Casting Machine Model：BD-500V5	2 SETS	21,000,000.00	42,000,000.00
合计（CIF 南京）			42,000,000.00

TOTAL CIF NANJING SAY JAPANESE YEN FORTY-TWO MILLION ONLY.

（5）交货条件：GIF 南京

除非另有规定，“CIF”应按照国际商务会制定的《国际贸易术语解释通》（INCOTERMS，1990）办理。

TERMS OF DELIVERY：CIF NANJING

The term “CIF” shall be to the “International Rules for the Interpretation of Trade”（INCOTERMS，1990）provided by International Chamber of Commerce（ICC）unless otherwise stipulated herein.

（6）原产地国别及制造商：日本东洋机械金届株式会社

COUNTRY OF ORIGIN AND MANUFACTURES：JAPAN TOYO Machinery（& Metal Co.，Ltd.

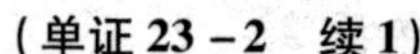

(单证 23－2　续 1)

(7) 包装：

货物应具有防潮、防锈蚀、防筏并适合子远洋运输的包装。由子货物包装不良而造成的货物残损、丢失应由卖方负贵。卖方应在每个包装箱用不褪色的颜色标明尺码、包装箱号码、毛重、净重及"此端向上"、"防潮"、"小心轻放 "等标记 。

PACKING：

The packing of the goods shall be preventive dampness, rust, moisture, erosion and shock, and shall be suitable for ocean transportation. The Seller shall be liable for any damage and loss of the goods attributable to the inadequate or improper packing.

The measurement, gross weight, net weight and the cautions such as " Do not stack up side down ," Keep away from Moisture"," Handle with care" shall be stenciled on the surface of each package with fadeless pigment.

(8)唛头:LTSH1 1 026

SHIPPING MARK:NANJINGCHINA

(9)装运期:第一台:合同生效后 3.5 个月内

第二台:买方在 2013 年 12 月 31 日前向卖方发出正式确认的订单函后,经双方确认后开始生产，卖方在收到买方正式确认订单函后四个月内装船

TIME OF SHIPMENT:FIRSTSHIPMENTWITHIN 3.5 MONTHS AFTER CONTRACT SIGNEDSHIPMHNT – BUYER SHOULD BH MAKE THE OFFICAL ORDER TO SELLER BEFORE 31 – DHCEMBHR 2013. SHIPMENT WILL BE EFFECT WITHIN 4 MONTHS AFTER THE CONFIRM BETWEEN BUYER AND SELLER.

(10)装运港：　　　　日本港口

PORT OK SHIPMENT：　　JAPANESE PORT

(11)目的港：　　　　中国南京

PORT OF DESTINATION：　　NANJING CHINA

(12)保险:由卖方按发票金额 110% 投保一切险。

INSURANCE：Insurance shall be covered by Seller for 110% invoice value against ALL RISKS.

(13)支付条款:信用证

TERMS OF PAYMHNT:L/C

第一台按下述条款支付：

1. 合同双方盖章生效后 10 天内,支付合同金额的 10% 定金,即日元 JPY2,100,000. 。2. 发运前 50 天买方向卖方开出合同金额 90% 的即期不可撤销位用证，即日 JPY18.900,000. ,80% 发运时支付，即日元 JPY16,800, 000. ,

3. 合同金额的 10% 尾款即日元 JPY2,100,000. ，于终验收后三个月内凭最终验收书支付

TERMS OF PAYMENT FOR THE FIRST SET

a. 10% of contract value JPY2,100,000. , lo be paid by T/T after contract signed with 10 days.

b. 90% L/C should be open to seller 50 days before shipment, 80% of contract value JPY-to be paid against shipping document;

c. 10% JPY2,100,000. , to be paid within 3 months after acceptance certificate.

第二台按下述条款支付：

按第一台支付方式，但以买方正式确认订单日期为起始日（第一台为合同盖章生效日为起始日）

TERMS OF PAYMENT FOR THE SECOND SET：

（单证 23-2　续 2）

The Payment method same as P' shipment effective on official order signed by Buyer and acknowledged by Seller. 1ST set Of shipment should be effective on the contract signed and stamped by Buyer and Seller)

（14）单证：

卖方应在合同货物装运后 21 天内将下列单据提交买方银行。

a. 标明通知人、收货人的全套清洁的、已装船的、已背书的并注明运费已付的海运

提单　　　　　正本 3 份

b. 商业发票　　　　　正本 3 份

c. 装箱单　　　　　正本 3 份

d. 发货通知书　　　　　副本 1 份

e. 卖方工厂出具原产地证明书一式三份

F. 熏蒸消毒免疫證明正本 1 份或無木质包裝證明正本 1 份

DOCUMENTS RHQUIRHD：

The seller shall present full set of the following documents to the buyer's bank within 21 days after shipment.

a . Full set（3/3）of clean on board ocean Bill of Lading made out to the order and blank endorsed by Shipper, Marked freight prepaid and notifying "Nanjing Yunhai Special Metals CO. , LTD"；

b. Commercial Invoice　　　3originals；

c. Packing List　　　3 originals；

d. Notice of shipment　　　1copy；

e. Certificate of origin issued by the manufacturer in three copies.

f. Declaration of Non-Wooden Case Packing Material or Certificate of Treatment in 1 original

（15）装运条件：

15. 1 在 CIF 条件下，卖方应在装运前 2 个工作曰以传真方式将船名、所发货物的发票、装箱单通知买方。

15. 2 卖方在货物装船完毕后疢立刻以传真方式向买方发出装船通知。装船通知应包括合同号、货物名称、数量、净重、毛重、包装尺码、发票金额、提单号码、启航期和预计到达目的港的日期。

TERMS OF SHIPMENT：

15. 1 On the CIF basis, the Seller inform the Buyer by Fax of the name, Commercial Invoice and packing List No later than 2 days before the time of the shipment.

15. 2 The Seller shall, immediately upon the completion of loading of the goods give a shipping notice to the Buyer by Fax. T he notice includes value, bill of lading number, sailing date and the estimated date of arrival at the port of destination.

（16）检验和索赔条款

16. 1 在货物运抵最终目的地后，买方有权向货物检验机构申请对货物进行检验。检验机构为中华人民共和国进出口检验局。

16. 2 卖方应在收到有检验机构出具的检验证书以及买方索赔要求之后 30 天内回复买方

16. 3 买方有权就第 16 条和第 17 条所述货物缺陷所造成的直接损失向卖方索赔。

16. 4 买方自货物付运之日起 90 天内，如发现货物之品质、规格、数量、包装、安全或卫生条件与合同规定不符，应在上述期限内向卖方发出索赔迎知．并凭借上款规定的检验机构所出具的检验证书向卖方索赔。除由保险公司或航空公司就承担的责任进行赔偿

（单证 23－2　续 3）

INSPECTION&CLA1MS：

16. 1The buyer shall have the right to the inspection organization of the goods after arrival of the goods at the final destination. The inspection organization is Import & Export Commodity Inspection Bureau of the People's Republic of China.

16. 2 The Seller shall reply the Buyer no later than 30 days after receipt of the inspection certificate issued by the inspection organization and the claims shall be regarded as having within the above mentioned time limit.

16. 3 Considering the result from the defect of the goods said in Clause 16 and Clause 17 the Buyer has the right to bring the claims for their damages against the Seller.

16. 4 Within 90 days from the date of the arrival of the goods at the final destination/from the date of the quality, specification, quantify, weight, packing and requirements for safety or sanitation/hygiene of the goods be within the above mentioned time limit and have the right to lodge claims against the Seller on the strength of the inspection certificate issued by the inspection organization. The seller shall undertake to make the compensation for claims, expect those for which either the insurance company or the shipping company should undertake the obligations.

（17）品质保证：

卖方保证其所提供的全部货物均符合本合同的规定．并且是全新和未使用过的，货物的品质保证为自货物到达目的地之日的港卸货完毕之日起 12 个月。在品质保证期内，凡因设计、制造工艺和所用材料而产生的缺陷，卖方应自负费用进行修理或更换货物或部件

WARRANTY：

The Seller shall warrant that all goods delivered by the Seller shall be in conformity to the Contract stipulations, Brand new and unused. Warranty period is within 12 months after the date of the arrival of the goods at the destination/after the date of the completion of unloading of the goods at the port destination, Within the warranty period, the Seller shall remove all defects of the goods due to design, workmanship and improper material used either by repairing or by replacing the defective parts or the goods on his own account.

（18）不可抗力

任何一方对由于下列原因而导致不能或暂时不能厢行企部或部分合同义务的，不负责任：水灾、火灾、地震、干旱、战争或其它任何双方在签约是不能预料、无法控制且不能避免和克服的事件。或受不可抗力影响超过 120 天，双方应协商合同继续照行或最终发行合同的事宜。

FORCE MAJEURH：

Either party shall not be held responsible for failure or perform all or any part of the Contract due to flood, fire, earthquake, drought, war or other events which could not be perform at the time of the conclusion of the Contract, and could not be controlled, avoided or overcome by the parties. However the Party effected by the Even of Fore Majeure shall inform the other party of its occurrence in written as soon as possible and thereafter send a certificate of the Even issued by the relevant authority to the other party but no later than 15 days after its occurrence.

（19）诉讼

对于因履行本合同所发生的一切争议，双方应友好协商解决，如协商无法解决争议，则 将争议提交合同签订所在地法院解决。诉讼费应由败诉一方承担。

在诉讼期间，除诉讼部分之外的其它合同条款应继续进行。

（单证 23－2　续 4）

Lawsuit：

Any dispute in connection with the execution of this contract should be settled friendly through negotiation. In ease no Settlement can be reached, the ease then may be submitted to the local court where the contract is signed. The lawsuit Fee shall be me by the losing party.

Daring the lawsuit, other terms of the contract beyond the lawsuit should continue.

（20）特殊条款：本合同经双方代表签字后生效，一式三份，买方执两份，卖方执一份，具有相同法律效力。SPECIAL PROVISIONS：

In witness thereof：This contract shall come into effect immediately after it is signed by both parties in three original Copies；The buyer holds two copies，the other is holden by the seller.

（21）法律适用：本合同须根据中华人民共和国法律进行解释和适用，并排除国际私法导致的其他国家法律的适用。

备注：本合同为中英文对照．以中文为准。

Note：This contract is available in both Chinese and English，with the Chinese one as the criterion.

买方：南京云海轻金属精密制造有限公司
The Buyers：Nanjing Yunhai Light Metals Precision Manufacturing Co.，Ltd

卖方：联德机械有限公司
The Sellers：LANGTHCH LIMITED.

单证 23－3

减免税手续办理委托书

2013 年 6 月 3 日

<table>
<tr><td>减免税申请企业名称</td><td colspan="3">南京云海轻金属精密制造有限公司</td></tr>
<tr><td>联系地址</td><td colspan="3">×××××××××××</td></tr>
<tr><td>联系人</td><td>×××××××××××</td><td>联系电话</td><td>×××××××××××</td></tr>
<tr><td colspan="4">我单位委托××××××××××公司（单位）向海关申请办理下列手续，保证提供的申请材料真实、合法，并愿意承担由此产生的法律责任。
□减免税备案申请　　□√进出口货物减免税申请
□减免税进出口货物担保
□减免税货物后续管理手续　　□其他申请
具体委托事项：</td></tr>
<tr><td colspan="2">委托书有效期限</td><td colspan="2">2013 年 6 月 10 日</td></tr>
<tr><td colspan="2">被委托人名称</td><td colspan="2">×××××××××××</td></tr>
<tr><td colspan="2">联系地址</td><td colspan="2">×××××××××××</td></tr>
<tr><td>被委托人海关注册编码</td><td>3201967518</td><td>联系电话</td><td>×××××</td></tr>
<tr><td>经办人</td><td>×××××</td><td>报关员证号×××××</td><td></td></tr>
<tr><td colspan="2">减免税申请企业签章：

年　月　日</td><td colspan="2">被委托单位签章：

年　月　日</td></tr>
</table>

单证 23－4

进出口货物征税申请表

<table>
<tr><td>企业代码</td><td colspan="2">3201967518</td><td>企业名称</td><td colspan="2">南京云海轻金属精密制造有限公司</td></tr>
<tr><td>审批依据</td><td>总署 2008 年第 103 号公告</td><td>进(出)口标志</td><td></td><td>征免性质/代码</td><td>鼓励项目/789</td></tr>
<tr><td>项目统一编号</td><td></td><td colspan="4">产业政策审批条目/代码</td></tr>
<tr><td>审批部门代码</td><td></td><td>许可证号</td><td></td><td>合同号</td><td>LTSH11026</td></tr>
<tr><td>经营单位代码</td><td colspan="2">南京云海轻金属精密制造有限公司/3201967518</td><td>成交方式</td><td colspan="2">CIF</td></tr>
<tr><td>项目性质</td><td colspan="2"></td><td>进(出)口岸</td><td colspan="2">南京</td></tr>
<tr><td>货物是否已向海关申报进口</td><td colspan="2"></td><td>有效日期</td><td colspan="2"></td></tr>
</table>

序号	商品编码	商品名称	规格型号	法定数量	法定计量单位	申报数量	申报计量单位	金额	币制	原产地
1	8454301000	冷室压铸机	用途:金属铸造成型;品牌:东洋	1	台	1	台	21000000.00	日元	日本
2										
3										
4										
5										

<table>
<tr><td>备注</td><td colspan="2"></td></tr>
<tr><td colspan="2">减免税申请人签章＊＊＊
××年××月××日</td><td>联系人:×××　　电话:×××</td></tr>
</table>

单证 23－5

情况说明

尊敬的南京海关：

我公司于 2012 年 11 月办理海关注册（注册编码 3201967518）。为建设国家重点鼓励发展的投资项目，我公司拟进口一套外国先进的金属铸造生产设备，并签订首批进口合同前向南京海关职能部门办理了相关手续。

5 月，我公司需要再投资总额内从日本进口一批冷室压铸机。装载货物运输工具于 2013 年 5 月 30 日申报进境抵达新生圩海关监管现场。现特向贵关申请办理免税证明，请予以批准为盼！

货物信息

用途	金属铸造成型
品牌	东洋
型号	BD－500V5
其他	无

南京云海轻金属精密制造有限公司
2013 年 6 月 3 日

单证 23－6

COMMERCIAL INVOICE

NANJING YUNHAI LIGHT METALS PRECISION MANUFACTURING CO.,LTD.
HONGLAN,LISHUI,NANJING 211219
CHINA
Attention:
Telephone:
Facsimile:

Date2:8/05/2013
Page: 1/1
Invoice No: 120060
Reference:LTSH 11026
Company Code:HKNJYUNHA
Currency:JPY

Item	Qty	Unit	Description	Price	Amount

RH: CONTRACT NO.LTSH 11026
L/C NO. LC0713912000325

1 1.0 SET COLD CHAMBER DIE CASTING MACHINE 21,000,000.00 21,000,000.00
MOL)HL:BD-500V5
TOTAL AMOUNT: JAPY21,000,000.00
PRICE THRM: CIF NANJING CHINA

DRAWN 90% OF INVOICE VALUE
(I.E.JPY21,000,000.00X90%=JPY 18,900,000.00)

SHIPPING MARK: LTSH11026
NANJING
CHINA CHINA
C/NO.1

MANUFACTURER & COUNTRY OF ORIGIN
TOYOMACHINI£RY&MHTALCO.LTD.&
JAPAN

Total Say: JAPAN YEN Twenty One Million ONLY

Total: 21,000,000.00

联德机诚有限公司
LANGTECH LIMITED

单证 23 －7

Shipper	B/L No. TVV1214KN01
NISSHIN TRANS CONSOLIDATOR CO.,LTD. 1-27-12 NISHIKUJYOU KONOHANA-KU OSAKA JAPAN 554-0012	SINOTRANS 中国外运广东公司 SINOTRANS GUANGDONG COMPANY
Consignee or order	
JIANGSU EVERICJHT LOGISTICS CO.,LTD RMI303. HUIJIE PLAZA,NO,268 ZHONGSHAN RD.NANJING 210008 CHINA	
Notify address	**OCEAN BILL OF LADING**
JIANGSU EVERIGHT LOGISTICS CO..LTD RMI303. HUIJIE PLAZA,NO,268 ZHONGSHAN RD.NANJING 210008 CHINA TEL： FAX：	SHIPPED on board in apparent good order and condition (unless otherwise indicated) the goods or packages specified herein and to be discharged at the mentioned port of discharge or as near thereto as the vessel may safely get and be always afloat. The weight, measure, marks and numbers, quality, contents and value, being particulars furnished by the Shipper, are not checked by the Carrier on loading. The Shipper, Consignee and the Holder of this Bill of Lading hereby expressly accept and agree to all printed, written or stamped provisions, exceptions and conditions of this Bill of Lading, including those on the back hereof. IN WITNESS whereof the number of original Bills of Lading stated below have been signed, one of which being accomplished the other(s) to be void.

Pre-carriage by	Port of loading
	KOBE CY
Vessel	**Port of transshipment**
TRADE WORLDER 1214	KOBE PORT IN JAPAN
Port of discharge	**Final destination**
NANJING CHINA	NANJING CY

Container. seal No. or marks and Nos.	Number and kind of package	Description of goods	Gross weight (kgs.)	Measurement (m^3)
LTSH 11026 NANJING CHINA C/NO.I CY/CY TRIU0777760 NIL	"SHIPPER' S LOAD&COUNT" "SAID TO CONTAIN" COLD CHAMBER DIE CASTING MAC 1CONTAINER (1 STEEL CASE) "FREIGHT PREPAID AS ARRANGED"		23, 600.00	63.599

Freight and charges	No. of Original B(s)/L	
SURRENDERED NISSIN CORPORATION OSAKA, DATE: MAY 28 2013	ONE(1) Place and date of issue MAY,28, 2013 OSAKA,JAPAN	CHINA MARINE SHIPPING AGENCY JIANGSU CO.,LTD. IF, S1NOTRANS JIANGSU MANSION NO.129, ZHONGIIUA RD .NANJING CHINA

Ex. rate	Prepaid at	Freight payable at	Place and date of issue
	OSAKA, JAPAN		
	Total prepaid	LOADING ON BOARD THE VESSEL	Signed for or on behalf of the Master
		MAY,28, 2013	NISSIN CORPORATION Osaka

单证 23－8

WEIGHT MEMO/PACKING LIST

LTSH11026
NANJING CHINA
C/NO.1

PACKAGE NO.	NO.OF PACKAGE	QUANTITY	DESCRIPTION	NET WEIGHT	GROSS WEIGHT	MEASUREMENT
			COLD CHAMBER DIE CASTING MACHINE			
						DIMENSION(CM) （L）*（W）*（H） 835*273*279
CASE						
1	1	1SET	MODEL:BD-500V5	21,000	23,600	63,599
TOTAL:1 STEEL CASE				21,000	23,600	63,599
		1SET		KGS	KGS	M^3

PACKING CONDITIONS: EXPORT STANDARD PACKING

TOYO MACHINERY＆METAL CO.,LTD

单证 23－9

中华人民共和国自动进口许可证
AUTOMATIC IMPORT LICENCE OF THE PEOPLE'S REPUBLIC OF CHINA

NO. 2730545

1. 进口商 Importer 南京云海轻金属精密制造有限公司	3. 自动进口许可证号: Automatic import licence No. 1232003737
2. 进口用户: Consignee 南京云海轻金属精密制造有限公司	4. 自动进口许可证有效截止日期: Automatic import licence expiry date 2013 年 8 月 28 日
5. 贸易方式: Terms of trade 一般贸易	8. 贸易国(地区): Country/Region of exportation 香港
9. 外汇来源: Terms of foreign exchange 银行汇购	9. 原产地国(地区): Country/Region of origin 日本
10. 报关口岸: Place of clearance 南京海关	10. 商品归类: Use of goods 自用

11. 商品名称: Description of goods 冷室压铸机	商品编码: Code of goods 8454301000	商品状态: Status of goods 新

12. 规格、型号 Specification	13. 单位 Unit	14. 数量 Quantity	15. 单价 (JPY) Unit price	16. 总值 (JPY) Amount	17. 总值折美元 Amount in USD
BD－500V5	台	*1*	*21000000.00	*21000000.00	*274285*
18. 总计 Total	台	*1*		*21000000.00	*274285*

19. 备注: Supplementary details 原证 1132016678 非一批一证	20. 发证机关签章: Issuing authority's stump 21. 发证日期: Licence data

单证 23－10

南京海关进口增值税专用缴款书

收入系统:　　　　税务系统　　　填发日期:2013 年 6 月　日　　　　　号码 No:

收款单位	收入机关	中央金库			缴款单位(人)	名称	南京云海轻金属精密制造有限公司
	科目	进口增值税	预算级次	中央		账号	
	收款国库					开户银行	

税号	货物名称	数量	单位	完税价格(￥)	税率(%)	税款金额(￥)
84543010	冷室压铸机	1	台	1583799.00	17	269245.83
金额人民币(大写)		贰拾陆万玖仟贰佰肆拾伍零捌角叁分			合计(￥)	269245.83

申请单位编号	3201967518	报关单编号		填制单位 制单人____ 复核人____	收款国库(银行)
合同(批文)号	LTSH11026	运输工具(号)	TRADEW-ORLDER		
缴款期限	年　月　日	提/装货单号	TVV1214 KN01		
备注					

从填发缴款书之日起限 15 日内缴纳(期末遇法定节假日顺延),逾期按日征收税款总额万分之五的滞纳金。

单证 23－11

中华人民共和国海关
进出口货物征免税证明

编号：Z23500200189

减免税申请人：南京云海轻金属精密制造有限公司	征免性质/代码：鼓励项目/789	审批依据：
发证日期：2013 年 6 月 3 日	有效期：　至 2013 年 12 月 3 日止	
到货口岸：南京海关	合同号：LTSH11026	项目性质：国内投资鼓励项目

序号	货名	规格	税号	数量	单位	金额	币制	主管海关审批征免意见		
								关税	增值税	其他
1	冷室压铸机	用途：金属铸造成型；品牌：东洋；型号：BD－500V5	8454301000	1.00	台	21000000.00	JPY	0%	17%	
2	<以下空白>									
3										
4										
5										
备注										

审批海关签章：	核放海关批注：	注意事项及权利义务提示：
负责人： 2008 年 12 月 26 日	负责人： 年　月　日	1. 本证明使用一次有效。同一合同项下货物分口岸进口或分批到货的，应向审批海关申明，并按到货口岸、到货日期分别申请此证明。 2. 货物进口时应向海关交验本证明，复印件无效。 3. 本证明有效期应按照具体政策规定填写，但最长不得超过半年；如需延期，应在有效期内向原审批海关提出延期申请。 4. 规定由海关监管使用的减免税货物，在海关监管年限内，减免税申请人应按照特定用途、特定企业、特定地区使用；未经海关许可，不得擅自转让、抵押、质押、移作他用或者进行其他处置，否则，海关将依法处理。 5. 如不服本证明决定，依照《中华人民共和国行政复议法》第九条、第十二条、第十六条，《中华人民共和国海关法》第六十四条之规定，可以在本证明送达之日起六十日内向上一级海关（海关总署）申请行政复议，对复议决定仍不服的，依照《中华人民共和国行政诉讼法》第三十八条第二款之规定，可以自收到复议决定书之日起十五日内，向人民法院提起诉讼。

单证 23－12

中华人民共和国出入境检验检疫
入境货物通关单

编号：3201001120244470000

<table>
<tr><td colspan="3">1. 收货人
南京云海轻金属精密制造有限公司</td><td rowspan="3">5. 标记及号码
LTSH11026
NANJING CHINA</td></tr>
<tr><td colspan="3">2. 发货人</td></tr>
<tr><td>3. 合同/提（运）单号
LTSH11026/TW1214KN01</td><td colspan="2">4. 输出国家或地区
日本</td></tr>
<tr><td>6. 运输工具名称及号码
TRADE WORDER /1214</td><td colspan="2">7. 目的地
江苏省南京市</td><td>8. 集装箱规格及数量
40 尺普通 1 个</td></tr>
<tr><td>9. 货物名称及规格
冷室压铸机
* * *
（以下空白）</td><td>10. H.S. 编码
8454301000
* * *
（以下空白）</td><td>11. 申报总值
*21000000 日元
* * *
（以下空白）</td><td>12. 数/重量、包装数量及种类
*1 台
*1 其他
（以下空白）</td></tr>
<tr><td colspan="4">13. 证明
上述货物业已报检/申报，请海关予以放行。
本通关单有效期至二〇一三年五月二十三日
签字：　　　　日期：2013 年 6 月 1 日</td></tr>
<tr><td colspan="4">14. 备注</td></tr>
</table>

单证 23－13

中国外运长江有限公司集运事业部

SINOTRANS CHANG JIANG CO.，LTD CONTAINER TRANSPORT DIVISION

提货单
DELIVERY ORDER

NO. 2451315

尊敬的客户：JIANGSU EVERIGHT

致2013 年 05 月 30 日 港区 、场、站

下列货物已办妥手续，运费结清，准予交付收货

船名　TRADE WORLDER	航次　1214	起运港　KOBE	目的港　NANJING
提单号　TVV1214KN01	交付条款　CY－CY	到付海运费 FREIGHT PREPAID	合同号 LTSH11026
卸货地点　0851	到达日期 2013－05－30	进库场日期	第一程运输
货名	GOLD CHAMBER DIE CASTING MACHINE《REMARKS》	集装箱号/铅封号	
集装箱数	1×40FR	TRIU0777760/NI/40FR/ FCL	
件数	1 STEEL CASE		
重量	23600.0000KG		
体积	63.5990m^3		
标志			

请核对放货

请码头与货主结算港口费用

年　月　日

收货人章 1	海关章 2	3	4
5	6	7	8

模块四　暂时进出境货物

MOKUAI-SI ZANSHI JINCHUJING HUOWU

模块四综述

暂时进出境货物实训模块共设计了3个实训项目，即项目二十四至项目二十六。本模块中的所有实训项目均按下列要求进行训练。

一、训练目标

通过实训项目的训练，熟悉和掌握暂时进出境货物通关程序。

二、训练要求

项目内容	工作任务	相关知识
报关企业管理	1. 进行角色分工 2. 编制岗位职责	海关对报关单位、报关员的管理知识
报关随附单证及相关信息的获取	1. 获取与申报货物相关的成交、包装、运输、结算等单证 2. 获取与申报货物相关的进出境贸易管理许可证件 3. 获取申报货物的具体信息	1. 进出口成交、包装、运输、结算单证知识 2. 海关监管证件基本知识 3. 进出口商品常识 4. 出入境商品检验检疫知识
报关随附单证及相关信息的审核	1. 确认报关随附单证的有效性 2. 确认报关随附单证的对应关系 3. 判断申报货物商品价格的合理性 4. 根据报关随附单证确认申报货物的海关监管方式和征免性质	1. 进出口商品价格常识 2. 海关监管方式、征免性质知识
商品编码复核	根据商品信息和归类依据复核商品编码	1.《中华人民共和国进出口税则》 2.《进出口税则商品及品目注释》 3.《中华人民共和国进出口税则本国子目注释》 4. 海关总署发布的关于商品归类的行政裁定 5. 海关总署发布的商品归类决定
报关单填制	填制进出口货物报关单	1. 报关单填制规范 2. 进出口商品申报规范 3. 计量单位的换算知识 4. 海关通关信息化系统常用参数代码
单证保管	1. 对应存档的报关单证进行分类、整理、保管 2. 交接报关单证资料 3. 记录保存委托报关单位的基本资料	档案管理常识

项目内容	工作任务	相关知识
现场作业实施与管理	1. 进行电子数据报关单的录入、发送、查询与打印 2. 按规定使用企业报关印章和报关员证等报关用证、章办理报关手续 3. 按规定提交纸质报关单和随附单证 4. 根据海关查验货物的要求进行作业和确认海关查验记录 5. 办理出口货物海关审结后放行手续 6. 办理报关单证明联的申领签发手续	1. 进出口货物申报知识 2. 海关电子通关系统知识 3. 进出口货物海关查验知识 4. 货物装卸安全知识 5. 进出口货物海关放行知识 6. 国家出口收汇、进口付汇管理知识
报批、报核作业实施与管理	能够办理特定和临时减免税货物的减、免税申请手续	1. 进口货物减税、免税知识 2. 进出口货物海关结关知识

三、作业要求

根据实训项目中的"业务背景"及相关随附单证信息，完成下列作业任务。

任务一：通关方案设计

依据《报关服务作业规范》及委托企业要求，为委托企业设计通关方案。

任务二：现场作业

根据委托企业要求，办理暂时进出境手续，完成申报、配合查验、缴纳税费等报关服务现场作业，以及提装货物、办理商检证书等增值服务。

四、作业说明

作业时间为90分钟，总分200分。其中，方案设计40分，准备阶段20分、实施阶段120分，后续阶段20分。

各训练组以组建的"报关企业"为单位参加训练。

报关企业在录入电子数据报关单时，请按照QP（Quick Pass）系统要求进行录入。

报关企业可使用《进出口税则对照使用手册》和《中华人民共和国海关进出口商品规范申报目录》等工具书。

作业自报关企业业务经理与委托企业签订委托协议起，至提交业务总结止。

五、通用表单

暂时进出境货物实训通用表单，是指在完成本模块所有3个实训项目过程中，需要用到的格式化空白表单。下列通用表单，可在本教材附录中选取。

1. 报关企业作业进程记录单
2. 报关报检资料交接单
3. 作业流程跟踪表

4. 训练总结记录单
5. 代理报关委托书
6. 海关进出口结汇联、退税联签发申请表
7. 服务业通用发票
8. 转账支票
9. 报关单据签收单
10. 代理报检委托书
11. 进口货物报关单
12. 出口货物报关单
13. 装货单
14. 现场申报作业窗口记录单
15. 海关查检通知单
16. 海关货物查验记录单
17. 进口关税缴款书
18. 出口关税缴款书
19. 进口增值税缴款书
20. 出口增值税缴款书
21. 保证函
22. 出入境检验检疫收费收据
23. 入境货物通关单
24. 出境货物通关单
25. 送货通知
26. 提货单

项目二十四　包装容器暂时进出境

一、业务背景

杭州大宇机电有限公司是一家位于杭州萧山开发区的企业，主要以生产加工精密金属部品为主的工厂。

该公司为了降低包装成本及产品的运输安全，从日本总公司进口一批可循环利用的铁制包装箱和塑料制包装盒作为包装容器。该批货物的所有权属于日方，并免费提供给杭州使用，且可反复使用。

该批申报的塑料包装盒，进口后用来包装半导体检查装置的产品复运出口，不在国内使用和流通销售，也无须付租赁费用给日方，不支付外汇。

商品信息：

申报要素项目	要素说明
用途（盛装液体用等）	盛装货物用
材质	塑料制
品牌	*①
型号	*
其他	无

二、随附单证

本项目的随附单证见单证 24－1 至单证 24－8。

① 因从随附单据中无法获知“品牌”这一申报要素的信息，故此处用“*”号替代，实际申报时应向委托企业索取相应要素信息，并据实填报。下同。

单证 24 – 1

INVOICE & PACKING LIST

DAYU TRADING CO. ,LTD

DATE OF EXPORTATION 21-DEC-12	INVOICE NO. BL-126
PAYMENT: NO COMMERCIAL VALUE	CONSIGNEE HANGZHOU DAYU ELECTRICAL & MACHINERY CO.LTD
SHIPPED PER HAI FENG LIAN JIE V.1301W ON OR ABOUT: 2013.01.02 FROM: KOBE JAPAN TO: SHANGHAI,CHINA	

MARKS & NUMBERS	NO. OF PKGS	DESCRIPTION OF GOODS	QTY	C&F SHANGHAI UNIT VALUE	TOTAL VALUE
TT C/T NO.1-2 MADE IN CHINA	24 SKIDS	RETURNABLE STEEL RACK CONTAINS STEEL WAGON STEEL RACK BOX	24 SET	￥7,500	￥180,000
	4 RACKS	PLASTIC BOX	40 PCS	￥150	￥6,000
	28 PACKAGES	TOTAL	24 SET &40PCS		￥186,000

NO COMMERCIAL VALUE/ VALUE FOR CUSTOMS PURPOSE ONLY
COUNTRY OF ORIGIN: CHINA

*PACKING LIST

STEEL RACK BOX		5808KGS
PLASTIC BOX	N.W:172KGS	G.W:424KGS
GROSS WEIGHT:		6,232.0KGS

DAYU TRADING CO.,LTD.

Manager

单证 24－2

承诺书

我公司此次以“暂时进出口”贸易方式申报进口，报关单号为____________。我公司承诺在海关规定期限届满时复运出境。若到期未办理销保手续，我公司同意将保证金转为税款。如果该项货物属于进口许可证件管理之列，我公司承诺在规定的时间内提交相关许可证件，否则，同意按照《中华人民共和国和海关行政处罚实施条例》等有关规定接受处罚。

杭州大宇机电有限公司
2013 年 1 月 5 日

单证 24－3

情况说明

致中华人民共和国上海外高桥港区海关：

我公司杭州大宇机电有限公司是一家位于杭州萧山开发区的企业，主要以生产加工精密金属部品为主的工厂。

现我公司从日本进口一批可循环利用的包装容器，具体情况如下，

船名航次：HAI FENG LIAN JIE Voy. No. 1301W

提单号：SITHJ1301KS502

品名：塑料包装盒　　　　　金额：6000 日元

日本总公司为了降低包装成本，并且为了运输的安全性等考虑，从中国采购了一批塑料包装盒作为包装容器，故此货物的原产地为中国。该批货物的所有权属于日方，并免费提供给我公司使用，且可反复使用。该批塑料包装盒进口后用来包装名为半导体检查装置的产品复运出口，不作为国内使用和流通销售。此批货物出口时里面装上货物原样出口，无需付租赁费用给日方，不对付外汇。现该批货物以保证金的形式做暂时出口，担保期为 6 个月。我公司承诺在规定的期限内办结海关手续。如未在规定期限前办理消保手续，我公司同意将保证金转为税收，并承担相应法律责任。

杭州大宇机电有限公司
2013－3－12

单证 24 －4

SITC SITC CONTAINER LINES CO., LTD.

B/L NO. SITHJ1301KS502

SITT-23900

1.Shipper NIHON HOSO UNYU CO.,LTD. **2.Consignee** NIHON HOSO UNYU CO., LTD. **3.Notify Party**(It is agreed that no responsibility shall attach to the carrier or his agent for failure to notify) SAME AS CONSIGNEE	Port to port or Combined Transport **BILL OF LADING** RECEIVED for shipment in external apparent good order and condition ,unless otherwise indicated .The total number of packages or unite stuffed in the container ,the description of the goods and the weights shown in this Bill of Lading are furnished by the Merchant and the containers are already sealed by the Merchant, and which the carrier has no reasonable means of checking and not a part of this Bill of Lading stated below ,all of this tenor and date, one of the original Bills of Lading must be surrendered and endorsed or signed against the delivery of the goods or the delivery order and whereupon any other original Bills of Lading shall be void. **NOTE:** Notwithstanding any customs or privileges to the contrary , the Merchant's attention is drawn to the fact that the Merchant , In accepting this Bill of Lading ,expressly agree to be bound by all the stipulations, exceptions ,limitations, liabilities, terms and conditions attached hereto or stated herein, whether written, printed, stamped or otherwise incorporated on the front and/or reverse side hereof as well as the provisions of the carrier's published Tariff Rules, Regulations and Schedules, without exceptions, as fully as if they were all signed by such Merchant, and the carrier's undertaking to carry the goods is made on the basis of the merchant's acceptances and agreements as aforesaid. This Bill of Lading is governed by the laws of the People's Republic of China. Any claims and disputes arising under or in connection with this Bill of Lading shall be determined by Shanghai Maritime Court or Qingdao Maritime Court at the exclusion of the courts of any other country. The printed terms and conditions appearing on the face and reverse side of the Bill of Lading are available at www.sitc.com in BITC'S Published tariffs.

4.Pre-carriage by (Applicable only when this document is used as a Combined Transport Bill of Lading)	**5.Place of Receipt** KOBE CY (Applicable only when this document is used as a Combined Transport Bill of Lading)
6.Vessel/Voy.NO.1301W HAI FENG LIAN JIE	**7.Port of Loading** KOBE, JAPAN
8.Port of Discharge SHANGHAI,CHINA	**9.Place of Delivery** SHANGHAI CY (Applicable only when this document is used as a Combined Transport Bill of Lading)

Container No./ Seal No. Marks and Numbers	**Number and Kind of packages: description of goods**	**Gross Weight Kgs.**	**Measurement**
TT C/T NO.1-28 MADE IN CHINA	CY / CY "SHIPPER'S LOAD & COUNT" "SAID TO CONTAIN" (40) BMOU3118679 SITR129248 1 CONTAINER *********** (28 PACKAGES) (24 SKIDS & 4 RACKS) STEEL RACK	KG 6,2[illegible] *****	M³ 39.048 ******

ORGINAL

10.Total No. of Containers Or Packages (In words)	ONE (1) CONTAINER ONLY			
11.Freight & Charge	**Rate** FREIGHT AS ARRANGED-	**Unit**	**prepaid**	**Collect**
Prepaid at TOKYO, JAPAN	**Payable at**	**Number of Original** ONE (1)		
Place of issue and date JAN-3,2013 TOKYO, JAPAN		12. Declared Value/Charge		
LADEN ON BOARD THE VESSEL **DATE JAN-3,2013 BY**		**AS AGENT FOR THE CARRIER,** **SITC CONTAINER LINES CO.,LTD**		

DELIVERY AGENT: SITC Container Lines (Shanghai)Co., Ltd.

TEL: FAX:

单证 24－5

委托书

现我公司委托 ________________ 办理暂时进出口申请手续，具体信息如下：
航名航次：HAI FENG LIAN JIE VOY. NO. 1301W
提单号：SITHJ1301KS502
种类：包装容器（塑料包装盒）
望贵关给予办理为盼！

杭州太宇机电有限公司
2013－3－12

单证 24－6

暂时进出境货物清单

<table>
<tr><td colspan="6">申请暂时进（出）境单位名称：杭州大宇机电有限公司</td></tr>
<tr><td colspan="6">申请人地址及邮政编码：</td></tr>
<tr><td colspan="4">联系人：刘宗宗</td><td colspan="2">联系电话：</td></tr>
<tr><td colspan="6">暂时进（出）境货物类别：盛装货物的容器</td></tr>
<tr><td colspan="6">暂时进（出）境货物征免税类别：盛装货物的容器</td></tr>
<tr><td colspan="6">申请暂时进（出）境期限：　年　月　日</td></tr>
<tr><td>序号</td><td>商品编码</td><td>商品名称</td><td>规格型号</td><td>数量及单位</td><td>货值及币值</td></tr>
<tr><td>1</td><td>39231000</td><td>塑料包装盒</td><td>1.3×0.5×0.25 米</td><td>40 个</td><td>6000 日元</td></tr>
<tr><td></td><td></td><td></td><td></td><td></td><td></td></tr>
<tr><td></td><td></td><td></td><td></td><td></td><td></td></tr>
<tr><td></td><td></td><td></td><td></td><td></td><td></td></tr>
<tr><td></td><td></td><td></td><td></td><td></td><td></td></tr>
<tr><td></td><td></td><td></td><td></td><td></td><td></td></tr>
<tr><td></td><td></td><td></td><td></td><td></td><td></td></tr>
<tr><td></td><td></td><td></td><td></td><td></td><td></td></tr>
<tr><td colspan="3">一次延期期限：　年　月　日</td><td colspan="3">延期事项：</td></tr>
<tr><td colspan="3">二次延期期限：　年　月　日</td><td colspan="3">延期事项：</td></tr>
<tr><td colspan="3">三次延期期限：　年　月　日</td><td colspan="3">延期事项：</td></tr>
<tr><td colspan="6">申请人（签印）：
年　月　日</td></tr>
</table>

单证 24－7

暂时进出协议

甲方：株式会社大宇机械制作所

协议号：BL－126

签订日期：2012 年 12 月

乙方：杭州大宇机电有限公司

签订地点：中国、萧山

（1）贸易方式：暂时进出口

甲方根据运输包装需要，经协商购入一批用于包装的包装箱，装箱为反复使用，为了管理，经甲乙双方协议签订以下协议。

（2）包装箱内容（见下表）

	内容	型号	厂家	数量	单价	总价
1	塑料包装盒	1.3×0.5×0.25		40 个		JPY6000

（3）进口后 6 个月复运出口（特殊状况提前和甲方协商）

（4）进出口岸：日本（大阪、神户）——中国（上海）

（5）乙方无需付租金给甲方。

（6）违约负责：双方友好协商

（7）署名

甲方：株式会社大宇机械制作所　　　　乙方：杭州大宇机电有限公司

单证 24-8

SITC 上海新海丰集装箱运输有限公司

SITC CONTAINER LINES (shanghai) CO., Ltd

进口集装箱货物提货单

NO. 0013111

船档号

港区场站　　BCVA　　2013 年 01 月 05 日

收货人名称 NIHON HOSO UNYU CO., LTD. TEL: FAX				
船名 HAI FEG LIAN JIE	航次 1301W	起运港 KOBE	目的港 SHANGHAI	船舶预计到港时间 2013-01-06
提单号 SITHJ1301KS502	交付条款 CY-CY	卸货地点 外 4	进库场日期	第一程运输
标记与集装箱号	货名	集装箱数或件数	重量 (KGS)	体积 (m^3)
TT C/T NO. 1-28 MADE IN CHINA BMOU3118679/ SITR129248	(24 SKIDS & 4 RACKS) STEEL RACK	40GP×1 2B	6232	39.048

<table>
<tr><td rowspan="2">船代公司重要提示：
(1) 本提货单中有关船，货内容按照提单的相关现时填制；
(2) 请当场核查本提货单内容错误之处，否则本公司不承担由此产生的责任和损失；(Error And Omission Excepted)
(3) 本提货单仅为向承运人或承运人委托人的雇用人或替承运人保管货物订立合同的人提货的凭证，不得买卖转让；(Non-negotiable)
(4) 在本提货下，承运人代理人及雇佣的任何行为，均应视为代表承运人的行为，均应享受承运人享有的免责、责任限制和其他任何抗辩理由；(Himalaya Clause)
(5) 本提货单所列的船舶预计到港时间，不作为申报进境和计算滞报金、滞箱费、疏港费等起算的依据，货主不及时换单和提货单造成的损失，责任自负；
(6) 本提货单中的中文译文仅供参考。
客户还箱事项：　　上海新海丰集装箱运输有限公司
1. 客户持 D/C、放箱申请书及空白押箱支票到我公司现场领取设备交接单或办理码头拆箱业务。我公司现场地址：(盖章有效)
港建路 1 号外四期主楼 201 室 电话：68685535
2. 客户还箱后，凭设备交接单进场联在放箱日起一个月内至我公司现场办理结费或抽取支票事宜。
3. 码头拆箱的客户持拆箱发票至我公司现场结清代理还箱费，退换押箱支票。　　年　月　日</td><td>收货人章
1</td><td>海关章
2</td></tr>
<tr><td>检验检疫章
3</td><td>4</td></tr>
<tr><td>注意事项：
1. 本提货单需盖有船代放行章和海关放行章后方始有效。凡属于法定检验，检验的进口商品；必须向检验检疫机构申报。
2. 提货人到码头公司办理提货手续时，应出示单位证明或经办人身份证明。提货人若非本提货单记名收货人时，还应当出示提货单记名收货人开具的证明，以表明其为有权提货的人。
3. 货物超过港存期，码头公司可以按《上海港口货物疏运管理条例》的有关规定处理。在规定期间无人提取的货物，按《海关法》和国家有关规定处理。</td><td>5</td><td>6</td></tr>
</table>

项目二十五　车辆等货物暂时进出境

一、业务背景

博驰汽车部件（苏州）有限公司（3205240173）于2013年1月进口一批丰田小轿车等物品用于刹车系统冬季测试，使用30天后便可退运回境外。

客户要求先将丰田爱瑞斯、笔记本电脑、演示平板电脑、延长线束、压力传感器等货物申报进境。

商品信息：

【丰田爱瑞斯1798cc小轿车】

申报要素项目	要素说明
发动机类型（柴油、半柴油、汽油等）	汽油
成套散件请注明	非成套散件
座位数	5人座
厂牌（如与签注名称相同可省略）	Auris Hybrid 品牌
签注名称	TOYOTA
排气量（毫升）	1798cc
规格型号	SBIKS56E30E052328
其他	无

【笔记本电脑 】

申报要素项目	要素说明
机型	笔记本电脑
配置（系统组成部件）	15.6英寸LED显示屏，独立显卡，SAT硬盘
品牌	SONY
型号	F15A19SCB
其他	无

【演示平板电脑】

申报要素项目	要素说明
机型	平板电脑
配置（系统组成部件）	8.4英寸LCD显示屏、蓝牙
品牌	三星
型号	80211b
其他	无

【延长线束】

申报要素项目	要素说明
用途	连接用
结构类型（有接头等）	有接头
品牌	博驰
型号	无型号
额定电压	小于80V
其他	无

【压力传感器】

申报要素项目	要素说明
功能	测量轮缸制动压力
检测对象	轮缸
品牌	博驰
型号	DS2
其他	无

二、随附单证

本项目的随附单证见单证25－1至单证25－10。

单证 25 –1

GOLD STAR LINE Ltd.

(INCORPORATED IN HONGKONG)

BILL OF LADING PORT TO POBT OR COMBINED TRANSPORT

CONSIGNOR/EXPORTER(NAME&ADDRESS) UB L-OGISTICS(HK)LTD	BOOKING NO GOSUHKG1318398/1	BILL OF LADING NO. GOSUHKG1318398/1
	EXPORT PEFERNCES NOT NEGOTIABLE	
CONSIGNEE BOSCH AUTOMOTIVE PRODUCTS(SU ZHOU) CO.LTD NO.455XINGLONG STREET. S	FORWARDIG AGENT F.M.C.NO	
	POINT AND COUNTRY OF CRIGN(FOR MERCIANTS REFERENCE ONLY)	
NOTIFY PARTY (NAME&ADDRESS) UBI- LOGISTICS(CHINA),LTD.SHANGHAI	REMARKS, EXPORT OR OTHER INSTRUCTIONS SHIPPED ON BOARD 06/01/2013 PREIGHT PREPAID LEFA1065	

PRE CARRIAGE	PLACE OF RECEIPT OF GOODS, IF CONTRACTED FOR
Vessel/ Voy. No. KUO FU	FORT OF LADING HONG KONG
FINAL DESTNATION SHANGHAI	FINAL DESTNATION (IF CONTRACTED FOR)

PARTICULARS AS FURNISHED BY SUPPLIER

Marks & Nos. Container / Seal No.	Description of Goods	Gross Weight	Measurement
CONT:ZIMU1182980 1 CNT SEAL:ZZ1503732 DV20 (CY-CY) N/M	1 PACKAGES 1 VEHICLE TOYOTA AURIS HYBRID AND SPARE PARTS SHIPPER'S LOAD, STOWAGE &COUNT CONTTARE WEIGH: 2260 1 CONT TOT.TARE:2260 GARGOW:	KGS 1,505.000	M^3 15.000
	TOTAL	1,505.000	15.000

DETAILS	RATE		FREIGHT	
	PER	AMOUNT	PREPAID	COLLECT
AD VALREM FREIGHT				
DECLARED VALUE OF GOODS		TOTAL		

RECEIVED for shipment in external apparent good order and condition ,unless otherwise indicated .The total number of packages or unite stuffed in the container ,the description of the goods and the weights shown in this Bill of Lading are furnished by the Merchant and the containers are already sealed by the Merchant, and which the carrier has no reasonable means of checking and not a part of this Bill of Lading stated below ,all of this tenor and date, one of the original Bills of Lading must be surrendered and endorsed or signed against the delivery of the goods or the delivery order and whereupon any other original Bills of Lading shall be void.

FREIGHT PAYABLE AT HONG KONG	No. of ORIGINAL B/L ISSUED THREE
PLACE AND DATE OF ISSUE HONGKONG on 06/01/2013	

单证 25 – 2

Proforma Invoice & Packing List

<table>
<tr><td colspan="2">Shipper/Exporter 发货方/出口方
Robert Bosch GmbH
Germany</td><td colspan="3">发票号码
Invoice number: CC/EXP – 33/2013 – 1

Invoice condition 01/01/2013
发票日期 01/Jan/2013</td></tr>
<tr><td colspan="2">Consignee 收货方
Bosch Automotive Products (Suzhou) Co., Ltd

Delivery address 发货地址</td><td colspan="3">Delivery Condition 发货方式

Payment Condition: Free of charge
付款方式:免费</td></tr>
<tr><td>Port of Loading 装货港</td><td>Discharging Airport/Port 卸货港</td><td colspan="3" rowspan="2">Special remarks: MADE IN POLAND
备注</td></tr>
<tr><td>HONGKONG</td><td>SHANGHAI/CHINA</td></tr>
<tr><td colspan="2">Description of goods/Serial no.
物品描述/物品编号</td><td>Quantity/pc
数量</td><td>Unit/pc
单价</td><td>Amount(EUR)
单价</td></tr>
</table>

Test vehicle 测试车辆

Description		Quantity/pc	Unit/pc	Amount(EUR)
1. Name of vehicle 车量名称 TOYOTA Auris Hybrid		1 set 1 辆	22,400	22,400
Chassis Number 底盘型号	SBIKS56E30E052328			
	Testing Equipment of Vehicle 测试部件			
2. DS 2 pressure Sensors	DS2 压力传感器	2	10.00	20.00
3. Measurement Rack	测试设备支架	1	20.00	20.00
4. ACW Box	模数转换器	1	50.00	50.00
5. Hybrid Adapter	液压适配器	1	50.00	50.00
6. Extension Harness	延长线束	1	15.00	15.00
7. E – stop	急停按钮	1	5.00	5.00
8. Kulite sensor	Kulite 压力传感器	6	10.00	60.00
9. Temperature sensor	温度传感器	1	10.00	10.00
10. Emulator	模拟器	1	50.00	50.00
11. Laptop	笔记本电脑	1	500.00	500.00
12. Panel – PC	演示平板电脑	1	150.00	150.00
13. VX BOX	总线诊断盒	1	50.00	50.00
14. Yaw Rate Sensor	偏航率传感器	1	10.00	10.00
Total 总价			EUR	23,390.00

Value for customs purpose only
仅供报关用途

Robert Bosch GmbH
Robert Bosch Allee 1
7 4232 Abstatt, Germany
Robert Bosch GmbH

单证 25－3

保　函

至上海浦东出入境检验检疫局：

我公司博驰汽车部件(苏州)有限公司于 2013 年 1 月进口一批货物，

提单号:GOSUHKG1318396

品名:丰田小轿车等

数量:1

总金额:欧元 23,390.00

原产国:波兰

此次以暂时进出境的贸易方式申报进境。具体用途为:博驰刹车系统冬季测。我公司向贵局申请出保三十天,届时在规定期限内按贵局要求申请消保。望贵局予以批准。

此致

敬礼

博驰汽车部件(苏州)有限公司

单证 25－4

货物暂时进/出境申请书

编号:__________

__________海关:

我单位拟对 ________________ 办理暂时进/出境手续,特向贵关提出申请。

__________(公章)

年　月　日

填写规范说明:

(1)海关名称;

(2)申请暂时进/出境货物名称、规格型号、数量、颜色、品牌;

(3)申请单位名称。

单证 25－5

货物暂时进/出境海关审批表

海关暂　　号

<table>
<tr><td>报关单号</td><td></td><td>进出境日期</td><td></td></tr>
<tr><td>经营单位名称</td><td></td><td>报关单位名称</td><td></td></tr>
<tr><td colspan="4">申请内容</td></tr>
<tr><td colspan="4"></td></tr>
<tr><td rowspan="3">隶属海关审批意见</td><td colspan="3">经办人：　　　　日期：　年　月　日</td></tr>
<tr><td colspan="3">复核意见：
科长：　　　　日期：　年　月　日</td></tr>
<tr><td colspan="3">审批意见：
关(处)领导：　　日期：　年　月　日</td></tr>
<tr><td rowspan="3">直属海关职能部门审批意见</td><td colspan="3">经办人(科长)：　日期：　年　月　日</td></tr>
<tr><td colspan="3">复核意见：
处领导：　　　　日期：　年　月　日</td></tr>
<tr><td colspan="3">审批意见：
关领导：　　　　日期：　年　月　日</td></tr>
</table>

单证 25 –6

委托书

致上海出入境检验检疫局:

我公司博驰汽车部件(苏州)有限公司特委托上海欣海报关有限公司报检员宋淳前来贵局办理相关业务,我公司对所提供的产品信息的真实性、合法性承担相关法律责任,特此证明。

博驰汽车部件(苏州)有限公司
2013 –1 –8

单证 25 –7

暂时进出境货物清单

<table>
<tr><td colspan="6">申请暂时进(出)境单位名称:</td></tr>
<tr><td colspan="6">申请人地址及邮政编码:</td></tr>
<tr><td colspan="4">联系人:</td><td colspan="2">联系电话:</td></tr>
<tr><td colspan="6">暂时进(出)境货物类别:</td></tr>
<tr><td colspan="6">暂时进(出)境货物征免税类别:</td></tr>
<tr><td colspan="6">申请暂时进(出)境期限: 年 月 日</td></tr>
<tr><td>序号</td><td>商品编码</td><td>商品名称</td><td>规格型号</td><td>数量及单位</td><td>货值及币值</td></tr>
<tr><td></td><td></td><td></td><td></td><td></td><td></td></tr>
<tr><td></td><td></td><td></td><td></td><td></td><td></td></tr>
<tr><td></td><td></td><td></td><td></td><td></td><td></td></tr>
<tr><td></td><td></td><td></td><td></td><td></td><td></td></tr>
<tr><td></td><td></td><td></td><td></td><td></td><td></td></tr>
<tr><td></td><td></td><td></td><td></td><td></td><td></td></tr>
<tr><td></td><td></td><td></td><td></td><td></td><td></td></tr>
<tr><td></td><td></td><td></td><td></td><td></td><td></td></tr>
<tr><td colspan="3">一次延期期限: 年 月 日</td><td colspan="3">延期事项:</td></tr>
<tr><td colspan="3">二次延期期限: 年 月 日</td><td colspan="3">延期事项:</td></tr>
<tr><td colspan="3">三次延期期限: 年 月 日</td><td colspan="3">延期事项:</td></tr>
<tr><td colspan="6">申请人(签印):
年 月 日</td></tr>
</table>

单证 25 –8

Temporary Import and Export Agreement
暂时进出口协议

1. Purpose 目的

This agreement provides that the product mentioned below should be sent to Suzhou for ESP application testing, then should be sent back to Germany.

根据本协议,下述产品运至苏州作 ESP 匹配测试用,测试结束后将运回香港。

2. Concerning Companies 协议方

(A) Robert Bosch GmbH

Address:

(B) Bosch Automotive Products (Suzhou) Co. ,Ltd.

Address:

博驰汽车部件(苏州)有限公司

地址:

3. Concerning Parts 协议商品

1. Description of goods		2. Quantity	3. Unit price	4. Total amount
Toyota Auris Hybrid		1	22400	22400
DS2Pressure Sensors	DS2 压力传感器	2	10.00	20.00
Measurement Rzdk	测试设备支架	1	20.00	20.00
ACW Box	模数转换器	1	50.00	50.00
Hybrid Adapter	液压适配器	1	50.00	50.00
Extension Harness	延长线束	1	15.00	15.00
E-stop	急停按钮	1	5.00	5.00
Kulite sensor	Kilite 压力传感器	6	10.00	60.00
Temperature sensor	温度传感器	1	10.00	10.00
Emulator	模拟器	1	50.00	50.00
Laptop	笔记本电脑	1	500.00	500.00
Panel-PC	演示平板电脑	1	150.00	150.00
VX BOX	总线诊断盒	1	50.00	50.00
Yaw Rate Sensor	偏航率传感器	1	10.00	10.00
Total 总价		1	EUR	23.390.00

4. The products should be sent back to Germany within 6 months

产品应在 6 个月内返回香港。

5. Airfreight should be born by (A)

运输费用由(A)承担。(A) Robert Bosch GmbH

Signature

(B) Bosch Automotive Products (Suzhou) Co. ,Ltd.

博驰汽车部件(苏州)有限公司

Signature

单证 25－9

中华人民共和国外港海关
货物暂时进/出境申请批准决定书

编号：2225130100026

博驰汽车部件（苏州）有限公司：

经审核，你单位“货物暂时进/出境申请书”250057787 的申请，符合《中华人民共和国海关法》及《中华人民共和国海关暂时进出境货物管理办法》的有关规定，决定予以批准。

外港海关（盖章）
2013 年 1 月 9 日

第一联　送当事人

填写规范说明：

（1）被告知单位名称；

（2）单位暂时进出境申请书编号；

（3）海关名称。

单证 25 -10

上海运星国际船舶代理有限公司

SHANGHAI SINO-STAR INTERNATIONAL OCEAN SHIPPING AGENCY

进口集装箱货物提货单

NO.：0078147

船档号 2985833

3EPY5　　　　港区场站

收货人名称 BOSCH AUTOMOTIVE PRODUCTS SUZHOU CO.，LTD	收货人开户 银行与账号

船名 KUO FU 金星国富	航次 19N	起运港 HONG KONG	目的港 SHANGHAI	船舶预计到港时间 2013 -01 -08
提单号 COSUHKG1318398	交付条款 CY/CY	卸货地点 外二期	进库场日期	第一程运输
标记与集装箱号	货名	集装箱数或件数	重量（KGS）	体积（m^3）
N/M ZIMU1182980/ ZZI503732	1 VEHICLE TOYOTA AURIS HYBRID AND SPARE PARTS	1 PACKAGES 20′×1	1,505.00	15.00

<table>
<tr><td rowspan="2">船代公司重要提示：
（1）本提货单中有关船，货内容按照提单的相关现时填制；
（2）请当场核查本提货单内容错误之处，否则本公司不承担由此产生的责任和损失；（Error And Omission Excepted）
（3）本提货单仅为向承运人或承运人委托人的雇用人或替承运人保管货物订立合同的人提货的凭证，不得买卖转让；（Non-negotiable）
（4）在本提货下，承运人代理人及雇佣的任何行为，均应视为代表承运人的行为，均应享受承运人享有的免责、责任限制和其他任何抗辩理由；（Himalaya Clause）
（5）本提货单所列的船舶预计到港时间，不作为申报进境和计算滞报金、滞箱费、疏港费等起算的依据，货主不及时换单和提货单造成的损失，责任自负；
（6）本提货单中的中文译文仅供参考。
上海运星国际船舶代理有限公司
（盖章有效）
年　月　日</td><td>收货人章
1</td><td>海关章
2</td></tr>
<tr><td>检验检疫章
3</td><td>4</td></tr>
<tr><td>注意事项：
1. 本提货单需盖有船代放行章和海关放行章后方始有效。凡属于法定检验，检验的进口商品；必须向检验检疫机构申报。
2. 提货人到码头公司办理提货手续时，应出示单位证明或经办人身份证明。提货人若非本提货单记名收货人时，还应当出示提货单记名收货人开具的证明，以表明其为有权提货的人。
3. 货物超过港存期，码头公司可以按《上海港口货物疏运管理条例》的有关规定处理。在规定期间无人提取的货物，按《海关法》和国家有关规定处理。</td><td>5</td><td>6</td></tr>
</table>

项目二十六　赛车及零件暂时进出境[①]

一、业务背景

2011 年 3 月，北京万宇汽车运动俱乐部（1113262312）旗下的东南汽车锦湖车队受国际汽联邀请，参加新西兰国际汽车拉力赛。该车队将全部参赛器材运至比赛地。

2011 年 6 月，比赛结束后，该车队用两个 40 英尺集装箱将竞赛器材经海运由新西兰 AUCKLAND 港运至天津新港，再运回北京。首批申报商品见“商品信息”。装货清单如下。

箱号 1：GATU8179592，赛车四台/发动机一个/备用零件一批。

箱号 2：TEXU5110782，小货车一台/备用零件一批。

集装箱自重：3970 千克；出口报关单号：020220110165330106。

商品信息：

【赛车】

申报要素项目	要素说明
发动机类型（柴油、半柴油、汽油等）	汽油
成套散件请注明	非成套散件
座位数	4
厂牌（如与签注名称相同可省略）	三菱
签注名称	EVOIX
排气量（毫升）	2002cc
规格型号	发动机号 4G63 - KJ8311，底盘号 JMYSNCT9A5U000279
其他	无

【小货车】

申报要素项目	要素说明
发动机类型（柴油、半柴油、汽油等）	柴油型
车辆总重	1.5 吨
品牌（厂牌）	五十铃
型号	底盘号 LWLNKR8V59L043749
其他	无

① 本实训项目改编自 2012 年全国职业院校技能大赛高职组报关技能赛项省赛赛题。

二、随附单证

本项目的随附单证见单证 26－1 至单证 26－5。

单证 26－1

1. Shipper Insert Name, Address and Phone BEIJING WAN YU AUTOSPORTS CLUB	B/L No. 4010384980
2. Consignee Insert Name, Address and Phone BEIJING WAN YU AUTOSPORTS CLUB	
3. Notify Party Insert Name, Address and Phone (It is agreed that no responsibility shall attach to the Carrier or his agents for failure to notify) BEIJING LUCHANG FREIGHT AGENCY	**BILL OF LADING** RECEIVED in external apparent good order and condition except as other-Wise noted. The total number of packages or unites stuffed in the container, The description of the goods and the weights shown in this Bill of Lading are Furnished by the Merchants, and which the carrier has no reasonable means Of checking and is not a part of this Bill of Lading contract. The carrier has Issued the number of Bills of Lading stated below, all of this tenor and date, One of the original Bills of Lading must be surrendered and endorsed or signed against the delivery of the shipment and whereupon any other original Bills of Lading shall be void. The Merchants agree to be bound by the terms And conditions of this Bill of Lading as if each had personally signed this Bill of Lading. SEE clause 4 on the back of this Bill of Lading (Terms continued on the back Hereof, please read carefully). *Applicable Only When Document Used as a Combined Transport Bill of Lading.

4. Combined Transport * Pre - carriage by	5. Combined Transport* Place of Receipt AUCKLAND
6. Ocean Vessel Voy. No. COSCO FUZHOU 42	7. Port of Loading AUCKLAND
8. Port of Discharge XINGANG,CHINA	9. Combined Transport * Place of Delivery BEIJING

Marks & Nos. Container / Seal No.	No. of Containers or Packages	Description of Goods (If Dangerous Goods, See Clause 20)	Gross Weight Kgs	Measurement
N/M	53 PACKAGES	2 X 40 HQ CONTAINERS STC RALLY CARS, RECCE CAR, SERVICE TRUCK, CAR ACCESSORIES & PARTS FOR MOTORSPORTS COMPETITION 1.CHASSIS NO. JMYSNCZ4A9U000578/ENGINE NO. 4B11-CG9877 2.CHASSIS NO. JMYSNCZ4A9U000630/ENGINE NO. 4B11-CH3101 3. CHASSIS NO. JMYSNCZ4A9U000624/ENGINE NO. 4B11-CG9947 4. CHASSIS NO. JMYSNCT9A5U000279/ENGINE **TO BE CONTINUED ON ATTACHED LIST*	8425KGS	21CBM
		Description of Contents for Shipper's Use Only (Not part of This B/L Contract)		

10. Total Number of containers and/or packages (in words)
Subject to Clause 7 Limitation

11. Freight & Charges	Revenue Tons	Rate	Per	Prepaid	Collect
Declared Value Charge					

Ex. Rate:	Prepaid at	Payable at	Place and date of issue
	Total Prepaid	No. of Original B(s)/L	Signed for the Carrier,

LADEN ON BOARD THE VESSEL
DATE　　BY

单证 26 – 2

PROFORMA-NON NEGOTIABLE

VESSEL：COSCO FUZHOU VOYAGE：042N B/LNO：NYKS4010384980

CNTRNOS. W/SEALNOS.MARK& NUMBERS	QUANTITY (FOR CUSTOMS DECLARATION ONLY)	HM	DESCRIPTION OF GOODS	GROSS WEIGUT	MEASUREMENT
			NO.4G63-KJ8311 5. CHASSIS NO.		
TOTAL:	303 PACKAGES		LWLNKR8V59L043749/ENGINE NO.	7370KGS	42CBM
	356 PACKAGES		3R-011376 6.ENGINE NO. 4B11-P530 7.CAR ACCESSORIES &PARTS	15795KGS	63CBM

OCEAN FREIGUT PREPAID
DESTINATION CHARGES COLLECT PER LINE TARIFF AND OTHERCHARGES TO BE COLLECTED FROM THE PARTY WHO LAWFULLY DEMANDS DELIVERY OF THE CARGO WITHOUT PREJUDICE TO THE CARRIER'S RIGHTS AGAINST THE MERCHANT (SEE BACK ARTICLE 1(H)) AS SET OUT AT BACK

GATU8179592 /AHL2791868 / 53 PACKAGES /FCL/FCL /40HO/8425KGS/
TEXU5110782 /AHL2791869/ 303 PACKAGES / FCL/FCL /40HO/7370KGS/

SIGNED NYK LINE (NEW ZEALAND)
BY:

AS AGENT FOR FOR AND ON BEHALF OF

NIPPON YUSENKAISHA

(NYK LINE), AS CARRIER

单证 26 – 3

形式发票

发货人：万宇汽车运动俱乐部

发货人：Wheel Sport Mgmt /Ms Kurnia

Priority Synergy/Ms kellie

货柜一 GATU8179592 40HC

厂名	车型	底盘号	发动机号	净重 KGS	毛重 KGS	数量	排量	原产国	价值（港币）
东南汽车	翼神	JMYSNCZ4A9U000578	4B11-CG9877	1805	1805	1	1798	中国	300000
东南汽车	翼神	JMYSNCZ4A9U000630	4B11-CH3101	1805	1805	1	1798	中国	300000
东南汽车	翼神	JMYSNCZ4A9U000624	4B11-CG9947	1805	1805	1	1798	中国	300000
三菱	EVOIX	JMYSNCT9A5U000279	4G63-KJ8311	1800	1800	1	2002	日本	300000
备用发动机			4B11-P530	200	200	1			30000
备用零件				1000	1010	一批			30000
			小计：	8415	8425				1260000

货柜二 TEXU5110782 40HC

厂名	车型	底盘号	发动机号	净重 KGS	毛重 KGS	数量	排量	原产国	价值（港币）
五十铃	QL5040X8HAR	LWLNKR8V591043749	3RO11376	4320	4320	1	2.5	中国	100000
备用零件				3000	3050	一批			100000
			小 计 ：				7320		7370
2000000									
		合计：		15735	15795		1460000		

单证 26 – 4

中华人民共和国北京海关
货物暂时进/出境申请批准决定书

编号：2011 – 624

北京市路畅报关有限公司：

经审核，你单位《货物暂时进/出境申请书》的申请，符合《中华人民共和国海关法》及《中华人民共和国海关暂时进出境货物管理办法》的有关规定，决定予以批准。

中华人民共和国北京海关（公章）

2011 年 3 月 16 日

单证 26 –5

中远集装箱船务代理
COSCO SHENZHEN CONTAINER SHIPPING AGENT

提货单
DELIVERY ORDER

致：__________ 港区、场、站

（B/L）收货人/通知人：北京万宇汽车运动俱乐部

下列货物已办妥手续，运费结清，准予交付收货人。

<table>
<tr><td>船名 COSCO FUZHOU
中远福州</td><td>航次 O42N</td><td>起运港 AUCKLAND</td><td>目的地</td></tr>
<tr><td>提单号 4010384980</td><td>交付条款 cy – cy</td><td colspan="2">到付海运费</td></tr>
<tr><td>卸货地点</td><td>预/到达日期
2011. 08. 19</td><td>进库场日期</td><td>第一程运输</td></tr>
<tr><td colspan="4">

标记与集装箱号	货名	集装箱数	件数	重量（KGS）	体积（m^2）
GATU8179592（40）	比赛用品	2×40′ FULL	356PCS	63. 000	
TEXU5110782（40）					
以下空白					

请核对并将货物放给下列实际收货人。__________
</td></tr>
<tr><td>收货人全称：
电话、传真：
地址：
签章</td><td>海关</td><td>商检　　2</td><td></td></tr>
<tr><td>卫检　　3</td><td>动植检　　4</td><td>5</td><td>6</td></tr>
</table>

模块五 其他监管货物

MOKUAI-WU QITA JIANGUAN HUOWU

模块五综述

其他监管货物实训模块共设计了4个项目，即项目二十七至项目三十。本模块所有实训项目均按下列要求进行训练。

一、训练目标

通过实训项目的训练，熟悉和掌握其他海关监管货物通关程序。

二、训练要求

项目内容	工作任务	相关知识
报关企业管理	1. 进行角色分工 2. 编制岗位职责	海关对报关单位、报关员的管理知识
报关随附单证及相关信息的获取	1. 获取与申报货物相关的成交、包装、运输、结算等单证 2. 获取与申报货物相关的进出境贸易管理许可证件 3. 获取申报货物的具体信息	1. 进出口成交、包装、运输、结算单证知识 2. 海关监管证件基本知识 3. 进出口商品常识 4. 出入境商品检验检疫知识
报关随附单证及相关信息的审核	1. 确认报关随附单证的有效性 2. 确认报关随附单证的对应关系 3. 判断申报货物商品价格的合理性 4. 根据报关随附单证确认申报货物的海关监管方式和征免性质	1. 进出口商品价格常识 2. 海关监管方式、征免性质知识
商品编码复核	根据商品信息和归类依据复核商品编码	1.《中华人民共和国进出口税则》 2.《进出口税则商品及品目注释》 3.《中华人民共和国进出口税则本国子目注释》 4. 海关总署发布的关于商品归类的行政裁定 5. 海关总署发布的商品归类决定
报关单填制	填制进出口货物报关单	1. 报关单填制规范 2. 进出口商品申报规范 3. 计量单位的换算知识 4. 海关通关信息化系统常用参数代码
单证保管	1. 对应存档的报关单证进行分类、整理、保管 2. 交接报关单证资料 3. 记录保存委托报关单位的基本资料	档案管理常识

项目内容	工作任务	相关知识
现场作业实施与管理	1. 进行电子数据报关单的录入、发送、查询与打印 2. 按规定使用企业报关印章和报关员证等报关用证、章办理报关手续 3. 按规定提交纸质报关单和随附单证 4. 根据海关查验货物的要求进行作业和确认海关查验记录 5. 办理出口货物海关审结后放行手续 6. 办理报关单证明联的申领签发手续	1. 进出口货物申报知识 2. 海关电子通关系统知识 3. 进出口货物海关查验知识 4. 货物装卸安全知识 5. 进出口货物海关放行知识 6. 国家出口收汇、进口付汇管理知识
报批、报核作业实施与管理	能够办理特定和临时减免税货物的减、免税申请手续	1. 进口货物减税、免税知识 2. 进出口货物海关结关知识
应税货物完税价格核算和税费计算	1. 能够使用成交价格估价方法核算应税货物的完税价格 2. 能够使用相同或类似货物成交价格估价方法核算应税货物的完税价格 3. 能够计算应税货物的关税税额 4. 能够计算应税货物的进口环节海关代征税税额	1. 成交价格估价方法 2. 相同或类似货物估价方法 3. 进出口税费计算知识
滞报金、滞纳金、保证金的计算	1. 能够计算滞报金金额 2. 能够计算滞纳金金额	1. 滞报金、滞纳金的确定原则 2. 保证金的确定原则
报关事务异常情况处理	1. 能够对报关过程中出现的异常情况进行应急处理 2. 能够撰写异常情况处理报告	突发事件处理知识

三、作业要求

根据实训项目中的“业务背景”及相关随附单证信息，完成下列作业任务。

任务一：通关方案设计

依据《报关服务作业规范》及委托企业要求，为委托企业设计通关方案。

任务二：现场作业

根据委托企业要求，办理审批手续，完成申报、配合查验、缴纳税费等报关服务现场作业，以及提装货物、办理商检证书等增值服务。

四、作业说明

作业时间为90分钟，总分200分。其中，方案设计40分，准备阶段20分、实施阶段120分，后续阶段20分。

各训练组以组建的“报关企业”为单位参加训练。

报关企业在录入电子数据报关单时，请按照 QP（Quick Pass）系统要求进行录入。

报关企业可使用《进出口税则对照使用手册》和《中华人民共和国海关进出口商品规范申报目录》等工具书。

作业自报关企业业务经理与委托企业签订委托协议起，至提交业务总结止。

五、通用表单

其他监管货物实训通用表单，是指在完成本模块所有 4 个实训项目过程中，需要用到的格式化空白表单。下列通用表单，可在本教材附录中选取。

1. 报关企业作业进程记录单
2. 报关报检资料交接单
3. 作业流程跟踪表
4. 训练总结记录单
5. 代理报关委托书
6. 海关进出口结汇联、退税联签发申请表
7. 服务业通用发票
8. 转账支票
9. 报关单据签收单
10. 代理报检委托书
11. 进口货物报关单
12. 出口货物报关单
13. 装货单
14. 现场申报作业窗口记录单
15. 海关查检通知单
16. 海关货物查验记录单
17. 进口关税缴款书
18. 出口关税缴款书
19. 进口增值税缴款书
20. 出口增值税缴款书
21. 保证函
22. 出入境检验检疫收费收据
23. 入境货物通关单
24. 出境货物通关单
25. 送货通知
26. 提货单

项目二十七　进境修理货物

一、业务背景

深圳市安保外经发展有限公司（4403910498），于2007年7月将其委托安保区沙井步涌信成塑胶厂（4403910498）生产的“果菜榨汁机”出口到国外。后因质量原因需要从蛇口退回维修，且该批货物的加贸手册已于2008年05月12日核销。

货物修理完成后，由原承载船舶按照原提运单号复运出境。

商品信息：

申报要素项目	要素说明
用途	家庭用
机重	12千克
功率	400瓦
品牌	MAGIC MAXX牌
型号	*[1]
其他	无

二、随附单证

本项目的随附单证见单证27－1至单证27－7。

① 因从随附单据中无法获知“型号”这一申报要素的信息，故此处用“*”号替代，实际申报时应向委托企业索取相应要素信息，并据实填报。

单证 27－1

维修物品审批表

<table>
<tr><td>经营单位</td><td></td><td>联系人电话</td><td></td></tr>
<tr><td>报关单位</td><td></td><td>联系人电话</td><td></td></tr>
<tr><td>货物名称</td><td></td><td>规格/型号</td><td></td></tr>
<tr><td>件数/重量</td><td></td><td>总价值</td><td></td></tr>
<tr><td>原报关单</td><td></td><td>提货单</td><td></td></tr>
<tr><td>随附单据</td><td colspan="3"></td></tr>
<tr><td colspan="4">退货理由（简要）:</td></tr>
<tr><td colspan="4">通关科意见:
经办人　　　　　　科长</td></tr>
<tr><td colspan="4">关长审批:</td></tr>
</table>

单证 27－2

加工贸易结案通知单

经营单位：深圳市安保外经发展有限公司

加工生产企业：安保区沙井步涌信成塑胶厂

你单位向主管海关报送的加工贸易登记手册（手册号：B53077121256；报核申请号：1），主管海关于 2008 年 05 月 05 日手受理上述报核申请，并于 2008 年 05 月 12 日同意上述登记手册核销结案；特此通知。

主管海关（签章）南头海关

2008 年 05 月 12 日

单证 27－3

中国检验认证集团深圳有限公司
CHINA CERTIFICATION & INSPECTION GROUP SHENZHEN CO., LTD

地址：
邮编：
电话：　　　　证书号码：SCW092210
传真：　　　　日期：Jul. 03，2009
电邮：　　　　Page 1 of 1

检验证书

申请人：安保区沙井步涌信成塑胶厂

申报货物名称：果菜榨汁机

申报数量/重量：共 3500 台

自述退货原因：部分货物存在表面刮花、部件破损、松动、杯盖漏水等质量问题

检验日期：2009 年 07 月 01 日

检验地点：深圳市蛇口 SCT 码头

应申请人要求，我公司派员在上述时间和地点对报验货物进行现场检验并核对相关证明文件，结果如下：

1. 品名及数量：

①果菜榨汁机 E/MAGIC MAXX 牌　　　　共 1113 台

②果菜榨汁机 E/MR MAGIC 牌　　　　共 2387 台

2. 包装方式：纸箱

3. 货柜号码：NYKU8167436

4. 运输工具：NYK NAGOYA W50

5. 提单号码：5200490860

6. 鉴定结果：经现场随机抽取代表性样品进行检验，发现上述部分货物存在表面刮花、部件破损、松动、杯盖漏水等质量问题。

备注：1）书仅适用于办理货物退运手续，不作其他用途。

2）书自签发之日起 60 天内有效。

* * * * *　　　　* * * * *　　　　* * * * *

（证书印章）授权签字人：__________　　　　签名：__________

工商注册号码：4403011008359　　　　A 0016286

单证 27－4

中华人民共和国国家质量监督检验检疫总局
进口旧机电产品免装运前预检验证明书

正 本

编号：4700MZ090471

申请人名称及地址：安保区沙井步涌信成塑胶厂

收货人名称及地址：安保区沙井步涌信成塑料厂

备案产品名称、型号：详见清单

备案产品数量：7000 台　　　　　　备案产品金额：USD2. 66 万

产地：见清单　　　　　　　　　　制造日期：见清单

入境口岸：深圳蛇口口岸　　　　　使用地：中国 深圳 省（市）

根据《进口旧机电产品检验监督管理办法》，上述规定数量的旧机电产品可免于装运前预检验。

附进口旧机电产品清单共______页。

备案有效期至 2010 年 01 月 06 日。

进口旧机电产品　　　　　　　　经办人：
（4700）
管理专用章　　　　　　　　　　日期 2009 年 07 月 07 日

备注：本证明书正本供进口旧机电产品的收货人或者其代理人办理进口报检时使用，口岸检验检疫机构凭此证明书正本等其他必要单证受理进口报检手续。

NO. 0043126

单证 27－5

进口旧机电产品清单

申请单位：（盖章）：安保区沙井步涌信成塑胶厂　　　编号：（备案机构填写）

序号	商品名称	HS 编码	数量	规格型号	产地	制造日期	制造商	价格（USD）	用途	新旧状态	核销
1	果菜榨汁机 E	85094010	7000 台	E	中国	2007 年	安保区沙井步涌信成塑胶厂	26600	维修复出	返修物品	
	以下空白										

单证 27 –6

中华人民共和国海关进口货物报关单

预录入编号：041018262　　　　　　　　海关编号：530420091041018262

进口口岸(5304) 蛇口海关	备案号	进口日期 20090623	申报日期 20090807
经营单位(4403913049) 深圳市安保外经发展有限公司	运输方式 水路运输	运输工具名称 I0000007JDNA/9002	提运单号 200490860
收货单位(4403913049) 安保区沙井步通信成塑胶厂	贸易方式(1300) 修理物品	征免性质(299) 其他法定	征税比例

许可证号	起运国(地区)(304) 德国	装货港 德意志联邦共和国		境内目的地
批准文号	成交方式 CIF	运费	保费	杂费
合同协议号 XC09050604	件数 3500	包装种类 纸箱	毛重(千克) 10150	净重(千克) 8050
集装箱号 NYKU8167436＊1(2)	随附单证 入境货物通关单			用途 其他

标记唛码及备注　　　　531620070165865002
备注：总价 USD13300 蛇关维修「2009」07 号 原出口报关单号：165865002/165880386 由于货物存在表面刮花，部件破损，松
随附单证号：47010010902028700

项号	商品编号	商品名称、规格型号	数量及单位	原产国(地区)	单价	总价	币制	征免
1	85094010.00	果菜榨汁机 E MAGIC MAXX 牌	113 台	中国(142)	3.8000	4229.40	(502) 美元	保证金
2	85094010.00	果菜榨汁机 E MR MAGIC	2387 台	中国(142)	3.8000	9070.60	(502) 美元	保证金

税费征收情况

录入员　录入单位	兹声明以上申报无讹并承担法律责任	海关审单批注及放行日期(签章)
		审单　　审价
报关员	申报单位(签章)	征税　　统计
单位地址		
邮编　　电话	填制日期	查验　　放行

单证 27 –7

维修物品审批表

<table>
<tr><td>经营单位</td><td>安保区沙井步涌信成塑胶厂</td><td>联系人电话</td><td></td></tr>
<tr><td>报关单位</td><td>深圳市华商联物流报关有限公司</td><td>联系人电话</td><td></td></tr>
<tr><td>货物名称</td><td>果菜榨汁机 E</td><td>规格/型号</td><td></td></tr>
<tr><td>件数/重量</td><td>3500 件/10150 千克</td><td>总价值</td><td>USD13300</td></tr>
<tr><td>原报关单</td><td>165865002/165880386</td><td>提货单</td><td>5200490860</td></tr>
<tr><td>随附单据</td><td colspan="3">1. 维修协议；2. 申请报告；3. 装箱单；4. 发票；5. 检验证书；6. 原报关单；7. 提货单</td></tr>
<tr><td colspan="4">退货理由（简要）：安保区沙井步涌信成塑胶厂於 07 年 7 月份出口至德国“果菜榨汁机 E”一批，客人购买后在使用中发现部份货物存在质量问题需要退回维修，退回维修原因有：表面刮花、部件破损、松动、杯盖漏水，故达不到外商的要求。经与外商协商，同意退回厂家维修。现从蛇口口岸退回“果菜榨汁机 E”品牌“MAGIC MAXX”1113 台，“MR MAGIC”2387 台，总值共 13300 美元，柜号：NYKU8167436/40GP。因出口报关时是以来料加工方式出口，由于手册已核销，现向海关申请办理该批货物进境维修手续，维修期从 2009 年 6 月 23 日至 2009 年 12 月 22 日，我公司保证在到期日复运出境，如需延期，我公司保证在 2009 年 11 月 22 日前向海关申请延续手续，如违反海关规定，一切责任由我公司承担。</td></tr>
<tr><td colspan="4">通关科意见：
经办人　　　　　　　　　　　　科长</td></tr>
<tr><td colspan="4">关长审批：</td></tr>
</table>

项目二十八　无代价抵偿货物

一、业务背景

深圳桑尼可实业发展有限公司（4403061946），于2011年1月至2011年4月，从美国进口的DUNLEE牌医用CT机专用的“医用X射线管”中，有6个球管存在质量问题无法正常使用，其中型号DA100的1个，型号DA135CT/E的1个，型号DA165NP的2个，型号DA200ULTRA的1个，型号CTR1791RGQ的1个。双方协商后同意将该货物退回厂商，由厂商予以更换相同型号的货物。

原出口报关单号：176301754。

商品信息：

申报要素项目	要素说明
用途	医用CT机专用
原理	*①
品牌	DUNLEE牌
型号	DA100
其他	无

二、随附单证

本项目的随附单证见单证28－1至单证28－5。

① 因从随附单据中无法获知“原理”这一申报要素的信息，故此处用“*”号替代，实际申报时应向委托企业索取相应要素信息，并据实填报。

单证 28 –1

999 – 9578 7591

Shipper's Name and Address	Shipper's Account Number	Not negotiable
DUNLEE 555 NO. COMMERCE 3T AURORA USA	3910002	Air Waybill 中国国际航空公司 CAPITAL INTERNATIONAL AIRPORT BEIJING, CHINA 100621 Issued by **AIR CHINA** BEIJING CHINA

Consignee's Name and Address	Consignee's Account Number	Copies 1,2 and 3 of this Air Waybill are originals and have the same validity
SHENZHEN SUNNICO INDUSTRY AND DEVCO.,LTD NO.2, SAIBAI ELECTRONICS BLOG. 5FL, 2ND LANGSHAN RD, NORTH HI-TECH PARK		

Issuing Carrier's Name and City		Accounting Information
RADIANT GLOBAL LOGISTICS(DBACHI) 1472 ELMHURST ROAD ELK GROVE VILLAGE,IL 60007(USA)		FREIGHT PREPAID **DIRECT AIR WAYBILL** **MUST RIDE AS BOOKED **
Agent's IATA Code	Account No.	
Airport of Departure (Addr. Of First Carrier) and Requested Routing PVG		

To	By First Carrier	Routing and Destination	to	by	to	by	Currency	CHGS Code	WT VAL PPD	WT VAL COLL	Other PPD	Other COLL	Declared Value for Carriage	Declared Value for Customs
FRA	CA		SZX	CA			USD		×		×		0	NCV

Airport of Destination	Flight/Date	For Carrier Use Only	Flight/Date	Amount of Insurance	INSURANCE - If carrier offers insurance, and such insurance is requested in accordance with the conditions thereof, indicate amount to be insured in figures in box marked "Amount of Insurance".
SHENZHEN,CHINA	CA1054/30		CA930/1	NIL	

Handling Information

NOTIFY CONSIGNEE UPON ARRIVAL

No. of Pieces RCP	Gross Weight	kg lb	Rate Class	Commodity Item No.	Chargeable Weight	Rate / Charge	Total	Nature and Quantity of Goods (incl. Dimensions or Volume)
6	603	K	Q		603	3.86	2327.58	X-RAY TUBES NON-HAZ 0.70CBM
AES ITN: X20113229032961								
6	**603**							

Prepaid	Weight Charge	Collect	Other Charges
2327.58			Fuel Surcharge 241.20 Carrier
	Valuation Charge		
	Tax		
	Total Other Charges Due Agent		Shipper certifies that the particulars on the face hereof are correct and that insofar as any part of the consignment contains dangerous goods, such part is prosperity described by name and is in proper condition for carriage by air according to the applicable Dangerous Goods Regulations.
	Total Other Charges Due Carrier		
301.50			Signature of Shipper or his Agent
Total Prepaid		Total Collect	
2629.08			12/29/2011 ORD WEI YOUNG
Currency Conversion Rates		CC Charges in Dest. Currency	Executed on (date) at (place) Signature of Issuing Carrier or its Agent
For Carriers Use only at Destination		Charges at Destination	Total Collect Charges

单证 28－2

DUNLEE

Division of Philips Medical Systems
Philips Medical Systems(Cleveland)inc.
TEL.
FAX

Deliver note

Requested ship date 12/28/2011
Order number 495388 dated 12/13/2011
Purchase order no. 20111231GR5 dated 12/13/2011
Customer no. 3108
CSR Jeff
Ship via CUSTOMER APPOINTED FORWARDER
Way bill no.
Del. Plant/storage loc. AURORA/AUCE
Del. priority System maintenance
Payment term Net 60 days

SOLD TO :
SOLD TO:
SHEN ZHEN SUNNICO INTERNATION,INC SHEN ZHEN SUNNICO INTERNATION,INC

Page 1/1

Item	Material No.	Description	Quantity
1	9896-055-82700 (82700)	DA100	1 PC
2.	9896-055-80800 (80800)	DA135CT/E	1 PC
3.	9896-055-83901 (83901)	DA165NP	2 PC
4.	9896-055-88704 (88704)	DA200 ULTRA	1 PC
5.	9896-055-94809 (94809)	CTR1791RGQ	1 PC

49538
SHD00887045495388

THESE ITEM(S) may be subject to export controls, If so ,they may not be sold or otherwise disposed of without prior written consent of the Seller. Where these commodities technology or software are subject to export regulations, the export or re-export without proper licenses or export license exceptions is strictly forbidden, these commodities, technology or software when exported from the United State, are in accordance with the U.S. Export Administration Regulations. Diversion contrary to U.S. Law is prohibited.

单证 28－3

DUNLEE

Division of Philips Medical Systems
2312 Avenue
Arlington TX 76006
TEL. (817)640-7600
FAX (817)640-6600

Invoice

Invoice no.	SZSPQG201203
Order no.	495388date 12/13/2011
Purchase order no.	20111231GR5date 12/13/2011
Requested ship date	12/28/2011
Customer no.	3108
Currency	USD
Invoice amount	224000
Ship via	CUSTOMER APPOINTED FORWARDER
Del.Plant/storage loc.	ARLINGTON/ARCE
Delivery priority	System maintenance
Way bill no.	
Weight	KG
Payment term	Net 60 days
Due date	02/29/2012
Incoterms	CIP

SOLD TO:...
.01110
SUNNICO INTERNATIONAL,INC
3 DUNHILL ROAD
NEW HYDE PARK NY 11042
USA

BILL TO:
SHEN ZHEN SUNNICO INTERNATION,INC.

SHIP TO:
5/FSaiba Dianzikeji Building NO.2Block,Langshan
,Langshan 2th Boad, North Hi-tech Industrial Park,
NanShan ShenZhen,P.R.China

Remittance:
Dunlee
P.O.Box 409975
Atlanta,GA30384-9975

Page 1/1

Item	Material no. Description	Price	Quantity	Value
1.	DA100	5,800.00	1PC	5,800.00
2.	DA135CT/E	11,000.00	1PC	11,000.00
3.	DA165NP	14,500.00	2PC	29,000.00
4.	DA200ULTRA	45,000.00	1PC	45,000.00
5.	CTR1791RGQ	29,500.00	1PC	29,500.00

Items total: 120,300.00
Total: 120,300.00

12/29/2011 08:39:38 Customer

SZSPQG201110103

单证 28－4

深圳桑尼可实业发展有限公司
SHENZHEN SUNNICO INTERNATION INC

订购合同
PURCHASE CONTRACT

合同号码：SUNNICO2010－08
CONTRACTNO.：SUNNICO2010－08
日期:2010. 15. 06
DATE：Jun. 15 2010
签约地点:深圳
Signed At：SHENZHEN

买方:深圳桑尼可实业发展有限公司
电话： 传真：
THE Buyers：SHENZHEN SUNNICO ENTERPRISE&DEVELOPMENT CO. ,LTD.
TEL： FAX：
卖方：
THE Sellers：
DUNLEE,A division of Philips Medical Systems
555NoethCommercest. Aurora IT 60504USA
兹经买卖双方同意按照以下条款由卖方售出以下商品：
This Contract is made by and between the Buyers and Sellers：whereby, the Buyers agree to buy and the Sellers agree to sell the under－mentioned goods subject to the terms and conditions as stipulated hereinafter：

商品名称及规格 Name of Commodity and Specification	品牌 Brand	数量 Quantity	产地 Origin	单价 Unit Price (USD/PCS)	总金额 Amount (USD)
医用 X 射线管 DA100	DUNLEE	30PCS	美国	5800	174000
医用 X 射线管 MX100 CT MAX	DUNLEE	30PCS	美国	5800	174000
医用 X 射线管 DA115	DUNLEE	20PCS	美国	9775	195500
医用 X 射线管 MX115	DUNLEE	20PCS	美国	9775	195500
医用 X 射线管 DA135CT/E	DUNLEE	50PCS	美国	11000	550000
医用 X 射线管 MX135CT/E	DUNLEE	50PCS	美国	11000	550000
医用 X 射线管 DA165NP	DUNLEE	40PCS	美国	14500	580000
医用 X 射线管 MX165NP	DUNLEE	40PCS	美国	14500	580000
医用 X 射线管 MX135Venus	DUNLEE	5PCS	美国	12000	60000
医用 X 射线管 DA165PS	DUNLEE	10PCS	美国	14500	145000
医用 X 射线管 MX165PS	DUNLEE	10PCS	美国	14500	145000

（单证 28－4　续 1）

商品名称及规格 Name of Commodity and Specification	品牌 Brand	数量 Quantity	产地 Origin	单价 Unit Price（USD/PCS）	总金额 Amount（USD）
医用 X 射线管 DA200 ULTRA	DUNLEE	50PCS	美国	45000	2250000
医用 X 射线管 CTR1555RC	DUNLEE	6PCS	美国	9500	57000
医用 X 射线管 CTR1555PCPN	DUNLEE	3PCS	美国	9500	28500
医用 X 射线管 CTR1562RC	DUNLEE	3PCS	美国	10000	30000
医用 X 射线管 CTR1562RCPN	DUNLEE	3PCS	美国	10000	30000
医用 X 射线管 CTR1568RC	DUNLEE	10PCS	美国	13500	135000
医用 X 射线管 CTR1568RCPN	DUNLEE	5PCS	美国	13500	67500
医用 X 射线管 CTR1563RCPN	DUNLEE	4PCS	美国	17500	70000
医用 X 射线管 CTR1563RC	DUNLEE	10PCS	美国	17500	175000
医用 X 射线管 CTR1791RGQ	DUNLEE	10PCS	美国	29500	295000
医用 X 射线管 CTR1790RGQ	DUNLEE	10PCS	美国	33000	330000
医用 X 射线管 CTR1590RC	DUNLEE	5PCS	美国	17500	875000
医用 X 射线管 CTR1590RCPN	DUNLEE	5PCS	美国	17500	875000
医用 X 射线管 DA240TOSH	DUNLEE	6PCS	美国	23000	138000
医用 X 射线管 B240TOSH	DUNLEE	6PCS	美国	23000	138000
医用 X 射线管 DA240 SHIM	DUNLEE	60PCS	美国	23000	138000
医用 X 射线管 DA240 SHIMADZU	DUNLEE	6PCS	美国	23000	138000
医用 X 射线管 B240 SHIM	DUNLEE	6PCS	美国	23000	138000
医用 X 射线管 B240 SHIMADZU	DUNLEE	6PCS	美国	23000	138000
医用 X 射线管 DA240 PHIT	DUNLEE	3PCS	美国	23000	138000
医用 X 射线管 B240 PHIT	DUNLEE	3PCS	美国	23000	69000
医用 X 射线管 DA180 TOSH	DUNLEE	10PCS	美国	12000	120000
医用 X 射线管 B180 TOSH	DUNLEE	10PCS	美国	12000	120000
医用 X 射线管 DA180 SHIM	DUNLEE	10PCS	美国	12000	120000
医用 X 射线管 DA180 SHIMADZU	DUNLEE	PCS	美国	12000	120000
医用 X 射线管 B180 SHIM	DUNLEE	10PCS	美国	12000	120000
医用 X 射线管 B180 SHINADZU	DUNLEE	10PCS	美国	12000	120000
医用 X 射线管 DA180 PHIL	DUNLEE	10PCS	美国	12000	120000
医用 X 射线管 B180 PHIL	DUNLEE	10PCS	美国	12000	120000
医用 X 射线管 DA220 TOSH	DUNLEE	10PCS	美国	13500	135000

（单证 28－4 续 2）

商品名称及规格 Name of Commodity and Specification	品牌 Brand	数量 Quantity	产地 Origin	单价 Unit Price （USD/PCS）	总金额 Amount （USD）
医用 X 射线管 B220 TOSH	DUNLEE	10PCS	美国	13500	135000
医用 X 射线管 DA220 SHIM	DUNLEE	10PCS	美国	13500	135000
医用 X 射线管 DA220 SHIMADZU	DUNLEE	4PCS	美国	13500	54000
医用 X 射线管 B220 SHIM	DUNLEE	5PCS	美国	13500	67500
医用 X 射线管 B220 SHIMADZU	DUNLEE	5PCS	美国	13500	67500
医用 X 射线管 DA220 PHIL	DUNLEE	10PCS	美国	13500	135000
医用 X 射线管 B220 PHIL	DUNLEE	10PCS	美国	13500	135000
医用 X 射线管 GS1089	VARIAN	5PCS	美国	11000	55000
医用 X 射线管 GS1587	VARIAN	5PCS	美国	14400	72000
医用 X 射线管 GS1579	VARIAN	5PCS	美国	14400	72000
医用 X 射线管 GS2079	VARIAN	5PCS	美国	22000	110000
医用 X 射线管 GS1584	VARIAN	5PCS	美国	16537	82685
医用 X 射线管 GS2077	VARIAN	5PCS	美国	18000	90000
医用 X 射线管 GS3074	VARIAN	5PCS	美国	24500	122500
医用 X 射线管 B245 ELSCINT	DUNLEE	5PCS	美国	24500	122500
医用 X 射线 GS3077	VARIAN	5PCS	美国	25000	125000
医用 X 射线管 B240 ELSCINT	DUNLEE	5PCS	美国	25000	125000
医用 X 射线管 B502	DUNLEE	5PCS	美国	32000	160000
医用 X 射线管 GS6079	VARIAN	2PCS	美国	39000	78000
医用 X 射线管 DU404	DUNLEE	PCS	美国	7000	35000
医用 X 射线管 DU2005	DUNLEE	20PCS	美国	8000	160000
医用 X 射线管 S502	DUNLEE	5PCS	美国	23000	115000
医用 X 射线管 DA165	DUNLEE	6PCS	美国	15000	90000
医用 X 射线管 S532Q	DUNLEE	10PCS	美国	50000	500000
医用 X 射线管 S532B	DUNLEE	10PCS	美国	48000	480000
医用 X 射线管 RCEVO240G	DUNLEE	5PCS	美国	70000	350000
医用 X 射线管 CTR2112	DUNLEE	4PCS	美国	45000	180000
合计	USD:14,550,685				

（单证 28－4　续 3）

TOTAL：SAY FOURTEEN MILLION FIVE HUNFRED FIFYT THOUSAND SIX HUNDRED AND EIGHTY-FIVE UNITED STATES DOLLARS.

装运时间：2011 年 6 月 15 日前。

Time of Shipment：Before Jun. 15th 2011

装运口岸和目的地：美国—深圳

Port of Loading and Destination：From America to Shenzhen，China

运输方式：空运

Means of Transport：BY AIR

付款条件：电汇

Terms of Payment ：BY T/T

Incoterms ：CIP

成交方式：CIP

装运标记：无

Shipping Mark（s）：N/M

执行时间：2010 年 6 月 15 日

Execution time ：Jun. 15th 2010

保险：由卖方负责。

Insurance：To be covered by the seller.

备注：随货的配件是免费的

Remarks：Accompanying accessories are free of charge.

附加条款：本合同其他任何条款如与本附加条款有抵触时，以本附加条款为准。

Condition（s）：The Supplementary Condition（s）should be taken as final and binding.

卖方	买方
THE SELLER	THE BUYER

单证 28－5

深圳机场海关审批受理单

<table>
<tr><td>申请单号</td><td colspan="3">JC52BM1020111000061</td></tr>
<tr><td>企业名称</td><td>深圳桑尼可实业发展有限公司</td><td>联系人</td><td></td></tr>
<tr><td>企业性质</td><td>私营企业</td><td>联系电话</td><td></td></tr>
<tr><td>申请事由</td><td colspan="3">该公司于 2011 年 1 月 ~11 年 4 月间以一般贸易方式从美国进口“医用 X 射线管”6 批（报关单号 531720111171021538 等 6 份），其中有 6 个球管无法正常使用，经中间公司检验认定存在质量问题，检验证书编号 471211030049。经协商，双方同意将该货物退回厂商，并由厂商予以更换相同型号的货物，故申请无代价抵偿货物。</td></tr>
<tr><td>商品名称</td><td>医用 X 射线管</td><td>文件号：</td><td></td></tr>
<tr><td>数量</td><td>6 个</td><td>价值（人民币）</td><td>769920</td></tr>
<tr><td>经办人
审核意见</td><td colspan="3">经办人：　　　　复核人：　　　　日期：</td></tr>
<tr><td>主管科长
审核意见</td><td colspan="3">科长：　　　　日期：</td></tr>
<tr><td>主管关长
审核意见</td><td colspan="3"></td></tr>
</table>

项目二十九　一般退运货物

一、业务背景

康博汽车部件（无锡）有限公司（3202340925）进口一批商品，到港后发现部分商品品质不符。双方协商决定将这批品质不符的商品退还发货人。

商品信息：

申报要素项目	要素说明
适用车型	别克英朗车型
原理（是否为4挡及4挡以下）	否
成套散件或毛坯请注明	非成套散件
生产件的通用零件编号后加注“/TY”	*①
成套散件装配后完整品的零部件的编号	*
品牌	KONGSENG
扭矩	*
型号	S10048B－819
零部件完整编号并在前加注“S/”、“W/”或“WF/”之一（生产件填报“S/”，品牌和适用的整车厂牌一致的维修件填报“W/”，品牌和适用的整车厂牌不一致的维修件填报“WF/”）	*
其他	无

二、随附单证

本项目的随附单证见单证29－1至单证29－8。

① 因从随附单据中无法获知“生产件的通用零件编号”这一申报要素的信息，故此处用“*”号替代，实际申报时应向委托企业索取相应要素信息，并据实填报。下同。

单证 29 – 1

AGREEMENT FOR CARGOS RETURN

BUYER：KONSBERG AUTOMOTIVE（WUXI）LTD
SELLER：KONGSBER AUTOMOTIVE，S. R. O.

On Dec. 30, 2012, buyer imported a batch of conduit from seller. When buyer received cargo, then found that parts of conduit had quality problems. Liner shrink specification of conduit is less then2MM, but actual date for defect part is 2MM ~ 8MM. So buyer can't use. By both parties though friendly consultations that buyer return these problem conduit.

Return parts

1. conduit（P/N：S10048B – 819），import：12800PCS，amout：EUR13312. 00
   return：9858PCS，amout：EUR10252. 32
2. conduit P/N：S10101A – 846），import：6400PCS，amout：EUR6720. 00
   return：812 PCS，amout：EUR85260. 60

There are two counterparts of this Agreement，which are same valid held each party.

BUYER：KONSBERG AUTOMOTIVE（WUXI）LTD

SELLER：KONGSBER AUTOMOTIVE，S. R. O.
Date：Mar. 1. 2013

单证 29－2

INVOICE

Bill-to address Kongsberg Automotive, s. r. o Hiavna 48 952 01 Vrable Slovakia ATTN: Daniela Opalena	Invoice No: KA-SL-RETURE 20130322B Invoice Date: 22-Mar-13 SAFE
Ship-to address Kongsberg Automotive , s. r. o Hiavna 48 952 01 Vrable Slovakia ATTN : Daniela Opalena	
Unloading Point: Terms of Delivery EXW Forwarding Agent: Hellmann Worldwide Bill of Lading: BY SEA Trailer ID:	Payment: T/Twithin30days Country of Origin: Made in China Trade Mode: 退运货物

Item	Part Number Customer Material	Description	Quantity PCS	Unit Price EUR	Amount EUR
1	S10048B-819	CONDUIT 经加强的塑料制管子 /KONGSBERG 牌	9858	1.040	10252.32
2	S10101A-846	CONDUIT 经加强的塑料制管子 /KONGSBERG 牌	812	1.050	852.60
Total:			10670		11104.92

KONGSBERG AUTOMOTIVE WIXI CO. LID
康博汽车部件（无锡）有限公司

单证 29 –3

无锡涉外资产评估鉴定事务所正本
WUXI FOREIGN ASSET APPRAISAL& SURVEY AFFAIRS OFFICE ORIGINAL

鉴定报告

编号 NO：320800113935316

<table>
<tr><td colspan="2">收货人
Consignee 康博汽车部件（无锡）有限公司</td></tr>
<tr><td colspan="2">发货人
Consignor KONGSBER AUTOMOTIVE，S. R. O.</td></tr>
<tr><td colspan="2">品名
Description of Goods 经加强的塑料制管子</td></tr>
<tr><td>报检数量/重量
Quantity/Weight Declared 19200 个</td><td rowspan="4">标记及号码
Mark &No.
N/M</td></tr>
<tr><td>合同号
Contract No. S1208/12 –92718799/800/801</td></tr>
<tr><td>发票号
Invoice No. 92718799/92718800/92718801</td></tr>
<tr><td>提单号或运单号
B/L or Way Bill No. CTLT02100000856</td></tr>
<tr><td>到货地点
Port of Arrival 中国上海</td><td>启运地
Place of Dispatch 斯洛伐克</td></tr>
<tr><td>到货日期
Date of Arrival 2012. 12. 30</td><td>卸毕日期
Date of Completion of Discharge ＊＊＊</td></tr>
<tr><td>运输工具
Means of Conveyance 海运</td><td>检验日期
Date of Inspection 2013. 03. 18</td></tr>
<tr><td colspan="2">鉴定结果：
应收货人申请，鉴定人员抵货物现场对上述货物进行鉴定，情况如下：
该批货物部分管子内衬收缩大于合同要求，会导致变速箱拍档不流畅，故无法使用，现退运出境。
＊＊＊ ＊＊＊
签章 签证地点 Place of Issue 无锡 签证日期 Date of Issue 2013. 03. 19
Official Stamp
授权签字人 Authorized Officer ＊＊＊＊ 签名 Signature＊＊＊＊＊
声明（DECLARATION）：
我们已尽所知和最大能力实施上述检验，不能因我们签发本证书而免除卖方或其他方面根据合同和法律所承担的产品质量责任和其他责任。
All inspections are out conscientiously the best of knowledge and ability. This certificate does not in any respect resolve the seller and other related parties from his contractual and legal obligations especially when product is occurred.
中华人民共和国国家质量监督检验检疫总局进出口商品检验鉴定机构许可号：国质检检许字［066］号
0023421</td></tr>
</table>

单证 29 -4

情况说明

尊敬的上海海关：

我公司康博汽车部件（无锡）有限公司是由挪威康斯博格汽车部件股份控股公司在无锡投资建立的一家独资企业，投资总额 1211 万美元，注册资本 620 万美元位于无锡新加坡工业园坤路 30、32 号。主要研发、生产汽车变速器、离合器及配件，汽车电子设备、座椅部件，销售本公司自产产品，并提供技术服务。

我公司于 2012 年 12 月 30 日从斯洛伐克进口 1 票货，报关单号为 223120131310019751，其中货物名称为经加强的塑料管子，料号一：S1004B - 819，原进口量 12800 根/2048 千克，单价 EUD1. 04/根总金额 EUR13312. 00。我公司在检验时发现有 9858 根内衬收缩不符合要求，收缩标准为小于 2MM，不良品收缩测量 2MM ~ 8MM。料号二：S10101A - 846，原进口数量 6400 根/1024 千克，单价 EUR1. 05/根，总金额 EUR6720. 00。我公司在检验时发现有 812 根内衬收缩不符合要求，收缩标准为小于 2MM，不良品收缩测量值为 2MM ~ 8MM。这些不良品不符合合同要求，会导致变速箱排档不流畅，无法使用。

经双方协议，决定将这批不良品货物 KONGSBERG AUTOMOTIVE，S. R. O.，退运数量：料号一：S10048B - 819，数量：9858 根，单价：EUR1. 04/根，金额：EUR1025. 32；料号二：S1010A - 846，数量：812 根，单价：EUR1. 05/根，金额：EUR852. 6/根，总金额：EUR11104. 92。

由此给贵公司带来的不便，我公司深表抱歉，我公司一定严格要求供应商提高质量，杜绝此类事件的发生，恳请贵司批准。

特此说明。

康博汽车部件（无锡）有限公司

单证 29 -5

1. Shipper Insert Name, Address and Phone

HELLMANN WORLDWIDE LOGISTICS(CHINA)LIMITED
22 Floor, ONE PRIME, NO.1361 NORTH SICHUAN ROAD
HONG KOU DISTRICT,SHANGHAI,P.R. CHINA

D/R No.
SHAHAM166554

金桥汉宏

2. Consignee Insert Name, Address and Phone

HELLMANN WORLDWIDE LOGISTICS
WILHELM-SPAZIER-STRASSE2
A-5020 SALZBURG AUSTRIA

3. Notify Party Insert Name, Address and Phone
(It is agreed that no responsibility shall attach to the Carrier or his agents for failure to notify)

SAME AS CONSIGNEE

BILL OF LADING

RECEIVED in external apparent good order and condition except as otherwise noted. The total number of packages or unites stuffed in the container, The description of the goods and the weights shown in this Bill of Lading are furnished by the Merchants, and which the carrier has no reasonable means of checking and is not a part of this Bill of Lading contract. The carrier has issued the number of Bills of Lading stated below, all of this tenor and date, One of the original Bills of Lading must be surrendered and endorsed or signed against the delivery of the shipment and whereupon any other original Bills of Lading shall be void. The Merchants agree to be bound by the terms and conditions of this Bill of Lading as if each had personally signed this Bill of Lading.
SEE clause 4 on the back of this Bill of Lading (Terms continued on the back Hereof, please read carefully).
*Applicable Only When Document Used as a Combined Transport Bill of Lading.

4. Combined Transport * Pre - carriage by	5. Combined Transport* Place of Receipt
6. Ocean Vessel Voy. No. **EVER LEADER 0076-002W**	7. Port of Loading **SHANGHAI**
8. Port of Discharge **HAMBURG**	9. Combined Transport * Place of Delivery **HAMBURG**

Marks & Nos. Container / Seal No.	No. of Containers or Packages	Description of Goods (If Dangerous Goods, See Clause 20)	Gross Weight Kgs	Measurement
N/M	**4 PALLETS**	**TUBE GUIDE CONDUIT** **LCL**	**1747.00 KGS** **FREIGHT COLLECT** **CFS/CFS**	**2.400 CBM**

Description of Contents for Shipper's Use Only (Not part of This B/L Contract)

10. Total Number of containers and/or packages (in words)
Subject to Clause 7 Limitation
SAY FOUR(4)PALLETS ONLY

11. Freight & Charges	Revenue Tons	Rate	Per	Prepaid	Collect
Declared Value Charge					

Ex. Rate:	Prepaid at	Payable at	Place and date of issue
	Total Prepaid	No. of Original B(s)/L	Signed for the Carrier,

LADEN ON BOARD THE VESSEL
DATE BY

单证 29－6

退换协议

甲方：康博汽车部件（无锡）有限公司

乙方：KONGSBER AUTOMOTIVE，S. R. O.

甲方与 2012－12－30 从斯洛伐克乙方进口 1 票货。甲方收到货后，经检验发现部分货物经加强的塑料制管子存在问题：内衬收缩不符合要求，收缩标准为小于 2MM，不良品收缩测量值为 2MM～8MM。经过双方的友好协商，现乙方同意甲方将部分不良品货物退回乙方。

具体退运信息如下：

经加强的塑料制管子，型号：S10048B－819，进口：12800 根，EUR：13312.00

退回：9858 根　　EUR10252.32

经加强的塑料制管子，型号：S10101A－846，进口：6400，EUR：6720.00

退回：812 根　　EUR852.60

本协议一式两份，双方各执一份，签字盖章后立即生效。

甲方：康博汽车部件（无锡）有限公司

乙方：KONGSBER AUTOMOTIVE，S. R. O.

2013 年 3 月 1 日

单证 29 -7

中华人民共和国海关进口货物报关单

预录入编号： 海关编号:2231201313100199751

进口口岸 洋山港区 2248	备案号	进口日期	申报日期 2013 - 01 - 04

经营单位 康博汽车部件(无锡)有限公司 3202340925	运输方式 水路运输	运输工具名称 MAERSK KOTKA/213	提运单号 BTS0104526

收货单位 康博汽车部件(无锡)有限公司 3202340925	贸易方式 一般贸易 0110	征免性质 一般征税 101	征税比例

许可证号	起运国(地区) 斯洛文尼亚 350	装货港 科佩尔 2681	境内目的地 无锡高新技术开发区 32023

批准文号 S1208/12 - GS - 92718799/800/801	成交方式 FOB	运费 人民币 30195	保费 0.3%	杂费

合同协议号	件数 22	包装种类 托盘	毛重(千克) 5107	净重(千克) 4677

集装箱号	随附单证	用途 其他

标记唛码及备注

项号	商品编号	商品名称、规格型号	数量及单位	原产国(地区)	单价	总价	币制	征免
1 (0)	8708409990	汽车排档 ASM CORE SHIFTER|适用于别克英朗车型	0.100 个 1605.000 千克 0.100 个	斯洛文尼亚 350	128460.8000	1248.08	EUR 欧元	照章征税
2 (0)	8708409990	经加强的塑料制管子 CONDUIT KONGSBERG 牌用于别克英朗车型	0.100 个 2048.000 千克 0.100	斯洛文尼亚 350	133120.0000	13312.00	EUR 欧元	照章征税
2 (0)	8708409990	经加强的塑料制管子 CONDUIT KONGSBERG 牌用于别克英朗车型	0.100 个 2048.000 千克 0.100 个	斯洛文尼亚 350	133120.0000	13312.00	EUR 欧元	照章征税

税费征收情况

录入员 录入单位	兹声明以上申报无讹并承担法律责任	海关审单批注及放行日期(签章)
报关员	申报单位(签章)	审单 审价
单位地址		征税 统计
邮编 电话	填制日期	查验 放行

单证 29－8

Packing List

Bill-to address Kongsberg Automotive, s. r. o Hiavna 48 952 01 Vrable Slovakia ATTN：Daniela Opalena	Packing List No.： KA-SL-RETURN-20130322B ORIGINAL Packing List Date：22-Mar-13
Ship-to address Kongsberg Automotive, s. r. o Hiavna 48 952 01 Vrable Slovakia ATTN：Daniela Opalena	
Unloading Point： Terms of Delivery EXW Forwarding Agent：Hellmann Worldwide Bill of Lading：BY SEA Trailer ID：	Volume： $0.72 \times 1.13 \times 0.73 \times 4 = 2.4m^3$ Net Weight：1667.00 KGS Gross Weight：1747.00 KGS Total Packages：4 Plts

Item	PART NUMBER Customer Material	Description Order NUMBER	Quantity PCS	Net Weight KGS
1	S10048B-819	CONDUIT 经加强的塑料制管子 /KONGSBERG 牌	9858	1547.00
2	S10101A-846	CONDUIT 经加强的塑料制管子 /KONGSBERG 牌	812	120.00
Total：			10670	1667.00

Shipping Mark
PLTS NO：1B-4B
MADE IN CHINA
RETURN

KONGSBERG AUTOMOTIVE WIXI CO., LID.
康博汽车部件（无锡）有限公司

项目三十　直接退运货物

一、业务背景

平野石材（深圳）有限公司（4403940655）进口一批大理石石块，经检验不符合平野公司要求。平野公司决定将该批货物退还发货人。

相关货物由原运输工具复运出境。提运单号未发生变化。

商品信息：

申报要素项目	要素说明
加工方法（天然原状、粗加修整、锯、割等）	已切割
外观	成矩形
表观比重	＊①
体积或面积数量（立方米数或平方米数）	65.08 立方米
花色品种的中英文名称	大理石石块（金世纪米黄）GOLD BEIGE / MARBLE BLOCKS
规格（长×宽×高）	（95－225）厘米×（89－188）厘米×（61－180）厘米
其他	无

二、随附单证

本项目的随附单证见单证 30－1 至单证 30－10。

---

① 因从随附单据中无法获知“表观比重”这一申报要素的信息，故此处用“＊”号替代，实际申报时应向委托企业索取相应要素信息，并据实填报。

单证 30 －1

BILL OF LADING	**ZIM** Integrated Shipping Service Ltd.		**ZIM CONTAINER SERVICE**
SHIPPER/EXPORTER(NAME&ADDRESS) **MESCO INTERNATIONAL FORWARDING CO., LTD.** **TEL: FAX:** **VAT:**		BOOKING NO. IST083882/1	BILL OF LADING NO/ ZIMUIST1119387
		EXPORT REFERENGES **NOTNEGOTIABLE** **SEAWAY BILL**	
CONSIGNEE (NAME&ADDRESS) **PINGYE FOREIGN TRANSPORTATION CORP LTD. OF SHANTOU S.E.Z.SHENZHEN** (B/L NOT NEGOTIABLE UNLESS CONSIGNED TO ORDER)		FORWARDING AGENT FMC.NO	
		POINT AND COUNTRY OF ORIGIN(FOB MERCHANTS REFEERNCE ONLY)	
NOTIEY (NAME&ADDRESS) **PINGYE FOREIGN TRANSPORTATION CORP LTD. OF SHANTOU S.E.Z.SHENZHEN**		REMARKS/EXPORT OR OTHER INSTRUCTIONS **SHIPPED ON BOARD 08/01/2011** **TEL: FAX：**	
INITIAL CARRIAGE BY MODE)	PIACE OF RECEIPT OF GOODS (IF CONTRACTED FOB)		
LOADING VESSEL VOY **ERNST RICKMERS 275E**	PORT OF LOADING **GEMLIK**		
PORT OF DESTINATION **SHENZHEN-DACHAN BAY**	FINAL DESTINAION (IF CONTRACTED FOR)	FURTHER ROUTING (AT MERCHANT'S EXPENSE,RISK AND RESPONSIBILITY)	

PARTICULARS AS FURNISHED BY SHIPPER

MKS&NOS/CONT.NOS	DESCRIPTION OF GOODS	WEIGHT	MEASUREMENT
	AS PER ATTACHED LIST 7 CONT TOT. TARE:23,300 CARGO W:TOAL	KGS 176,650.000	M^3 65.080

DETAILS	RATE		FREIGHT	
	PER	AMOUNT	PREPAID	COLLECT
ADVAL OREM FREIGHT				
MERCHANT'S DECLARED VALUE OF GOODS IF MERCHANT ENTERS A VALUE , CARRIERA PACKAGES LIMITATION OF ABILITY SHALL NOT APPLY AND AD VALOREM FREIGHT WILL BE CHARGED (SEE CLAUSE 23)	TOTAL			

CLAUSES AS PER ATT.LIST	IN WITNESS where of Master or Agent of the aid vessel has signed; the number of original Bill of Lading stated below. All of all of this tenor and date, If this Bill of lading is consigned to order, one shall be surrendered before delivery and the other to stand void.	
	FREIGHT PAYABL AT **SHENZHEN-DA CHAN BAY**	No.: ORIGINAL B/L ISSUED
The Merchant's attention is drawn to the fact that the terms of the Bill of Lading are continued on reverse side here of and include limitations of ability. In respect lost or damage to the goods and delay. The package limitation mentioned in Clause 23 will not be Applicable in the event that contents carefully. Declared, itemized, valued by the Merchant prior to loading and Ad Valorem Freight is paid or contracted for. Goods carried in containers are carried in accordance with and subject to Carrier's container relay service(seeCL.1overleaf) and Carrier's Containers Rules and Tariffs (see Clauses10.11.12&19 overleaf)	PLACE AND DATE OF ISSUE **ISTANBUL on 08/01/2011**	

单证 30 -2

ATTACHED LIST FOB B/L：ZIMUIST1119387

VESSEL：ERNS TRICKMERS VOYAGE：275/E LOAD PORT：GEMLIK
DISCHARGE PORT：SHENZHEN-DA CHAN BAY DESTINATION：

MKS&NOS/SEAL. NO	DESCRIPTION OF GOODS	WEIGHT	MEASUR
CONT：ZIMU1192714	4 BLOCK	KGS	m^3
1CNT：	GOLD BEIGE MARBLE BLOCKS	24. 700. 000	9. 340
SEAL：388668	GTIP：2515. 12		
/DV20（CY/CY）			
	SHIPPER'S LOAD STOWAGE& COUNT		
	CONT TARE WEIGHT：2300		
CONT：ZIMU1166607	4 BLOCK	26,250. 000	9. 650
1CNT	GOLD BEIGE MARBLE BLOCKS		
SEAL：388667	GTIP：2515. 12		
/DV20（CY/CY）			
	SHIPPER'S LOAD STOWAGE & COUNT		
	CONT TARE WEIGHT：3500		
CONT：ZIMU1128464	4 BLOCK	26,000. 00	9. 440
1CNT	GOLD BEIGE MARBLE BLOCKS		
SEAL：388666	GTIP：2515. 12		
/DV20（CY/CY）			
	SHIPPER'S LOAD STOWAGE& COUNT		
	CONT TARE WEIGHT：3500		
CONT：ZIMU1038545	4 BLOCK	21. 950. 000	7. 870
1CNT	GOLD BEIGE MARBLE BLOCKS		
SEAL：388665	GTIP：2515. 12		
/DV20（CY/CY）			
	SHIPPER'S LOAD STOWAGE& COUNT		
	CONT TARE WEIGHT：3500		
CONT：Z IMU1092274	4 BLOCK	26. 200. 000	9. 590
1CNT	GOLD BEIGE MARBLE BLOCKS		
SEAL：388664	GTIP：2515. 12		
/DV20（CY/CY）			
	SHIPPER'S LOAD STOWAGE& COUNT		
	CONT TARE WEIGHT：3500		
CONT：ZIMU1307726	4 BLOCK	26. 950. 000	9. 540
1CNT	GOLD BEIGE MARBLE BLOCKS		
SEAL：3886643	GTIP：2515. 12		
/DV20（CY/CY）			

（单证 30－2 续）

SHIPPER'S LOAD STOWAGE& COUNT
CONT TARE WEIGHT：3500

CONT：ZIMU2562449 4 BLOCK 24.600.000 9.650
1CNT GOLD BEIGE MARBLE BLOCKS
SEAL：3886642 GTIP：2515.12
/DV20（CY/CY）

SHIPPER'S LOAD STOWAGE& COUNT
CONT TARE WEIGHT：3500

7 CONT TOT. TARE：23.300 CARGO W： 176.650.000 65.080
ATTACHED LIST FOB B/L：ZIMUIST111938

VESSEL：ERNS TRICKMERS VOYAGE：275/E LOAD PORT：GEMLIK
DISCHARGE PORT：SHENZHEN-DA CHAN BAY DESTINATION：

CLAUSES：

"RETURN OF EMPTY CONT, IN CLEAN AND SOUND CONDITION, ON RECEIVERS RESPONSIBILY TY AND ACCOUNT. UNDER THIS OBLIGATION, DEPOIST OF USD200 PER CONTAINER ISCOLLECT ABLE AT PORT OF DIACHARGE, TO COVER POSSIBLE REPAIRS EXPENSES DEPOSIT IS REFUNDABLE ON RETURN OF CONT CLEAN AND UNDAMAGED"

FREE IN
SEAWAY B/L-NO ORIGINAL ISSUED

单证 30－3

MADENCILIK
NAKLIYAT PAZARLAMA SAN. VE TIC. LTD. STI

DATE：8. 01. 2011
LC NO：LC45A1002710
P/O NO：YT03/08/10

COMMERCIAL INVOICE

PINGYE STONE（SHENZHEN）CO.，LTD.

DESCRIPTION	QUANTITY（TON）	UNIT PRICE（USD/TON）	AMOUNT（USD）
GOLD BELGE MARBLE BLOCKS TOTAL PACKING：7 CONTAINERS	176. 65 TONS	USD200. 00/TON	$ 35,330. 00
TOTAL	176. 65 TONS		$ 35,330. 00

（Only thirty five thousand and three hundred thirty US dollars）

PAYMENT TERMS：L/C AT SIGHT
BANK NAME：GARANTIBANK A. S.
BRANCH：BESEVLER KSS
SWIFT CODE：TGBATRISXXX
BRANCH CODE：526
ACCOUNT NO. －USD：9086844
IBAN NO：TR89 0006 2000 5260 0009 0868 44
TOLERANCE：－/＋10% in QUANTITY and AMOUNT
SHIPPING TERM：FOB GEMLIK PORT OF TURKEY
COUNTRY OF ORIGIN：TURKEY REPUBLIC

单证 30 －4

PINGYE STONE (SHENZHEN) CO.,LTD

PACKING LIST

NO OF CN TN RS	QUAN PCS	BLOCK	SIZES	DESCIPTI ON OF GOODS	CONTAINER NO	GROSS WEIGHT OF BLOCK(KG)	NET WEIGHT OF BLOCK(KG)	NET WEIGHT OF CNTNRS (KG)	M³
1	1	BC-T-22	110*110*100	GOLD	ZIMU 130772-6	4.000	4.000	26.950	1，21
	2	BC-S-1	191*188*180	BELGE		17.350	17.350		6，46
	3	BC-T-15	117*107*80	MARBLE		3.400	3.400		1，00
	4	BC-S-21	130*89*75	BLOCKS		2.200	2.200		0，87
2	5	BC-S-26	210*150*168	GOLD	ZIMU 112846-4	14.500	14.500	26.000	5，29
	6	BC-T-27	151*114*89	BELGE		4.500	4.500		1，53
	7	BC-T-24	123*94*110	MARBLE		3.300	3.300		1，27
	8	BC-S-12	135*109*92	BLOCKS		3.700	3.700		1，35
3	9	BC-S-9	229*144*135	GOLD	ZIMU 119271-4	11.250	11.250	24.700	4，45
	10	BC-T-29	178*133*94	BELGE		6.050	6.050		2，23
	11	BC-S-16	155*92*113	MARBLE		4.300	4.300		1，61
	12	BC-S-25	120*89*98	BLOCKS		3.100	3.100		1，05
4	13	BC-S-28	208*164*124	GOLD	ZIMU 116660-7	11.500	11.500	26.250	4，23
	14	BC-T-5	122*130*91	BELGE		4.000	4.000		1，44
	15	BC-S-18	148*139*120	MARBLE		6.650	6.650		2，47
	16	BC-T-11	121*104*120	BLOCKS		4.100	4.100		1，51
5	17	BC-T-3	160*110*126	GOLD	ZIMU 25644-9	4.200	4.200	24.600	2，22
	18	BC-T-6	206*140*125	BELGE		9.900	9.900		3，61
	19	BC-T-19	190*180*88	MARBLE		8.250	8.250		3，01
	20	BC-T-23	115*90*78	BLOCKS		2.250	2.250		0，81
6	21	BC-S-7	132*120*61	GOLD	ZIMU 103854-5	2.750	2.750	21..950	0，97
	22	BC-S-8	181*106*107	BELGE		5.800	5.800		2，05
	23	BC-S-2	181*125*150	MARBLE		9.350	9.350		3，39
	24	BC-S-13	95*105*71	BLOCKS		2.000	2.000		0，71
	25	BC-S-14	114*95*69			2.050	2.050		0，75
7	26	BC-T-20	200*160*91	GOLD	ZIMU 109227-4	8.000	8.000	26.200	2，91
	27	BC-S-4	143*96*91	BELGE		3.800	3.800		1，25
	28	BC-T-10	180*160*107	MARBLE		8.000	8.000		3，08
	29	BC-S-17	125*129*146	BLOCKS		6.400	6.400		2，35
TOTAL						176.650	176.650	176.650	65.,08

*SHIPMENT IS EFECTED BY WOODEN CRATES

**SHIPMENT IS EFFECED BY CONTAINERS

单证 30 －5

平野石材(深圳)有限公司
PINGYE STONE [SHENZHEN] CO. LTD

Purchase Confirmation

P/O Number:YT03/08/10

Date:2010 －08 －12

Seller:

2E MADENCILIK NAKLIYAT PAZARLAMA SAN. VE TIC. LTD. STI.

UCEVLER MAH. AHISKA CAD. CETINKAYA SIT.

A BLOK NO. 203K. D. 3 NILUFER/BURSA

TEL: FAX:

Description of Order:

MARBLE BLOCKS

3000 TONS OF GOLD BEIGE MRBLE BLOCKS AT USD200. 00/TON

FOB ANY PORT OF TURKEY

TOTAL AMOUNT USD 600,000. 00

Remarks:

Purchase Terms:

a. Transshipments: ALLOWED

b. Partial Shipments: ALLOWED

c. Latest Shipment:2010 －12 －16

d. Port of Loading: ANY PORT OF TURKEY

e. Port of Final Destination: Any port of china

f. Payments: Payment at SIGHT by irrevocable letter of credits opened in favor of Seller.

g. Document:

- Full set of 3/3 Original Shipped On Board Ocean Bills of Lading marked freight collect.
- Commercial Invoices in 5 copies
- Detailed Packing List in 5 copies
- Shipment Advice
- Certificate of Origin in 2 copies

h. Both quantity and amount 10 % more or less are allowed.

For and on Behalf of For and on Behalf of

PINGYE STONE [SGENZHEN] CO. ,LTD.

Date　　　　　　　　　　Date

单证 30 –6

退货协议
CARGO RETURN AGREEMENT

发货人：2E MADENCILIK NAKLIAT PAZARLAMA SAN. VE TIC. LTD STI.（Short as 2E）
UCEVLER MAH. AHISKA CAD. CETINKAYA STT.
A BLOK NO. 203 K. 2 D. 3 NILUFER/BURSA, TURKEY
TEL： FAX：

收货人：平野石材（深圳）有限公司（简称平野）
PINGYE STONE（SHENZHEN）CO.，LTD.（Short as PINGYE）
BANTIAN，BUJI TOWN，LONG GANG
DISTRICT，SHANZHEN P. R. CHINA
TEL： FAX：

该协议由发货人 2E 和收货人 YUTIAN 签订，双方同意按如下条款退运该协议提及的货物：THIS AGREEMENT IS MADE BETWEEN SHIPPER 2E AND CONSIGNEE PINGYE，BOTH PARTY AGREE TO SHIP BACK THE CONTRACTED CARGO ACCRDING TO TERMS AND CONDITONS BELOW：
品名：大理石荒料 DESCRIPTION OF GOODS：MARBLE BLOCKS
数量 176. 65 吨，QUANTITY：176. 65TONS
货物原产地：土耳其 ORIGIN：TURKEY
提单号：MESIZM0000024 BL NO. ：MSIZM0000024
目的港：深圳大铲湾，DESTINATION PORT：DA CHAN WAN PORT，SHENZHEN，CHINA

上述货物与 2011 年 2 月 19 日到港，经目的港商检局查检发现集装箱内携泥土，按照中国检验检疫相关规定，“境外泥土不得入内”，要求收货人安排货物退运。
THE ABOVE MENTIONED CARGO ARRIVED AT DA CHANWAN PORT ON 19TH FEB 2011，IT WAS FOUND BY CHINA INSPECTION AND QUARANTINE BUREAU OF DESTINATION PORT THAT ALL CONTAINERS COME WITH MUD INSIDE，WHICH IS FORBIDDEN BY RELATED STIPULATION OF CHINA.
货物买卖双方商量后同意中国商检局要求，将尽快安排退运事宜。
BOTH SHIPPER AND CONSIGNEE ARGEE TO RETURN THE CARGO AS REQUEST OF CHINA INSPECTION AND QUARANTINE BUREAU AND WILL ARRANGE RELATED PROCEDURE ASAP.

SHIPPER：2E MADENCILIK NAKLIYAT CONSIGNEE：PINGYE STONE（SHENZHEN）
CO. LTD.
PAZARLAMA SAN. VE TIC.
LTD. STI.

单证 30 – 7

平野石材（深圳）有限公司

PINGYE STONE（SHENSHEN）CO，LTD

Bantian Buji Town Longgang District Shenzhen P. R. CHINA

Tel：86 755 – 28778896 Fax：86 755 – 28777015 – 8896

退运报告

大铲湾海关：

我公司平野石材（深圳）有限公司，1998 年成立，从事进口石材的生产和经营，注册资金港币 8500 万元，在龙岗区布吉坂田有自建的生产基地 75000 平方米。

我公司 2011 年 2 月 19 日向贵关申报 7 个小柜的土耳其进口大理石石块，报关单号：进口提单号为 ZIMUIST0009387，货物毛重 176650KGS，货物因在商检局查验过程中发现货柜带有泥土，商检局要求货物作退运处理。

由此给贵关带来的工作麻烦，我公司深感歉意！

平野石材（深圳）有限公司

2011 年 03 月 07 日

单证 30－8

物权转让书

致：

我公司经以星综合航运（中国）有限公司深圳分公司于2 月19 日运载的，船名为 ZIMJAMAICA 航次 53/W 卸货地 DACHANBAY（码头），提单号：ZIMUIST1119387 货名 大理石石块 件数 29 件 重量 176650.00KGS 箱量为 7×20′。

经我 汕头经济特区平野对外运输有限公司 同意将此票货物全权转让给 平野石材（深圳）有限公司 即日起生效，由此产生的一切风险与费用均由我公司独立承担。

汕头经济特区平野对外运输有限公司
转让公司公章盖章，负责人签名
2011 年 2 月 17 日

平野石材（深圳）有限公司
被转让公司 公章盖章，负责人签名
年　月　日

单证 30 -9

中国人民共和国出入境检验检疫检验检疫处理通知单
NOTIFICATION OF INSPECTION AND QUARANTINE TREATMENT
Entry-Exit Inspection and Quarantine of the P. R. of China

编号 No. 471600111000202

平野石材（深圳）有限公司：

根据中华人民共和国有关法规，经对提单号为 ZIMUIST1119387 的大理石石块 检验检疫，因 带有土壤 需作 退运 处理，特此通知。

We hereby notify you that in accordance with the relevant laws regulations of the People's Republic of China ＊＊＊＊＊＊＊＊＊ should be ＊＊＊＊＊＊ due to ＊＊＊＊

签字 Signature　　　　日期 Date：2011 年 2 月 25 日

单证 30-10

深圳运星国际船务代理有限公司

Shanghai SINO-STAR International Shipping Agency Shenzhen Branch

提货单

致：ZIM 港区、场、站　DELIVERY ORDERY

收货人/通知人：TO ORDER/平野石材（深圳）有限公司

船名 ZIM ATLANTIC 以星牙买加	航次 53W	起运港 GEMUK	目的港 大铲湾	船舶预计到港时间	
提单号 ZIMU/ST1119387	交付条款		到付海运费		
卸货地点 大铲湾	预/到达日期 2011-02-20	进库场日期	第一程运输		
标记与集装箱	货名	集装箱数	件数	重量(KGS)	体积(m^3)
ZIMU1038545　20GP ZIMU1092274　20GP ZIMU1128464　20GP ZIMU1166607　20GP ZIMU1192714　20GP ZIMU1307726　20GP ZIMU2562449　20GP TOTAL：SEVEN（7×20′）CONTAINERS ONLY	大理石石块		29	G. W.	176,650.000
请核对并将货物放给下列收货人 凡属法定检验，检疫的进口商品，必须向有关监督机构申报。 深圳运星国际船务代理有限公司					
收货人全称------------ 电话、传真------------ 地址------------------ 签章					
3.	4.	5.	6.		

附录 通用表单

FULU TONGYONG BIAODAN

附录 1

报关企业作业进程记录单

企业名称__________

序号	现场作业内容简要	第一次	第二次	第三次	第四次

报关企业签章　　　　　　　　业务经理签字

附录 2

报关报检资料交接单

交单日期　　月日	进口类型	○入区　　○出区　　○清关	联系人：
经营单位名称			
经营单位海关注册号		经营单位商检注册号	
收货单位名称			
代垫费用开票单位			
需要及时给到的单证扫描件	通关单○　　报关单○　　税单○　　查验单○		
纳税形式	网付○　　出税单○		
是否已支付 THC 费	是○　　否○	外包装种类及件数	
二程提单换单方式	电放○　凭头程换单○	扣货原因	
是否委托我公司运输	是○　　否○	压柜方	
卫生证抬头：			

类别	序号	资料目录	正本	复印件	备注
报关报检资料	1	发票	○	○	
	2	装箱单	○	○	
	3	合同	○	○	
	4	代理进口协议	○	○	
	5	运费单/运费发票（如成交方式为 FOB/EXW）	○	○	
	6	保险单/保险费发票（如成交方式为 CNF）	○	○	
	7	申报要素表	○	○	
	8	报关草单	○	○	
	9	报关委托书	○	○	
	10	原产地证明	○	○	
	11	国外官方卫生证书	○	○	
	12	国外官方自由销售证书	○	○	
	13	标签彩色打印件	○	○	
	14	进出口食品/化妆品备案信息表	○	○	
	15	外商备案表	○	○	
	16	进口食品收货人承诺书	○	○	
	17	报检委托书	○	○	
	18	到货通知	○	○	
	19	换单保函	○	○	
	20	头程提单	○	○	
	21	放货证明/提单证明	○	○	

其他备注事宜		
审核人员签名	标签初审：	标签复审：
	单证初审：	单证复审：
	部门负责人签字：	

签收人：

日期：

附录 3

作业流程跟踪表

NO.：

<table>
<tr><td rowspan="10">跟单信息</td><td colspan="2">经营单位全称：</td><td colspan="3">海关监管级别：M○　A○　B○　C○　D○</td></tr>
<tr><td colspan="2">客户简称：</td><td colspan="3">客户监管级别：M○　A○　B○　C○　D○</td></tr>
<tr><td colspan="2">接单时间：　年　月　日　时　分</td><td colspan="3">加急○</td></tr>
<tr><td>申报现场：</td><td colspan="4">埔开发区○　埔老海关○　埔新海关○　加工区○</td></tr>
<tr><td colspan="5">业务类型：本单○　船单○　保税区○　物流园区○　加工区○　物流园区一日游○
加贸○　其他特殊○</td></tr>
<tr><td colspan="5">报关模式：有纸○　无纸○　属地○</td></tr>
<tr><td>纳税模式</td><td colspan="2">网付○　网付情况</td><td colspan="2">非网付○　税单情况</td></tr>
<tr><td>车牌号/提单号</td><td colspan="2">是否委托我公司运势：是○　否○</td><td colspan="2"></td></tr>
<tr><td>业务提单号：</td><td colspan="2">客户跟单员：　电话：</td><td colspan="2"></td></tr>
<tr><td colspan="5">提单异常提示：</td></tr>
<tr><td rowspan="9">制单信息</td><td>货物名称：</td><td>制单接收时间：
年　月　日　时　分</td><td>报关单总票数：</td><td colspan="2">接单主管签名确认：</td></tr>
<tr><td rowspan="2">资料补齐时间：</td><td>1. 资料修正时间：
月　日　时　分</td><td colspan="3">2. 通知过卡时间：
月　日　时　分</td></tr>
<tr><td>3. 舱单数据时间：
月　日　时　分</td><td colspan="3">4. 出口收运抵时间：
月　日　时　分</td></tr>
<tr><td>贸易方式：</td><td></td><td></td><td colspan="2"></td></tr>
<tr><td>报关单号：</td><td></td><td></td><td colspan="2"></td></tr>
<tr><td colspan="5">需退回资料：</td></tr>
<tr><td colspan="3">制单完成时间：　年　月　日　时　分</td><td colspan="2">制单主管签名确认：</td></tr>
<tr><td colspan="5">制单异常提示：</td></tr>
<tr><td colspan="5"></td></tr>
<tr><td rowspan="7">现场信息</td><td>车辆进场时间：
年　月　日　时　分</td><td>报验接收单时间：
月　日　时　分</td><td colspan="3">签名确认：</td></tr>
<tr><td>验放情况</td><td>开始时间</td><td>结束时间</td><td colspan="2">异常记录备注</td></tr>
<tr><td>申报信息</td><td>月　日　时　分</td><td>月　日　时　分</td><td colspan="2"></td></tr>
<tr><td>磋商信息</td><td>月　日　时　分</td><td>月　日　时　分</td><td colspan="2"></td></tr>
<tr><td>海关查验</td><td>月　日　时　分</td><td>月　日　时　分</td><td colspan="2"></td></tr>
<tr><td>商检查验</td><td>月　日　时　分</td><td>月　日　时　分</td><td colspan="2"></td></tr>
<tr><td>商检放行</td><td>月　日　时　分</td><td>月　日　时　分</td><td colspan="2"></td></tr>
</table>

附录 4

训练总结记录单

<table>
<tr><td>学生姓名</td><td></td><td>岗位名称</td><td></td></tr>
<tr><td>业务流程</td><td colspan="3"></td></tr>
<tr><td>训练收获</td><td colspan="3"></td></tr>
<tr><td colspan="4">实训过程与成绩评价</td></tr>
<tr><td>工作态度</td><td colspan="3"></td></tr>
<tr><td>职业素养与职业规范</td><td colspan="3"></td></tr>
<tr><td>业务能力与水平</td><td colspan="3"></td></tr>
<tr><td>成绩评定</td><td colspan="3">30 分　45 分　60 分　75 分　85 分　90 分　95 分　100 分</td></tr>
</table>

主管签章__________　　　教师签章__________

附录 5

代理报关委托书

：

我单位现 A （A 逐票、B 长期）委托贵公司代理 A 等通关事宜。（ A、报关查验 B、垫缴税款 C、办理海关证明联 D、审批手册 E、核销手册 F、申办减免税手续 G、其他）详见《委托报关协议》。

我单位保证遵守《海关法》和国家有关法规，保证所提供的情况真实、完整、单货相符。否则，愿承担相关法律责任。

本委托书有效期自签字之日起至　　年　　月　　日止。

委托方（盖章）：

法定代表人或其授权签署《代理报关委托书》的人（签字）

年　　月　　日

委托报关协议

为明确委托报关具体事项和各自责任，双方经平等协商签定协议如下：

委托方	
主要货物名称	
HS 编码	
进出口日期	年　　月　　日
提单号	
贸易方式	
原产地/货源地	
传真电话	
其他要求： 办理有关货运事宜。	
背面所列通用条款是本协议不可分割的一部分，对本协议的签署构成了对背面通用条款的同意。	
委托方业务签章： 经办人签章： 联系电话：　　　　年　月　日	

被委托方		
＊报关单编码	NO.	
收到单证日期	年　月　日	
收到单证情况	合同□	发票□
	装箱清单□	提(运)单□
	加工贸易手册□	许可证件□
	其他	
报关收费	人民币：　　元	
承诺说明：		
背面所列通用条款是本协议不可分割的一部分，对本协议的签署构成了对背面通用条款的同意。		
被委托方业务签章： 经办报关员签章： 联系电话：　　　　年　月　日		

（附录5 续）

委托报关协议通用条款

委托方责任 委托方应及时提供报关报检所须的全部单证，并对单证的真实性、准确性和完整性负责。

委托方负责在报关企业办结海关手续后，及时、履约支付代理报关费用，支付垫支费用，以及因委托方责任产生的滞报金、滞纳金和海关等执法单位依法处以的各种罚款。

负责按照海关要求将货物运抵指定场所。

负责与被委托方报关员一同协助海关进行查验，回答海关的询问，配合相关调查，并承担产生的相关费用。

在被委托方无法做到报关前提取货样的情况下，承担单货相符的责任。

被委托方责任

负责解答委托方有关向海关申报的疑问。

负责对委托方提供的货物情况和单证的真实性、完整性进行“合理审查”，审查内容包括：（一）证明进出口货物实际情况的资料，包括进出口货物的品名、规格、用途、产地、贸易方式等；（二）有关进出口货物的合同、发票、运输单据、装箱单等商业单据；（三）进出口所需的许可证件及随附单证；（四）海关要求的加工贸易（纸质或电子数据的）及其他进出口单证。

因确定货物的品名、归类等原因，经海关批准，可以看货或提取货样。

在接到委托方交付齐备的随附单证后，负责依据委托方提供的单证，按照《中华人民共和国海关进出口报关单填制规范》认真填制报关单，承担“单单相符”的责任，在海关规定和本委托报关协议中约定的时间内报关，办理海关手续。

负责及时通知委托方共同协助海关进行查验，并配合海关开展相关调查。

负责支付因报关企业的责任给委托方造成的直接经济损失，所产生的滞报金、滞纳金和海关等执法单位依法处以的各种罚款。

负责在本委托书约定的时间内将办结海关手续的有关委托内容的单证、文件交还委托方或其指定的人员（详见《委托报关协议》“其他要求”栏）。

赔偿原则 被委托方不承担因不可抗力给委托方造成损失的责任。因其他过失造成的损失，由双方自行约定或按国家有关法律法规的规定办理。由此造成的风险，委托方可以投保方式自行规避。

不承担的责任 签约双方各自不承担因另外一方原因造成的直接经济损失，以及滞报金、滞纳金和相关罚款。

收费原则 一般货物报关收费原则上按当地《报关行业收费指导价格》规定执行。特殊商品可由双方另行商定。

法律强制 本《委托报关协议》的任一条款与《海关法》及有关法律、法规不一致时，应以法律、法规为准。但不影响《委托报关协议》其他条款的有效。

协商解决事项 变更、中止本协议或双方发生争议时，按照《中华人民共和国合同法》有关规定及程序处理。因签约双方以外的原因产生的问题或报关业务需要修改协议条款，应协商订立补充协议。

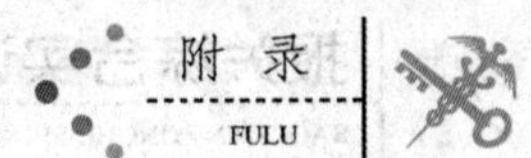

附录 6

海关进出口结汇联、退税联签发申请表

编号：

序号	报关单编号	证明联类别					签发情况	打印情况
		付汇联	收汇联	退税联	核销联			
					来料	进料		
1								
2								
3								
4								
5								
6								
7								
8								
9								
10								
11								
12								
13								
14								
15								
16								
17								
18								
申请企业公章					经办人章 申请日期			

附录 7

________地方税务局服务业通用发票
发票联

发票代码
Invoice Code
发票号码
Invoice Number

付款单位 PAYER　　船名/航次 VESSEL/VOY.　　日期 DATE

<table>
<tr><td>机打代码：
机打号码：
机器编号：</td><td></td><td>税控号</td><td colspan="2"></td></tr>
<tr><td colspan="3">收费内容
DESCRIPTION</td><td>金额
AMOUNT</td><td>备注
REMARK</td></tr>
<tr><td colspan="3"></td><td></td><td></td></tr>
<tr><td colspan="3">合计人民币（大写）
TOTAL RMB</td><td colspan="2">￥：
LUMP SUM</td></tr>
</table>

企业盖章　　制单
ENTERPRISE（SEAL）　　ISSUED BY
开户银行名称　　账号
BENEFICIARY BANK　　A/C NO

附录 8

转账支票

中国银行 转账支票

出票日期（大写）　　年　　月　　日　　付款行名称：

收款人：　　出票人账号：

本支票付款期限十天

人民币（大写）	亿	千	百	十	万	千	百	十	元	角	分

用途________

上列款项请从

我账户内支付

出票人签章　　复核　　记账

48150598094815059809714815059809

附录 9

报关单据签收单

有关单位：

现将我公司进口__________报关单据提交贵公司。

单据详情，见随附单据。

请查收。

__________有限公司

关务部

年　月　日

贵公司提供的单据已审核无误。

报关企业签收人__________

附录 10

代理报检委托书

__________ 出入境检验检疫局：　　　　　　　　　　　　　　　　编号：

本委托人（备案号/组织机构代码 ____________ 保证遵守国家有关检验检疫法律法规的规定，保证所提供的委托报检事项真实、单货相符。否则，愿承担相关法律责任。具体情况如下：

本委托人将于 ____ 年 ____ 月间进口/出口如下货物：

品名		HS 编码	
数（重）量		包装情况	
信用证/合同号		许可证件号	
进口货物收货单位及地址		进口货物提/运单号	
其他特殊要求			

特委托 ____________（代理报检注册登记号 ____________ ）

代表本委托人办理上述货物的下列出入境检验检疫事宜：

1. 办理报检手续；
2. 代缴纳检验检疫费；
3. 联系和配合检验检疫机构实施检验检疫；
4. 领取检验检疫单证；
5. 其他与报检有关的事宜：

联系人：

联系电话：

本委托书有效期至　　年　　月　　日 委托人（加盖公章）

年　　月　　日

受托人确认声明

本企业完全接受本委托书。保证履行以下职责：

1. 对委托人提供的货物情况和单证的真实性、完整性进行了核实。
2. 根据检验检疫有关法律法规规定办理上述货物的检验检疫事宜。
3. 及时办结检验检疫手续的有关委托内容的单证、文件移交委托人或指定人员
4. 如实告知委托人检验检疫部门对货物的后续检验检疫及监管要求。

如在委托事项中发现违法违规行为，愿承担相关法律和行政责任。

联系人：

联系电话：

受委托人（加盖公章）

年　　月　　日

附录 11

中华人民共和国海关进口货物报关单

预录入编号：　　　　　　　　　　　　　　　海关编号：

进口口岸	备案号	进口日期	申报日期
经营单位	运输方式	运输工具名称	提运单号
收货单位	贸易方式	征免性质	征税比例
许可证号	启运国（地区）	装货港	境内目的地

批准文号	成交方式	运费	保费	杂费
合同协议号	件数	包装种类	毛重（千克）	净重（千克）

集装箱号	随附单证	用途

标记唛码及备注

项号	商品编号	商品名称、规格型号	数量及单位	原产国（地区）	单价	总价	币制	征免

税费征收情况

录入员　录入单位	兹声明以上申报无讹并承担法律责任	海关审单批注及放行日期（签章）
报关员	申报单位（签章）	审单　　审价
单位地址		征税　　统计
邮编　　电话	填制日期	查验　　放行

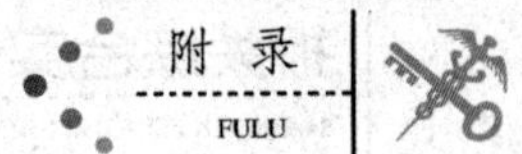

附录 12

中华人民共和国海关出口货物报关单

预录入编号：　　　　　　　　　　　　　　　　海关编号：

出口口岸		备案号	出口日期	申报日期
经营单位		运输方式	运输工具名称	提运单号
发货单位		贸易方式	征免性质	结汇方式
许可证号	运抵国（地区）		指运港	境内货源地
批准文号	成交方式	运费	保费	杂费
合同协议号	件数	包装种类	毛重（千克）	净重（千克）
集装箱号	随附单证			生产厂家
标记唛码及备注				

项号	商品编号	商品名称、规格型号	数量及单位	最终目的国（地区）	单价	总价	币制	征免

税费征收情况

录入员　录入单位	兹声明以上申报无讹并承担法律责任	海关审单批注及放行日期（签章）
报关员	申报单位（签章）	审单　　审价
单位地址		征税　　统计
邮编　　电话	填制日期	查验　　放行

附录 13

Shipper(发货人)

D/R NO.(编号)

装货单

场站收据副本

Consignee（收货人）

Notify Party(通知人)

Carriage by(前程运输) Place of Receipt(收货地点)

Vessel(船名)Voy.No.（航次） Port of Loading(装运港)

Received by the Carrier the Total number of containers or other packages or units stated below to be transported subject to the terms and conditions of the Carrier's regular form of Bill of Lading(for Combined Transport or Port to Port Shipment)which shall be deemed to be incorporated herein.
Date(日期):

Port of Discharge(卸货港)		Place of Delivery(交货地点)		Final Destination for the Merchant's Reference (目的地)	
Container No.（集装箱号）	SEAL No.（封志号）Marks&Nos.（标记与号码）	NO.of Container or P'kgs（箱数或件数）	Kind of packages/Description of Goods (包装种类与货名)	Gross Weight 毛重（公斤）	Measurement 尺码（立方米）
TOTAL NUMBER OF CONTAINERS OR PACKAGES(IN WORDS) Sub 集装箱数或件数合计（大写）					

Container NO（箱号） Seal NO.（封志号） Container NO.（箱号） Seal NO.（封志号） Pkgs.（件数）

Received(实收) By Terminal Clerk(场站员签字)

EX.RATE.	Prepaid at(预付地点)	Payable at(到付地点)	Place of Issue（签发地点）
	Total Prepaid(预付总额)	No. Of Original B(s)/L(正本提单份数)	BOOKING (订舱确认) APPROVED BY

Service Type on Receiving □－CY □－CFS □－DOOR	Service Type on Delivery □－CY □－CFS □－DOOR	Reefer-Temperature Required(冷藏温度)		℉	℃
TYPE OF GOODS (种类)	□Ordinary(普通)□Reefer(冷藏) □Dangerous(危险品)□Auto(裸装车辆)	危险品	Class: Property: IMDG Code Page UN No.		

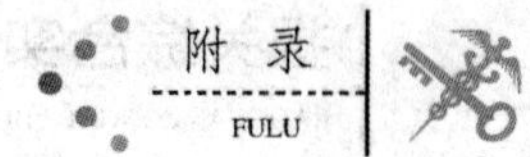

附录 14

现场申报作业________（窗口）记录单

组别	第一次	第二次	第三次	第四次	作业要点记录	评分
001						
002						
003						
004						
005						
006						
007						
008						
009						
010						

值班关长签字　　　　　　　　　　　　指导教师签字

附录 15

海关查验通知单

海关编号：

__________公司：

你单位于　　年　　月　　日所申报货物，经审核现决定实施查验，请联系港务等相关部门做好准备，于　　月　　日派员配合海关查验。

特此通知。

经办关员：

报关员签收：

年　月　日

附录 16

海关货物查验记录单

第 1（1/1）页 报关单号　　　　　　查验记录单编号

<table>
<tr><td colspan="3">经营单位</td><td colspan="2">运输工具名称</td><td colspan="2">申报日期</td><td colspan="3">进出口日期</td></tr>
<tr><td colspan="3">收发货单位</td><td colspan="2">提运单号</td><td colspan="2">监管方式</td><td colspan="3">运输方式</td></tr>
<tr><td colspan="3">申报单位</td><td colspan="2">件数</td><td colspan="2">包装种类</td><td colspan="2">毛重（公斤）</td><td>净重（公斤）</td></tr>
<tr><td rowspan="2">总署
查验
要求</td><td colspan="6" rowspan="2">1 核对品名【 】2 核对规格【 】3 核对数量【 】4 核对重量【 】
5 核对件数【 】6 核对唛头【 】7 是否侵权【 】8 核对产地【 】
9 核对归类【 】10 核对新旧【 】11 核对价格【 】12 取样送检【 】
13 检查车体【 】14 检查箱体【 】15 是否夹藏【 】</td><td>本关区
查验要求</td><td rowspan="2">查验
方式</td><td rowspan="2"></td></tr>
<tr><td></td></tr>
<tr><td colspan="2">集装箱/编号</td><td>封志号</td><td colspan="2">追加查验方式</td><td>查验区域</td><td>查验结果</td><td colspan="3">集装箱备注</td></tr>
<tr><td colspan="2"></td><td></td><td colspan="2"></td><td></td><td></td><td colspan="3"></td></tr>
<tr><td colspan="2"></td><td></td><td colspan="2"></td><td></td><td></td><td colspan="3"></td></tr>
<tr><td colspan="2"></td><td></td><td colspan="2"></td><td></td><td></td><td colspan="3"></td></tr>
<tr><td colspan="2"></td><td></td><td colspan="2"></td><td></td><td></td><td colspan="3"></td></tr>
<tr><td colspan="10">序号　商品编码　品名/规格　数量单位　原产国/最终目的国　总价/币制　商品特殊查验要求</td></tr>
<tr><td colspan="10"></td></tr>
<tr><td colspan="10"></td></tr>
<tr><td colspan="10">备注：</td></tr>
<tr><td colspan="10">安全提示：
其他特殊要求：</td></tr>
<tr><td colspan="2">查验结果处理意见</td><td>查验时间</td><td></td><td>查验地点</td><td></td><td>查验关员签名
或代号</td><td>①</td><td colspan="2">②</td></tr>
<tr><td colspan="7">机器查验过程记录：</td><td colspan="3">审批意见：</td></tr>
<tr><td colspan="2">查验结果处理意见</td><td>查验时间</td><td></td><td>查验地点</td><td></td><td>查验关员签
名或代号</td><td>①</td><td>②</td><td>③</td></tr>
<tr><td colspan="7">人工查验过程记录：</td><td colspan="3">审批意见：</td></tr>
<tr><td>处理结果</td><td colspan="4">科（处）长审批意见
签名：　　　日期：</td><td colspan="5">关（处）长审批意见
签名：　　　日期：</td></tr>
<tr><td>收发货人或
其代理人签字</td><td colspan="9">在查验过程中，本人一直在场，海关未使货物造成任何损坏或破损，本人对海关查验结果无异议。
收发货人（代理人）签字　　电话　　地址　　邮编
年　月　日</td></tr>
</table>

附录 17

________海关 进口关税专用缴款书

收入系统：　　　　　　填发日期：　　年　月　日　　　　　号码 No：

<table>
<tr><td rowspan="3">收款单位</td><td>收入机关</td><td colspan="3"></td><td rowspan="3">缴款单位（人）</td><td>名　称</td><td></td></tr>
<tr><td>科　目</td><td></td><td>预算级次</td><td></td><td>账　号</td><td></td></tr>
<tr><td>收款国库</td><td></td><td></td><td></td><td>开户银行</td><td></td></tr>
</table>

<table>
<tr><td>税号</td><td>货物名称</td><td>数量</td><td>单位</td><td>完税价格（¥）</td><td>税率（%）</td><td>税款金额（¥）</td></tr>
<tr><td></td><td></td><td></td><td></td><td></td><td></td><td></td></tr>
<tr><td></td><td></td><td></td><td></td><td></td><td></td><td></td></tr>
<tr><td></td><td></td><td></td><td></td><td></td><td></td><td></td></tr>
<tr><td></td><td></td><td></td><td></td><td></td><td></td><td></td></tr>
<tr><td></td><td></td><td></td><td></td><td></td><td></td><td></td></tr>
<tr><td colspan="2">金额人民币（大写）</td><td colspan="3"></td><td>合计（¥）</td><td></td></tr>
</table>

<table>
<tr><td>申请单位编号</td><td></td><td>报关单编号</td><td></td><td rowspan="4">填制单位
制单人______
复核人______</td><td rowspan="4">收款国库（银行）</td></tr>
<tr><td>合同（批文）号</td><td></td><td>运输工具（号）</td><td></td></tr>
<tr><td>缴款期限</td><td>年　月　日</td><td>提/装货单号</td><td></td></tr>
<tr><td>备注</td><td colspan="3"></td></tr>
</table>

从填发缴款书之日起限 15 日内缴纳（期末遇法定节假日顺延），逾期按日征收税款总额万分之五的滞纳金。

附录 18

________海关 出口关税专用缴款书

收入系统：　　　　　　填发日期：　　年　月　日　　　　　号码 No：

<table>
<tr><td rowspan="3">收款单位</td><td>收入机关</td><td colspan="3"></td><td rowspan="3">缴款单位（人）</td><td>名　　称</td><td></td></tr>
<tr><td>科　　目</td><td></td><td>预算级次</td><td></td><td>账　　号</td><td></td></tr>
<tr><td>收款国库</td><td></td><td></td><td></td><td>开户银行</td><td></td></tr>
</table>

税号	货物名称	数量	单位	完税价格（¥）	税率（%）	税款金额（¥）
金额人民币（大写）					合计（¥）	

<table>
<tr><td>申请单位编号</td><td></td><td>报关单编号</td><td></td><td rowspan="4">填制单位
制单人______
复核人______</td><td rowspan="4">收款国库（银行）</td></tr>
<tr><td>合同（批文）号</td><td></td><td>运输工具（号）</td><td></td></tr>
<tr><td>缴款期限</td><td>年　月　日</td><td>提/装货单号</td><td></td></tr>
<tr><td>备注</td><td colspan="3"></td></tr>
</table>

从填发缴款书之日起限 15 日内缴纳（期末遇法定节假日顺延），逾期按日征收税款总额万分之五的滞纳金。

附录 19

＿＿＿＿＿＿海关 进口增值税专用缴款书

收入系统：　　　　　　填发日期：　年　月　日　　　　　　号码 No：

收款单位	收入机关				缴款单位（人）	名　　称	
	科　　目		预算级次			账　　号	
	收款国库					开户银行	

税号	货物名称	数量	单位	完税价格（¥）	税率（%）	税款金额（¥）

金额人民币（大写）		合计（¥）	

申请单位编号		报关单编号		填制单位 制单人＿＿＿＿ 复核人＿＿＿＿	收款国库（银行）
合同（批文）号		运输工具（号）			
缴款期限	年　月　日	提/装货单号			
备注					

从填发缴款书之日起限 15 日内缴纳（期末遇法定节假日顺延），逾期按日征收税款总额万分之五的滞纳金。

附录 20

________海关 出口增值税专用缴款书

收入系统：　　　　　填发日期：　　年　月　日　　　　　号码 No：

收款单位	收入机关				缴款单位（人）	名　　称	
	科　　目		预算级次			账　　号	
	收款国库					开户银行	

税号	货物名称	数量	单位	完税价格（¥）	税率（%）	税款金额（¥）

金额人民币（大写）		合计（¥）	

申请单位编号		报关单编号		填制单位 制单人______ 复核人______	收款国库（银行）
合同（批文）号		运输工具（号）			
缴款期限	年　月　日	提/装货单号			
备注					

从填发缴款书之日起限 15 日内缴纳（期末遇法定节假日顺延），逾期按日征收税款总额万分之五的滞纳金。

附录 21

保证函

（　　）关保字第　　号

担保人：　　　　　法定代表人：

地址：　　　　　电话：　　　开户银行及帐号：

货物名称		数量		金额	
贸易国别		运输工具		货物进（出）口日期	
有关文件及单证号					

申请理由：

保证事项：

如不能按期履行上述业务，我公司愿接受海关处罚。

担保人（公章）　　　　　经办人（签印）

年　月　日

海关批注：

附录 22

出入境检验检疫收费收据
Receipt of Entry-Exit Inspection and Quarantine

国财 01701　　　　　　　　No.

缴费单位　　　　　　　　　收款日期　　年　　月　　日

Payer　　　　　　　　　　　Date

申请单号 Application No.	项目 Items	摘要 Additional Declaration	金额（Amount）							
			十	万	千	百	十	元	角	分
合计（Total）										
总计人民币 Total（R. M. B）			拾	万	仟	佰	拾	元	角	分

第二联 收据

收款单位（章）　　　　　　复核　　　　　　　收款人

Payee（Seal）　　　　　　Checked by　　　　Payee

附录 23

中华人民共和国出入境检验检疫
入境货物通关单

编号：

<table>
<tr><td colspan="3">1. 收货人</td><td rowspan="3">5. 标记及号码</td></tr>
<tr><td colspan="3">2. 发货人</td></tr>
<tr><td>3. 合同/提（运）单号</td><td colspan="2">4. 输出国家或地区</td></tr>
<tr><td>6. 运输工具名称及号码</td><td colspan="2">7. 目的地</td><td>8. 集装箱规格及数量</td></tr>
<tr><td>9. 货物名称及规格</td><td>10. H. S. 编码</td><td>11. 申报总值</td><td>12. 数/重量、包装数量及种类</td></tr>
<tr><td colspan="4">13. 证明
上述货物业已报检/申报，请海关予以放行。
本通关单有效期到　　年　　月　　日。
签字：　　　　日期：　　年　　月　　日</td></tr>
<tr><td colspan="4">14. 备注</td></tr>
</table>

［2－2（2000. 1. 1）］　　　　①货物通关

附录 24

中华人民共和国出入境检验检疫
出境货物通关单

编号：

<table>
<tr><td colspan="3">1. 收货人</td><td rowspan="3">5. 标记及号码</td></tr>
<tr><td colspan="3">2. 发货人</td></tr>
<tr><td>3. 合同/信用证号</td><td colspan="2">4. 输往国家或地区</td></tr>
<tr><td>6. 运输工具名称及号码</td><td colspan="2">7. 发货日期</td><td>8. 集装箱规格及数量</td></tr>
<tr><td>9. 货物名称及规格</td><td>10. H. S. 编码</td><td>11. 申报总值</td><td>12. 数/重量、包装数量及种类</td></tr>
<tr><td colspan="4">13. 证明
上述货物业已报检/申报，请海关予以放行。
本通关单有效期到　　年　　月　　日。
签字：　　　　日期：　　年　　月　　日</td></tr>
<tr><td colspan="4">14. 备注</td></tr>
</table>

［2－2（2000. 1. 1）］　　①货物通关

附录 25

送货通知

<table>
<tr><td>船名</td><td></td><td>装箱日</td><td></td></tr>
<tr><td>箱数</td><td></td><td>重量</td><td></td></tr>
<tr><td>体积</td><td></td><td>集装箱号</td><td></td></tr>
<tr><td>仓库名称</td><td colspan="3"></td></tr>
<tr><td>送货仓库地址</td><td colspan="3"></td></tr>
<tr><td>联系人</td><td></td><td>电话</td><td></td></tr>
<tr><td colspan="4">为确保您的货物能及时装箱出运，货物请于 ______月______ 日______ 时______ 分 之前送入我公司仓库。</td></tr>
<tr><td colspan="4">特别注意：
由于海关实行货物进港报关，故请严格按照规定时间送货。否则后果自负。</td></tr>
</table>

附录 26

进口集装箱货物提货单

编号：

<table>
<tr><td colspan="3">收货人名称</td><td colspan="3">收货人开户
银行与账号</td></tr>
<tr><td>船名</td><td>航次</td><td>起运港</td><td>目的港</td><td colspan="2">船舶预计到港时间</td></tr>
<tr><td>提单号</td><td>交付条款</td><td>卸货地点</td><td>进库场日期</td><td colspan="2">第一程运输</td></tr>
<tr><td>标记与集装箱号</td><td>货名</td><td>集装箱数或件数</td><td>重量（KGS）</td><td colspan="2">体积（m^3）</td></tr>
<tr><td colspan="4" rowspan="2">船代公司重要提示：
（1）本提货单中有关船，货内容按照提单的相关现时填制；
（2）请当场核查本提货单内容错误之处，否则本公司不承担由此产生的责任和损失；（Error And Omission Excepted）
（3）本提货单仅为向承运人或承运人委托人的雇用人或替承运人保管货物订立合同的人提货的凭证，不得买卖转让；（Non-negotiable）
（4）在本提货下，承运人代理人及雇佣的任何行为，均应视为代表承运人的行为，均应享受承运人享有的免责、责任限制和其他任何抗辩理由；（Himalaya Clause）
（5）本提货单所列的船舶预计到港时间，不作为申报进境和计算滞报金、滞箱费、疏港费等起算的依据，货主不及时换单和提货单造成的损失，责任自负；
（6）本提货单中的中文译文仅供参考。
船舶代理有限公司
（盖章有效）
年 月 日</td><td>收货人章
1</td><td>海关章
2</td></tr>
<tr><td>检验检疫章
3</td><td>4</td></tr>
<tr><td colspan="4">注意事项：
1. 本提货单需盖有船代放行章和海关放行章后方始有效。凡属于法定检验，检验的进口商品；必须向检验检疫机构申报。
2. 提货人到码头公司办理提货手续时，应出示单位证明或经办人身份证明。提货人若非本提货单记名收货人时，还应当出示提货单记名收货人开具的证明，以表明其为有权提货的人。
3. 货物超过港存期，码头公司可以按《上海港口货物疏运管理条例》的有关规定处理。在规定期间无人提取的货物，按《海关法》和国家有关规定处理。</td><td>5</td><td>6</td></tr>
</table>